Bernhard Braun
Das Feuer des Eros
Platons Erbe und die Leidenschaft des Fortschritts

Bernhard Braun

Das Feuer des Eros
Platons Erbe und die Leidenschaft des Fortschritts

2. völlig überarbeitete und erweiterte Auflage
2004 ontos verlag Heusenstamm b. Frankfurt a. M.
Umschlaggestaltung nach einem Bild von Charlotte Griesser, Mils

Bibliografische Information der Deutschen Nationalbibliothek:
Die Deutsche Nationalbibliothek verzeichnet diese Publikation in der Deutschen
Nationalbibliografie; detaillierte bibliografische Daten sind im Internet über http://dnb.dnb.de
abrufbar.

TWENTYSIX – Der Self-Publishing-Verlag
Eine Kooperation zwischen der Verlagsgruppe Random House und BoD – Books on Demand

© 2016 Bernhard Braun

Herstellung und Verlag:
BoD – Books on Demand, Norderstedt

ISBN: 978-3-740-71646-2

Inhalt

Eros aus dem Orient	11
Was ist das: die Besonnenheit	20
Die Aporetik	27
Die Verurteilung des Sokrates und die Moderne in Athen	29
Das Entstehen einer modernen Metropole	31
Das süße Leben in der Großstadt	41
Platon	50
Die Sophisten	56
Protagoras, der berühmte Sophist	65
Ein Streifzug durch Athen	68
Das Feuer der Technik	84
Sokrates gegen Protagoras	90
Die Erfindung der Demokratie	91
Sokrates, der «bessere» Sophist?	98
Die Freiheit der Leidenschaften	103
Von der Vorläufigkeit des Wissens	106
Die Hebammenkunst des Sokrates	109
Platons Akademie	114
Die Weltfremdheit der Philosophen	128
Philosophie als Anleitung zum Sterbenlernen	133
Die Befreiung der Seele vom Körper	137
Kreis und Dialektik	142
Die Ideen	149
Die Seele, die sich Körper webt	157
Der Tod des Sokrates	164
Staatsutopie	166
Der Untergang des Abendlandes – um 400 v. Christus	176
Die Idee des Guten	191
Der Eros	203
Das Symposion bei Agathon	208
Eros als Leidenschaft des Geistes	218
Eros als Dämon	221
Alkibiades	227

Phaidros	237
Der Gang vor die Stadt	241
Vom Wahnsinn der Inspiration	250
Das Kreisen der Seele und die Ohnmacht der Götter	253
Die Göttin des Feuers	256
Zeus steuert Eros	259
PLATONS UNGESCHRIEBENE LEHRE	267
DAS GUTE IN DER SINNENWELT	273
Das Abendland – Die Verbindung von Feuer und Erde	274
Die Mathematisierung des Kosmos	282
DIE GOTTWERDUNG DES MENSCHEN ...	293
... UND DIE ANKUNFT DER NEUEN WELT	300
CHRONOLOGIE DER SCHRIFTEN PLATONS	304
ABBILDUNGSNACHWEIS	304

Eine tiefe Erleichterung wird wohl in seinem Gesicht gestanden haben, als Sokrates über die schwankende Passarella, seinen Seesack lässig über die Schulter geworfen, den festen Grund der Hafenmole draußen im Piräus betrat. Es war ein lauer Spätsommerabend 431. Die Sonne stand glutrot im Westen und spiegelte sich in den sanften Wellen des Meeres. Sokrates kehrte zurück von einer Schlacht. Jawohl! Sokrates hatte echtes Kampfgetümmel erlebt, vor Potidäa, das im Jahr 432 von Athen abgefallen war und nun belagert wurde. Noch zwei Mal, 424 und 422, wurde er zu den Waffen gerufen. Sein Pech war, ausgerechnet in den furchtbaren Zwanzigerjahren, in denen der «Dreißigjährige Krieg» der Griechen, der Peloponnesische Krieg, besonders arg wütete, bei den Schwerbewaffneten (Hopliten) Dienst zu tun. Zwar berichtet uns Xenophon von einem *ganz kleinen Vermögen*, das Sokrates besessen haben soll, aber dieser Einheit gehörten normalerweise nur Begüterte an. Jeder Kämpfer musste nämlich die Kosten für Ausrüstung und Waffen selber tragen.

Die Hopliten gab es seit dem 7. Jahrhundert. Mit größter Disziplin bildeten die schwer bewaffneten Infanteristen eine geschlossene Formation (*Phalanx*), die mit langen Speeren auf den Gegner stieß. Die Phalanx war eine neue Militärtechnik, die nichts mehr mit der Romantik des ritterlichen Zweikampfs zu tun hatte, wie er in den großen Epen der Altvorderen verherrlicht worden war. Nein, die Phalanx war eine anonyme Maschine, ungeheuer durchschlagskräftig, solange die Reihen geschlossen blieben. Anfangs dienten dort Aristokraten. Die Adeligen sahen es als eine patriotische Pflicht an, in der vordersten Reihe zu kämpfen, wo es die größten Verluste gab. Sie stellten sich buchstäblich vor die Bürger der Stadt. Im Laufe der Zeit drängelten sich auch Bürgerliche, die es sich leisten konnten, in die Reihen und brachen dieses alte aristokratische Privileg auf.

Wie auch immer es sich mit unserem Sokrates verhielt, seinen funkelnden Bronzehelm und den Brustpanzer sowie

Schild und Speer hatte er per Paketdienst in sein Haus, das in der südöstlich der Stadtmauer gelegenen Vorstadt Alopeke lag, liefern lassen – übrigens als Wohnviertel der Oberschicht bekannt – und stand wie üblich in sein graues Wollmäntelchen *made in Sparta* gehüllt (es war dort der kollektive «Mao-Look») barfuß zwischen Pollern, Tauwerk und öligen Pfützen und sog befreit die salzige Brise durch seine Nase.

Neben seinem makellosen Überleben gab es ein weiteres Glück für den stadtbekannten Sonderling: In Athen brodelte die Gerüchteküche. Ein heftiges Gefecht solle stattgefunden haben, viele Bürger, die hier jeder kannte, gefallen sein. Gut gelaunt machte er sich auf den Weg ins Zentrum, wo er die *gewohnten Plätze* begrüßte. In der Nähe der Stadtmauer streifte er am Tempel der Persephone Basileia vorbei und wandte sich zufrieden darüber, die Herrin der Unterwelt noch warten lassen zu können, der gegenüberliegenden Seite zu. Von dort her drang ihm aus der Palästra des Taureas, einem Ring- und Sportplatz, schon ein fröhliches, vielstimmiges «Hallo» entgegen. Der Platz der Ringkämpfer war zwar schon leer und der Sand wurde gerade abgezogen, aber in der umlaufenden Wandelhalle saß eine aufgeräumte Gruppe älterer Herren beim Schwatz über Gott und die Welt. Die nach und nach Eintreffenden hatten sich an den umliegenden Ständen mit heißen Maronen und kleinen Schweinswürstchen versorgt, einige Krüge Wein standen auf den Tischen, die Akropolis schimmerte rosa im Abendlicht (bei den Propyläen, dem berühmtesten Werk des Stararchitekten Mnesikles, standen noch die Gerüste) – und nun kam auch noch der Kriegsveteran Sokrates des Weges. Herz, was willst du mehr!

Alle bestürmten unseren Helden mit Fragen. Wie er denn davongekommen sei, ob das Gefecht tatsächlich so heftig gewesen sei, was Sokrates energisch bejahte. Einer wagte sich skeptisch aus dem Hintergrund: *Du warst doch dabei? Ich war dabei!* (Charmides 153c) Bestimmt zerstreute Sokrates jeden Zweifel!

Er ließ sich neben Kritias nieder und schüttete sein Herz aus. Als die Fragen spärlicher wurden, war er es, der Neuigkeiten wissen wollte. Was gab es denn Neues in der Philosophie? Und vor allem: Gab es schöne Jünglinge in der Stadt? Schon damals schienen sich Schönheit und Klugheit schlecht zu vertragen, denn Sokrates forschte vor-

Jugendliche trainieren in der Palästra, Vasenmalerei um 500 v. Chr.
Staatliche Antikensammlungen, Glyptothek, München

sichtig weiter, ob es denn gar solche gäbe, die sowohl schön als auch klug waren. In diesem Moment drängelte eine Schar sportlicher, muskulöser, frisch nach Lavendelduschgel duftender Halbwüchsiger aus den Wasch- und Massageräumen in den Hof, miteinander schäkernd – sie hatten ihren Spaß daran, von den gesetzten Herren mit Argusaugen beobachtet zu werden. Bei manchen der höheren Söhne hing ein kleines Ölfläschchen (ἀρύβαλλος/*aryballos*) aus Ton an einem Riemen am Handgelenk. Es beinhaltete ein duftiges Salböl für den Körper des jungen Athleten.

Sokrates indes wurde ein besonderer Leckerbissen angekündigt: Charmides! Er war ein Onkel Platons, ein jüngerer Bruder von dessen Mutter, inzwischen herangewachsen, und nun stolzierte er wie ein spanischer Nachwuchstorero in den Raum. Da blieb den Versammelten der Mund offen stehen: *Sie waren entzückt und verwirrt, als er hereinkam.* (Charmides 154c) Platon malt uns die Szene köstlich aus:

> Er löste großes Gelächter aus. Denn jeder von uns drückte den Nebenmann weg, um Platz zu machen, damit er sich neben ihn setzen möge, so dass von denen, die am Ende saßen, der eine aufstehen musste und der andere platt zur Erde fiel. (Charmides 155c)

Selbstverständlich kam Sokrates das Vergnügen zu, dass sich der Jüngling neben ihn zwängte. Dabei klagte der schöne Mann weinerlich über einen Migräneanfall, der ihn gerade mit heftigen Kopfschmerzen plagte. Aspirin war nicht im Haus und Kritias schlug vor, Sokrates könne versuchen, die Kopfschmerzen zu lindern. Aber dieser hörte nur mit einem Ohr zu, immer noch verwirrt und bei ganz anderen Gedanken:

> Als er mich nun ansah und – ich kann es gar nicht beschreiben – und ansetzte, so als wollte er mich etwas fragen, und nun alle in der Palästra uns umringten, da – blickte ich ihm unter das Gewand und entbrannte und war nicht mehr bei mir. (Charmides 155d)

Nach diesem klaren Fall von sexueller Belästigung (Sie müssen wissen, dass man in Athen an heißen Tagen keine Unterwäsche trug), an der damals freilich niemand Anstoß nahm, besann sich Sokrates nun doch seines Wissens um die griechische Medizin, die dem Hippokrates so viel zu verdanken hatte. Der aus Kos stammende berühmte Arzt praktizierte nach den Ideen des Asklepios, des Gottes der Heilkunst, dem an vielen Orten Kultstätten geweiht waren. Solche Kur- und Heilstätten waren natürlich einträgliche Orte, die von Kurpatienten aufgesucht wurden: Epidauros, Athen, Pergamon. Hippokrates vertrat eine Ganzheitsmedizin. Kopfschmerzen sind in Wirklichkeit Schmerzen der Seele, haben also psychische Ursachen. Die Seele des Charmides war das Problem und damit das alte Dilemma angesprochen, dass sich Schönheit nicht unbedingt mit Klugheit verträgt. Das wiederum zeigt, dass der theatralische erotische Blick des Sokrates auf das Geschlecht des Charmides auch in doppelbödiger Ironie gelesen werden kann. Und diese Doppelbödigkeit ist der Stoff einer langen Geschichte um die Kraft des Eros, die ich im Folgenden erzählen möchte.

Nicht dass Sie jetzt denken, diese hübsche Begebenheit, die uns Platon im Dialog *Charmides* berichtet, sei von weltstürzender Bedeutung. Keineswegs! Aber sie ist eine so dankbare Metapher, dass man an ihr einen Blick auf die Figur des Eros anknüpfen kann.

Eros aus dem Orient

Woher kommt denn dieser Eros, von dem hier die Rede sein soll? Gewiss, es gibt die Erzählung, Eros sei das geflügelte pausbäckige Bürschchen, das der Verbindung von Ares und Aphrodite entsprang. Aber das ist eine späte Geschichte. Sie ist durch die Hände von Redakteuren der Zeitungen mit den großen Lettern gegangen und da bleibt von den Sachen, wie sie wirklich sind, bekanntlich nicht mehr viel übrig – als eben ein paar große Flecken von Druckerschwärze auf unschuldigem Papier. Solcher Boulevardversion bedienten sich viele Maler vor allem jene des Barock und machten aus diesen Eroten christliche Engel, die wohlgenährt in verspielter Zweideutigkeit die Wolken des Himmels bevölkern.

Eros vielleicht aus der Hand des Praxiteles aus dem 4. Jh. v. Chr. in einer röm. Kopie aus dem 2. Jh. n. Chr.
Museo Archeologico Nazionale di Napoli

Nein, spannend an der ursprünglichen Figur des Eros ist, dass sie zurückreicht in die Anfänge des Griechentums. Sagen wir einmal, in die Zeit, als die Träger einer indogermanischen

Sprache in jene Wohnsitze einwanderten, die wir heute als griechisch bezeichnen. Das ereignete sich so gegen 2000 bis 1500 vor Christus. Dann verlieren sich die Spuren im dunklen Nebel. Aber keine Kultur hat sich konstituiert wie eine Ges.m.b.H. mit Eintragung ins Handelsregister und gleichzeitiger Wahl von Vorsitzendem, Schriftführer und Kassier.

Eros mit Opferschale und einem Korb, der für Demeter- und Athena-Feste verwendet wurde. 4./3. Jh. v. Chr.
Museo Archeologico Nazionale di Taranto

Zudem sind durchaus nicht alle Forscher davon überzeugt, dass der Eros eine so alte Herkunft hat. Ich gehe die Geschichte daher etwas vorsichtiger an und orientiere mich an einer Erzählung über die Entstehung von Welt und Göttern, man nennt das *Kosmogonie* (von γένεσις/ *genesis*, das *Werden* des Kosmos), wie sie uns aus Textfragmenten eines alten Mysterienkultes, der Orphik, überliefert ist. Die Orphik beruft sich auf den legendären Sänger und Mysten Orpheus. Er soll aus Thrakien stammen, einem Gebiet an der Nordküste des Schwarzen Meeres. Obwohl die Thraker Indogermanen waren, hatten sie bei den Griechen immer ein wenig den Geruch des Orientalischen. Das rief gleichermaßen Schaudern wie heimliche Bewunderung hervor. Das Orientalische war das Fremde und Andere, von dem man sich als eigene Kultur abgrenzen wollte. Andererseits waren die Thraker alt, viele Erbstücke flanierten in der griechischen Kultur herum und aus den alten Mythen spricht eine unverhohlene Nostalgie zur *guten alten Zeit* zu uns.

Die Einstellung zum Orient war so ambivalent, dass sie die Gesellschaft regelrecht spaltete. Unter den gebildeten, wohlhabenden und weltläufigen Schichten gab es viel Bewunderung für die große Kultur. Besonders geschätzt wurden die Luxusprodukte aus dem Orient in Ionien, also in den Koloniegebieten an der Westküste Kleinasiens. Dort pflanzte man schon um 600 vor Christus Pfirsichbäume aus China (seit der Ausgrabung eines Pfirsichsteins in Samos wissen wir das!). Der Pfirsich war als *malum Persicum*, als «persischer Apfel», über Persien ins Land gekommen. Die Damen in den ionischen Städten rissen sich nach den orientalischen Parfüms. Durch einen bunten süßen Obstgarten konnte man sich da an einer Bushaltestelle hindurchschnuppern. Diese Parfüms waren auch in Athen begehrt, ebenso wie die bunten Farben der zeitgenössischen Mode. Zudem gab es in Ionien einen neuen Baustil mit verspielten Säulen-Kapitellen (man sprach von der ionischen Säulenordnung) und viel Schmuck an den Bauwerken – ähnlich bunt bemalt wie die Farbe der Kleidung.

Orpheus singt den wilden Tieren.
Tischaufsatz aus Ägina. 4. Jh. v. Chr.
Byzantine & Christian Museum Athen

Damit hier kein Missverständnis entsteht: Die Griechen kannten keinen Begriff des Orients in unserem Sinn. Sehr wohl sprach man aber von «Asien» und meinte damit Persien. Das war nun besonders heikel. Die Perser waren die Erzfeinde der Griechen. Trotzdem bewunderten nicht wenige in den griechischen Städten ihre feine Kultur. Doch die öffentliche

Zur-Schau-Stellung des als luxuriös und hedonistisch verschrienen Lebensstil des Orients war nicht unproblematisch und wurde durchaus als Anschlag auf die patriotische Strategie der eigenen griechischen Identität gewertet. Dem Pausanias, spartanischer Oberbefehlshaber des vereinigten griechischen Heeres bei der siegreichen Schlacht von Plataä über die Perser im Jahr 479 v. Chr., fiel der gesamte Hausrat des persischen Großkönigs Xerxes I. in die Hände. Er ließt prompt von den persischen Köchen ein reichhaltiges Mahl zubereiten, es auf dem goldenen Geschirr servieren, das Xerxes auch auf seinen Kriegszügen dabei hatte, rief dann die Griechen zusammen und führte ihnen den Luxus vor Augen: *Hellenen! Seht her, weshalb ich euch rufen ließ. Ich wollte euch dieses Perserhäuptlings Torheit zeigen, der so üppig lebt und doch zu uns kommt, um uns Arme zu berauben.* Berichtet hat uns das Herodot.

Alkibiades wurde durch einen Ostrakismos (was das ist, erkläre ich später) von der Bevölkerung ins Exil geschickt, unter anderem deshalb, weil er seine Hochschätzung der Kultur der Perser geradezu provokant vorlebte. Als ein Jahrhundert später die Makedonen Griechenland beherrschten, gab es in allen größeren Städten perserfreundliche Fraktionen und Alexander bekam es bei seinem Zug nach Osten, der zunächst der «Befreiung» ionischer Städte aus dem persischen Joch diente, mit Tausenden von griechischen Söldnern in persischen Diensten zu tun. So manch einer in Athen mag insgeheim gehofft haben, dass die Perser mit den Griechen in ihren Reihen den Erfolgstrip des Makedonen stoppen können. Aber diesen Gefallen ließ Alexander nicht zu.

Noch in römischer Zeit konnte es Ärger geben, wenn man Zeitgenossen einen asiatischen Lebensstil vorwarf. Heute ist es andersrum. Die erzkonservativen Priester der orthodoxen Kirche in Russland (die nie eine Aufklärung, nicht einmal eine Scholastik aushalten musste) schauen fassungslos auf die aufgeklärte Gesellschaft im Westen und polemisieren gegen diese

Ausgeburt von Dekadenz, Luxus und Atheismus. Daher konnten sie, ohne Scham zu empfinden, die Waffen segnen, mit denen Russland auf ukrainischem Boden gegen «den Westen» ins Feld zog.

Doch zurück zu Orpheus. Er kam also aus zwielichtiger Gegend und es kursierte eine Menge von Geschichten über ihn. Er soll mit seiner Musik wilde Tiere besänftigt, Steine zum Weinen und Flüsse zum Rückwärts-Fließen gebracht haben. Sein offenbar friedensstiftendes Wesen hat ihn in frühchristlicher Zeit zu einem Typus für Christusdarstellungen gemacht. Bekannt ist die Geschichte, wie Orpheus seine Eurydike aus dem Hades zurückholen wollte, was aber in letzter Minute misslang, weil er sich verbotenerweise um sie umdrehte. Aber auch da sind wir wieder bei Boulevardversionen, allerhand Geschichten, die ihm nachträglich angedichtet wurden und die dann Künstler und Komponisten reich ausgestalteten.

Orpheus mit Lyra und phrygischer Mütze. Fußbodenmosaik aus dem 5. Jh. v. Chr., das 1901 beim Damaskus-Tor in Jerusalem gefunden wurde.
Archäologisches Museum Istanbul

Bleiben wir daher möglichst nahe am Ursprung und wenden uns wieder dem orphischen Mysterienkult zu, auch wenn die Texte dazu spärlich sind. Solche Kulte, die mit den Erfahrungen der Zyklen des Lebens und damit auch der Sesshaftwerdung zu tun haben, gab es mehrere. Anliegen war stets die Pflege der Seele für eine gute Reise ins Jenseits. Bei Homer, der in seinen frühen Epen Kultur- und Religionsstiftung betrieb, sah das Jenseits aus wie ein muffiger, verschimmelter Keller voll von

Spinnweben und Ratten. Die Mysterienkulte gestalteten die Sache doch deutlich freundlicher und hoffnungsvoller. Mit der Einweihung in die Mysterien konnte man sich das Weiterleben der Seele sichern und das ist doch immerhin etwas. Der im Alter unbarmherzig dahinsiechende Körper wird ohnehin eher eine Last als dass er noch eine Quelle der Freude wäre. Von einem Mysten von Eleusis, einem Mysterienkult der Erd- und Getreidegöttin Demeter nahe Athens, ist uns aus dem 7. vorchristlichen Jahrhundert der Spruch überliefert: *Selig, wer dies geschaut hat unter den irdischen Menschen; wer aber an den Weihen nicht teilhat, hat niemals gleiches Los im modrigen Dunkel.* Es ging also bei den Mysterien um nichts Geringeres als eine Art Auferstehung, um ein neues Leben (der Seele!) nach dem Tod.

Die Orphiker pflegten ihren Verstorbenen kleine Goldblättchen mitzugeben, die sie ihnen in die Hand und in den Mund legten oder um den Hals hängten. Auf ihnen waren beschwörende Heilssprüche eingeritzt, Reisepässe für das Jenseits sozusagen. Solche Goldblättchen hat man einige gefunden, ein besonders schönes können Sie in dem kleinen Museum von Vibo Valentia (dem antiken Hipponion) in Kalabrien bewundern, wenn Sie einmal in der Nähe sind. Auf der Krim fand man ähnliche Texte auf Knochenstückchen geritzt. Die meisten dieser Funde datieren aus dem 5. oder 4. Jahrhundert v. Chr. Ganz spannend für die Rekonstruktion der Lehre der Orphiker war ein halbverkohlter Papyrus aus dem 5. Jahrhundert v. Chr., den man 1962 in Derveni in der Nähe von Thessaloniki fand. Nach der Restaurierung tat sich ein ganzes Weltbild der Orphik auf, darunter Anspielungen auf eine Kosmogonie und ein großer Hymnus auf Zeus.

Und genau das, diese kosmogonischen Erzählungen, interessieren uns. Denn der uns unbekannte Autor schildert Aufregendes: Am Anfang der Welt war ein Ei, das im Dunkeln verborgen lag. Aus diesem Ei stieg, es zerbrechend, als doppelgeschlechtliches Wesen, wobei der männliche Aspekt dominierte (in Berichten erscheint dieses Wesen auch als Phallos), Phanes, der auch als Eros bezeichnet wird. Mit Phanes kam das Licht (*Phanes* heißt eigentlich: der *Leuchtende*). Das Ei ist ein altes Symbol der Vollkommenheit und Ganzheit und Phanes/Eros steht einfach für Prozess. Manchmal wird er *Protogonos* genannt, was soviel bedeutet wie der *Erste, der das Werden bringt.*

Sie werden sich vielleicht jetzt fragen, was daran so besonders spannend sein soll. Nun, zunächst einmal zeichnet dieser Mythos eine sehr negative Sicht des Prozesses. Prozess steht hier nur für Zerstören und Zerreißen. Als Gegenspieler von Phanes/Eros, also des Prozesses, taucht nun wie der sprichwörtliche *deus ex machina* Zeus auf. Zeus, der Göttervater des griechischen Pantheons, steht für Statik und entschärft Phanes/Eros, indem er ihn kurzerhand verspeist. So steht es im Derveni-Papyrus! Nun ja, es steht eigentlich ein wenig rustikaler dort: Zeus verschlingt den Penis – gemeint damit ist aber Phanes/Eros. Mit dieser buchstäblichen Einverleibung hat Zeus nicht nur Phanes/Eros entschärft (anders gesagt: die Statik hat den Prozess entschärft), sondern er hat auch dessen Eigenschaften – jetzt aber kontrolliert – übernommen. Abstrakter gesprochen: Bewegung wurde Teil der Statik. Wir sind mitten in unserem Thema. In frühen griechischen Mythenerzählungen wurden die Ingredienzien gemischt, die schließlich auf einem langen Weg durch die europäische Kulturgeschichte zu unserer globalen Fortschrittsfigur geführt haben. Das gilt es jetzt ein wenig zu entfalten.

Die griechischen Intellektuellen sahen im Prozess offenbar nur den Aspekt eines Zerbrechens der Weltharmonie und sie erlebten dies als kosmisches Drama. In der Figur des Göttervaters Zeus ließ sich eine Gegenwelt zu diesem flanierenden Monstrum Phanes/Eros konstruieren. Im Vordergrund stand gerade nicht die neugierige Faszination am Prozess (wie für manche Menschen heute), sondern der starke Wunsch nach ausgewogener Ruhe (wie für viele Menschen heute).

Es gibt mehrere Erklärungsrahmen, um diese Geschichte aus historischer Sicht zu entschlüsseln: Da ist einmal doch die Frage relevant, ob sich hier ein fernes Echo aus der Erfahrung des Übergangs von der Zeit der Jäger- und Sammler zur Sesshaftigkeit zeigt. Die Lebensbedingungen veränderten sich mit dieser sogenannten *neolithischen Revolution* grundlegend. Das Überleben sicherte nicht mehr das ziellos-lineare Flanieren (also der ständige Prozess), sondern die Fruchtbarkeit der Erde, des kultivierten Bodens. Grundlage für all das ist der erstaunlich stabile Zyklus der Natur. Es ist dieses große Wunder, dass nach jedem (scheinbaren) Absterben in der Natur die Pflanzen im Frühjahr zu neuem Leben erwachen und Früchte zur Reife bringen. Ein Vorgang, der ein stabiles Leben an einem bleibenden Ort ermöglicht. Damit findet sich in der Natur die Vorlage für mythische und später philosophische Erzählungen, denn was sich in der Natur abspielt ist ja – abstrakter gesprochen – nichts anderes als die aufregende Tatsache, dass eine stetige (zyklische) Bewegung zu Stabilität und Statik führt, dass also eine ursprünglich ungeordnete flanierende Bewegung (Phanes/Eros) im sich ständig wiederholenden Zyklus der Natur stabilisiert (Zeus) wird. Mythen sind Erzählungen, die Vorgänge in der Natur, Bedrohungen, aber auch positive Entwicklungen, ordnen und sie in das Begreifen der Menschen

Der Göttervater Zeus aus Pergamon aus dem 4. Jh. v. Chr. Röm. Kopie aus dem 2. Jh. v. Chr. Er stand wahrscheinlich auf der Nordseite des großen Altars.
Archäologisches Museum Istanbul

überführen. Das aber ist die Vorstufe dessen, was man dann als Philosophie bezeichnet.

Ein weiterer Rahmen ist besonders delikat. Haben die Griechen eine bewusste Kulturstiftung betrieben? Ist das flanierende Element des Phanes/Eros eine Anspielung auf «den Orient»? Die orientalischen und vorgriechischen Kulturen (etwa auch die minoische Kultur auf Kreta und die Kykladenkultur in der Ägäis) lassen sich geradezu charakterisieren durch eine Feier des Dynamischen und Prozesshaften.

Angesichts der triefenden Geschichte, dass der indogermanisch-griechische Zeus das orientalische Prozessieren auffrisst, ist ein Schelm, wer sich dabei nicht so seine Gedanken macht. Wir sollte zumindest im Hinterkopf behalten, dass sich in der Eros-Zeus-Geschichte unter Umständen die Ambition früher griechischer Intellektueller spiegelt, eine neue kulturelle Identität in Abhebung gegen solch orientalische Fremdheit zu bauen und zu sichern.

Zur Erosgeschichte gehört also zentral die rivalisierende Spannung von Eros und Zeus, anders gesagt: von Dynamik und Ruhe. Das wird zum entscheidenden Thema, das wir im Weiteren in mannigfachen Spielarten kennen lernen werden.

Beginnen wir die Sache also von vorne und bleiben wir dazu noch ein wenig bei dem Gespräch, das sich zwischen Sokrates und Charmides in der Stoa, der Säulenhalle des Sportplatzes, zu entwickeln begann. Seit der Zeit, von der wir jetzt reden, wurden solche Sportplätze, meist erweitert durch Laufstadien, Gymnasien genannt. Es standen deren drei in Athen. Die Gymnasien waren nicht nur Sportstätten, sondern Kult- und Kulturstätten. Es gab dort nicht nur Schuppen für die Sportgeräte, sondern auch Bibliotheken. Dichterlesungen fanden ebenso statt wie Vorträge von Rhetoren, Philosophen und Ärzten (das waren die damaligen Naturwissenschaftler) und dazwischen standen ein paar Statuen von Göttern und Heroen. Ein wenig atmet das den Geist einer Athenischen

Volkshochschule. Anders gesagt: der gestählte Körper und ein feiner, gebildeter Geist waren damals noch kein solcher Widerspruch wie heute!

WAS IST DAS: DIE BESONNENHEIT

Säulengang der Palästra in Olympia, Teil des Gymnasiums. Um 200 v. Chr.

Die Sonne war inzwischen untergegangen, die marmorverkleideten Wände strahlten die Wärme des Tages angenehm ab. Man hatte ein paar Öllämpchen angezündet, nur am Ausgang loderte ein Kienspan, dessen Rauch in die sternenklare Nacht stieg und sich dort mit den Rauchwolken der Beleuchtungen unzähliger anderer Diskutierrunden vereinigte. Die bessere Gesellschaft Athens war bei ihrer Lieblingsbeschäftigung, dem Schwätzen, dem Politisieren und Philosophieren. Ein Junge huschte herum und schenkte aus seinem reich bemalten Krater (κρατήρ/*Mischgefäß*) reichlich den mit Wasser vermischten harzigen Retsina (die Weinamphoren waren mit dem Harz von Aleppo-Kiefern abgedichtet, was dem Wein das eigenwillige Aroma gab) in die Trinkschalen. Es konnte also losgehen!

Das Schema dieser uns von Platon so reich überlieferten Gespräche ist in der Regel sehr ähnlich. Nach einer Einleitung wird ein jugendlicher Gesprächspartner ausgesucht, der zum jeweiligen Thema eine vorläufige Antwort gibt. Diese wird geprüft und erweist sich als falsch oder zumindest nicht voll zutreffend, worauf ein neuer Anlauf unternommen wird. Nach dem endgültigen Scheitern des Schülers wird dessen Lehrer widerstrebend in das Gespräch gezogen, dem es letzten Endes auch nicht besser ergeht. So auch hier. Das Thema des Gesprächs ist die Besonnenheit (σωφροσύνη/*sophrosyne*). Was also ist das: die Besonnenheit? Charmides, auf den sich nun alle Augen richteten, versuchte, die Frage mit der These zu beantworten, die Besonnenheit sei eine gewisse Bedächtigkeit. Nun begann Sokrates mit seinen Einwänden:

> Lass uns zusehen, ob das Gesagte richtig ist! Gehört die Besonnenheit nicht zum Schönen?
> Freilich!
> Was ist nun bei einem Sprachlehrer schöner? Wenn er die Buchstaben schnell oder bedächtig schreibt?
> Schnell!
> Und wie ist das beim Laufen, beim Weitsprung und allen anderen Sportarten? Ist da nicht Behändigkeit und Schnelligkeit schöner und eleganter und erscheint Langsamkeit nicht eher mühselig und schlecht?
> So ist es! (Charmides 159d)

Die These des Jungen hielt also nicht lange und er versuchte einen neuen Anlauf:

> Mich dünkt, die Besonnenheit mache schämen und den Menschen verschämt, also ist Besonnenheit gleich Scham. (Charmides 160e)

Nicht nur, dass eine solche Definition angemessen erschien, wenn man bedenkt, dass sich Charmides in der Runde der gespannt lauschenden Männer zu blamieren begann, Platon wählte diese Beispiele keineswegs zufällig aus. Vielmehr waren es gängige Definitionen in der zeitgenössischen Diskussion. Besonnenheit als Bedächtigkeit kam bei Aristophanes, dem berühmten Komödiendichter, vor, in der spartanischen Staatsverfassung und bei Xenophon. Die Gleichsetzung mit der Scham hatte noch ehrwürdigere Referenzen. Sie war in Homers *Ilias*, bei Theognis, Thukydides und Isokrates zu finden. Charmides war also keineswegs dumm, er hatte ein fundiertes Schulwissen, brav gelernt. Wenn Platon in der Gestalt des Sokrates nun diese Vorschläge zurückweist, ist das auch Kritik dieser Autoritäten selbst. Die Schamgeschichte war bald vom Tisch mit einem Verweis auf die Bettler, für die Schamlosigkeit das Überleben sichert und für sie daher zur Besonnenheit wird.

Der dritte Vorschlag war besonders maliziös gewählt. Besonnenheit sei das Seine tun (τὸ τὰ ἑαυτοῦ πράττειν/*to ta heautou prattein*). Diese Version stammte nämlich unter anderem von Kritias, der, wir erinnern uns, neben Sokrates saß, nun getrennt durch Charmides. Sokrates zögerte keine Sekunde, auch diesen Vorschlag, Charmides dabei regelrecht veräppelnd, abzuweisen. Das war klug gemacht. Mit Hilfe des Schülers gelang es Sokrates, Kritias aus der Reserve zu locken. Charmides durchschaute die Absicht und spielte mit. Übermütig konnte er die rhetorische Frage an Sokrates' Widerlegung anhängen, ob wohl der Erfinder dieser Aussage auch nicht wusste, was er dachte:

> Und indem er dies sagte, lächelte er und blickte Kritias an. Dem sah man aber schon lange an, wie gepeinigt er war und wie gern er sich eingemischt hätte vor dem Charmides und den Anwesenden und wie er sich gewaltsam zurückhalten musste. Nun aber konnte er nicht mehr. Charmides hatte keine Lust, selbst die Antwort zu vertreten und reizte Kritias, indem er auf ihn hindeutete, als wäre dieser und nicht er selbst widerlegt worden. Das hielt Kritias nicht aus, sondern er ärgerte sich wie der Dichter über einen Schauspieler, der sein Gedicht übel zugerichtet hat. Er sah ihn an und sagte: So also meinst du, Charmides, nur weil du nicht weißt, was jener sich dachte, der sagte: Besonnenheit sei, wenn man das Seine tue, dass deshalb jener Autor selbst es auch nicht wüsste?
> (Charmides 162d,e)

Kritias zürnte also und schob die Schuld für das Misslingen auf die schlechte Präsentation durch Charmides. Die Debatte verlagerte sich nun auf eine anspruchsvollere Ebene. Trotzdem konnte Kritias seine These nicht halten. Auch er, der bedeutende Sophist, war gezwungen, einen neuen Vorschlag ins Spiel zu bringen. Dazu wählte er nun das ganz große Kaliber: Besonnenheit sei Selbsterkenntnis. Er hatte sich geschickt einen berühmten, ja legendären Satz aus dem Weltkulturerbe geholt. Es ist das Γνῶθι σεαυτόν (*gnothi seauton*) des Delphischen Orakels, das *Erkenne dich selbst!*

Wer war dieser Kritias überhaupt, der da so groß auftrumpfte? Er gehörte eine Zeit lang zum Schülerkreis des Sokrates, spielte in der Stadt später allerdings eine üble Rolle. Als Athen in einem vom dienstführenden Befehlshaber Konon sträflich verschlafenen Seemanöver am Eingang zum Hellespont (Schlacht bei Aigospotamoi) durch die Spartaner, die eigentlich Landratten und keine Seefahrer waren, seine gesamte Flotte verlor, war 405 die qualvolle Zeit des Peloponnesischen Krieges zu Ende. Spartas Friedensdiktat war *summa summarum* maßvoll. In den Kanzleien am Eurotas dachte man noch in anderen Kategorien. Dort hingen die Bilder von den Thermopylen, von Salamis, von Plataä – als der Begriff *Freiheit* zum ersten Mal in der Geschichte Griechenlands einen greifbaren Inhalt bekam – irgendwie blickte man auf das dekadent gewordene, aber so köstliche Athen mitleidig herab und schenkte ihm (trotz der unbarmherzigen Härte der Verbündeten Theben und Korinth) das Leben.

Es war wie der Blick eines sittenstrengen, aber im Alter milde gewordenen Lehrers auf eine neue Zeit. Man versteht sie nicht mehr, aber deren Eskapaden, deren Tänze um die vielen goldenen Kälber amüsieren einen doch, nicht zuletzt, weil man darin das Versäumte oder gar das zugunsten einer engen Ideologie Verdrängte des eigenen Lebens erkennt. Man kann darauf – wie wir alle wissen – mit der Härte des unverbesserlichen Eiferers reagieren oder mit der Großzügigkeit des abgeklärten Weisen. Sparta war zwar den alten Werten treu geblieben, aber zugleich auch weise geworden.

Wie Sparta dann seine Hegemonie ausfüllte, war freilich weniger weise. Die von Athen «befreiten» Städte fanden sich flugs unter einem neuen, nicht minder strengen Joch. Das war ein Geschenk an die Supermacht Persien. Mit ihren unerschöpflichen Ressourcen hatten die Perser in der Zwischenzeit eine neue Flotte gebaut und holten sich ausgerechnet Admiral a.D. Konon aus Sparta als zweiten Befehlshaber. Athen war *amused* und nach der berühmten Dominotheorie fiel eine Stadt nach der anderen von Sparta ab. Das Unglaubliche war geschehen: griechische Städte verbanden sich mit dem Erzfeind Persien, nur um Sparta in die Knie zu zwingen! Wir befinden uns in den Neunzigerjahren des 4. Jahrhunderts. Genau im Jahre 393, also gut ein Jahrzehnt nach der großen Niederlage gegen Sparta, machte sich ein Geldkoffer aus Persien auf die Reise nach Athen. Mit diesem Geld sollte man dort die Befestigung zum Piräus, die man 404 nach dem Friedensvertrag mit Sparta niederreißen musste, wieder aufbauen. Da hatte die athenische Volksversammlung wieder mächtig Auftrieb, man schlug ein Angebot Spartas aus, die Friedensverträge von 404 zu ändern und schmiedete eifrig an einer «modernen» Bündnispolitik. Doch die Perser hatten anderes im Sinn als Athen zur führenden Macht in Griechenland zu machen. Sie waren weder an einem starken Athen noch an einem dominierenden Sparta interessiert, sondern an einer Pattsituation zwischen den beiden Mächten, die ihnen jederzeit ein Eingreifen in ihrem Sinne ermöglichte. Also lieferten sie auch Kriegsschiffe nach Sparta samt einigen Militärberatern zur Einschulung. 387, dem Jahr, in dem Platon vielleicht seine Akademie gründete, lud der Perserkönig Artaxerxes II. aufgrund des ständigen Jammerns des spartanischen Paradediplomaten Antalkidas die Vertreter der griechischen Stadtstaaten vor und zeigte ihnen, wer der Herr im Hause der damaligen Welt war. Er diktierte ihnen kurz angebunden den Frieden und verbat jedes Bündnis. Basta! Die Historiker nennen das schmeichelhaft den «Königsfrieden».

Die Herrschaften aus Griechenland haben sich vermutlich die Augen gerieben, denn es musste ihnen sofort klar geworden sein, dass die Perser aller glorreichen Siege über sie *de facto* die einzigen Weltpolizisten waren und diese Rolle auch aktiv zu spielen beabsichtigten. Neben der Peitsche träufelten die persischen Diplomaten auch etwas Zuckersirup in die griechische Seele und spielten mit den Begriffen *autonomia* und *eleutheria* (αὐτονομία/*Selbstbestimmung* und ἐλευθερία/*Freiheit*) und meinten damit das Gegenteil der bisherigen Praxis der Hegemonie durch Athen oder Sparta. Das war geschickt gemacht, denn trotz manch eines Aufschreis über den «Verrat» griechischer Städte an die barbarischen Perser, hielten die griechischen Großmächte still bis zum Zug Alexanders in den Orient.

Aber im ersten Jahr nach dem Friedensschluss tat sich in Athen allerhand Erstaunliches. Athen war nach der Niederlage gegen Sparta zerrüttet, die Demokratie ausgehöhlt, alte Rechnungen wurden mit Brutalität beglichen – nicht anders übrigens als in den anderen Städten Griechenlands. Die Volksversammlung gab dreißig Männern den Auftrag, die Ordnung wieder herzustellen und dazu, die solonische Verfassung wieder in Kraft zu setzen. Sie hatte den Staat wie eine Aktiengesellschaft organisiert. Wer die größten Aktienpakete besaß, durfte am meisten mitreden, denn diese hatten auch am meisten zu verlieren.

> So viel Teil an der Macht, als genug ist, gab ich dem Volke,
> nahm an Berechtigung ihm nichts, noch gewährt' ich zu viel.

Solon, dieser weise Mann, der nach Veröffentlichung der Verfassung seine Koffer gepackt und Athen verlassen hatte, damit ihn keiner mehr fragen konnte, war Geschichte. Besser gesagt: Es hatte sich eine Legendenbildung seiner bemächtigt, die es noch für heutige Forscher schwierig macht, die geschichtlichen Daten des um 560 gestorbenen Staatsmannes zu rekonstruieren.

Doch die Dreißig hatten ganz anderes im Sinn. Unser Kritias (um 460-403) spielte sich in den Vordergrund. Er war zwar Aristokrat und ein vornehmer geistreicher Mann mit künstlerischen Interessen, er war Dichter und agnostischer Sophist, aber bald diagnostizierte man an ihm geistige Verwirrung und Größenwahn. Die Gruppe begann sich – vermutlich mit Wohlwollen aus Sparta überhäuft – tyrannisch zu gebärden. Inzwischen war das Wort bereits negativ besetzt und bedeutete brutale Gewaltherrschaft. Sie, die selbst bei Sophisten in die Schule gegangen waren, verboten deren Tätigkeit jetzt wegen ihrer Nähe zur Demokratie. Daher begrüßten Konservative wie Platon diese Gruppe anfangs. Aber es wurde immer schlimmer. Kritias befahl Massenhinrichtungen und Konfiskationen. 1500 Bürger Athens sollen dem Wahnsinn zum Opfer gefallen sein. 403 war der Spuk vorbei, die Demokratie wiederhergestellt. Kritias war bei den Kämpfen ums Leben gekommen und ausgerechnet dieser Kritias, der heutzutage vor ein internationales Menschenrechtstribunal käme, erscheint im Werk Platons, das dieser im ersten Jahrzehnt des 4. Jahrhunderts geschrieben hat, als großer Humanist, der sich das *Erkenne dich selbst* zu eigen gemacht hat. Ich glaube kaum, dass dafür eine Rolle gespielt hat, dass Kritias ein Onkel zweiten Grades von Platon war. Eher schon darf man eine Portion Ironie dahinter vermuten. Eine Ironie, der man auch heute kaum entkommt, wenn man manch große Worte von Staatslenkern hört, die zuhause den demokratischen Rechtsstaat unbarmherzig aushebeln – so etwas gibt es ja auch im 21. Jahrhundert selbst mitten in Europa (genauer: an dessen östlicher Peripherie) öfter als einem lieb sein kann.

Mit diesem Spruch, den Kritias da ins Spiel bringt (*gnosis* heißt neben *erkennen* auch *einsehen, weise sein, wissen*), sind wir auf der Ebene des Wissens angelangt – bei jenem Thema, dem sich früher oder später alle Diskussionen mit Sokrates' Beteiligung zuwenden. Sokrates unterzog dieses «Wissen» einer eingehenden Prüfung. Dabei ging es ihm darum, zu ergründen, was Wissen *schlechthin* sei und nicht irgendein x-beliebiges spezielles Fachwissen. Sokrates wollte das Wissen über das Wissen, eine Art Orientierungsweisheit, untersuchen. Seine sophistischen Gesprächspartner hingegen werden als Spezialisten, als Männer eines jeweiligen Detailwissens vorgestellt. Daher musste der Dialog zwischen Sokrates und den Sophisten genau in diesem Punkt immer wieder scheitern. So auch hier: Das Gespräch endete aporetisch und offen. Die Floskel, die in solchen Fällen gerne angewandt wurde, war die Vertagung der Diskussion auf einen neuen Tag.

Die Aporetik

Der Dialog *Charmides* endet ausweglos wie beinahe alle frühen Dialoge Platons. Dies verleitet viele Kommentatoren der Schriften Platons dazu, den Blick bei der Deutung auf die Methode statt auf den Inhalt zu richten. Man interessiert sich für die Gesprächsführung des Sokrates, weil ein beherzter, die jeweilige Fragestellung beantwortender Entwurf scheinbar nicht vorgelegt wird. Ein wenig erinnert das an ein langweiliges Fußballspiel, an das Finale einer Fußballweltmeisterschaft zum Beispiel. Meist verfolgen hier die millionenschweren Teams taktische Interessen. Das Spiel verheddert sich im Mittelfeld – alle sind darauf aus, nur ja kein Tor zu kassieren und am besten in letzter Minute noch eins zu schießen. Was bleibt einem da auch anderes übrig, als das Beste aus dem Übel zu machen, die balltechnischen Fertigkeiten hervorzuheben, das kluge oder weniger kluge Stellungsspiel, und man vergisst darüber, dass am Spielfeldrand nicht nur ein riesiger vergoldeter Pokal sondern auch Millionen von Fans auf Tore warten.

Ähnlich den Sportreportern findet man bei vielen zeitgenössischen Platonkommentatoren hilflos anmutende und langatmige Beschreibungen der Argumentationstechniken der Gesprächspartner und man reibt sich verwundert die Augen: Wie kann es denn sein, dass Sokrates einfache Argumentationsgänge nicht zu Ende bringt, dass er Erreichtes wieder umstößt (dass der große Philosoph – so schwingt mit – bei einem Proseminar in Logik an unseren philosophischen Instituten glatt durchfallen würde), dass seine Gesprächspartner in sämtliche gestellte Fallen hineintappen und so weiter und so fort. Man betrachtet die Argumente, als ob es sich um eine Art geistiger Gymnastik handelte. Man nimmt ein Wort des Aristoteles auf und spricht von der Figur des Elenchos (ἔλεγχος/*Widerlegung, Prüfung*), der ständigen Überprüfung einer Antwort, um sie allenfalls als unsinnig zu entlarven. Oder man nennt die Dialektik peirastisch (πειράω/*versuchen, probieren, prüfen*). Dialektik steht hier einfach als Streitgespräch, das letztlich aus den aufgeblasenen Behauptungen der Intellektuellen die Luft entweichen lässt. Das ist alles schön und gut und trifft auch einen Aspekt der Argumentationsdialektik, aber Platon selbst hat die *formale* Seite der Argumentation relativiert. Nicht nur in der *Politeia* warnt er vor der zerstörerischen Kraft des Elenchos. Im *Symposion* betrachtet er den Elenchos als Reinigung, der die Einweihung folgt. Und später wird die Dialektik als Geschenk der Götter überhaupt zur Methode einer Schau (und nicht mehr einer Argumentation) der Wahrheit!

Trotz solcher Relativierungen des von zeitgenössischen Platon-Forschern aufgestellten Methodeninventars ist die Aporetik wichtig. Im *Theaitetos* beschreibt sich Sokrates selbst als einen unergründlichen Menschen, der die anderen dazu bringen will, dass sie nicht mehr weiter wissen. (Theaitetos 149a) Das ist ein guter Punkt, denn er dreht die Argumentation geradewegs um. Wir sollten uns immer fragen, was uns Platon mit seinen ständigen Aporien *inhaltlich* sagen will! Verbirgt sich in diesem scheinbar unsicheren methodischen Herumirren eine inhaltliche Botschaft? Jedenfalls geht es ihm zum Zeitpunkt der Abfassung seiner frühen Schriften ganz offensichtlich nicht darum, eine wahre Behauptung durchzusetzen, sondern er lässt alles offen und unentschieden.

Die Verurteilung des Sokrates und die Moderne in Athen

Sokrates. Röm. Kopie um 330.
Staatliche Antikensammlungen und Glyptothek, München

Gehen wir die Sache also pragmatisch an! Was war geschehen? Sokrates war 399 wegen Atheismus zum Tode verurteilt worden. Nicht weniger als fünfhundertundein Laienrichter fällten das Urteil mit knapper Mehrheit. Ein Großteil dieser Leute hatte alte Rechnungen mit Sokrates, diesem unangenehmen Querulanten, zu begleichen. Viele Wohlmeinende von ihnen stieß Sokrates noch in letzter Minute durch sein arrogant anmutendes Schlussplädoyer vor den Kopf. Er berief sich auf ein Gebot Gottes, an dem er sich in seinem Handeln orientiere. (Apologie 29d) Damit drehte er den Spieß um. Die Anklage gegen ihn sei letzten Endes aus einem Geist formuliert, dem das Göttliche ganz ferne ist. Überdies hätte er für seine Lehre – ganz zum Unterschied zu den gewerbsmäßigen Weisheitslehrern, den Sophisten – noch nie auch nur einen Obolos (eine Drachme waren 6 Obolen) eingesteckt. Daher sei *nie ein größeres Gut dem Staat widerfahren, als dieser Dienst, den ich dem Gott leiste.* (Apologie 30a)

In einer weiteren Rede nach seiner Verurteilung reklamierte er – es musste in den Ohren der Zuhörer wie eine Ironie klingen – für sich die höchste Ehre, die Athen zu vergeben hatte: die lebenslängliche Speisung im Regierungsgebäude (Prytaneion). Die *Apologie* gehört nicht unbedingt zu den großen Reden der Weltliteratur, aber sie verfolgt eine geschickte, auf Überhöhung angelegte Strategie der Konterkarierung der Anklage anstelle einer bloßen Verteidigung.

Das Klima, in dem die Verurteilung des Sokrates geschah, war aufgeheizt. Es ging immer noch um die Aufarbeitung der Niederlage im Peloponnesischen Krieg. Es waren die aufgeklärten Intellektuellen, die Sophisten mit ihrem Atheismus, die den Zorn vieler in Athen auf sich zogen. Ihnen gab man die Hauptschuld an der verheerenden Niederlage. Zwar dienten sie auch als Aushängeschild einer modernen Stadt, aber der Argwohn gegenüber ihrer Aufgeklärtheit war meist größer. Die schlechte Stimmung in diesen Nachkriegsjahren traf auch Sokrates, den man in denselben Topf warf. Nicht nur er, sondern auch viele andere wurden mit der Anklage der Gottlosigkeit eingedeckt.

Meletos, Anytos und Lykon, den Privatanklägern (eine Staatsanwaltschaft gab es in Athen nicht), ging es weniger um den isolierten Tatbestand des Atheismus, sondern um das, was sie als Konsequenz daran knüpften: Staatsgefährdung! Das aber musste konkret festgemacht werden. Das Delikt der Gottlosigkeit (bei Sokrates eigentlich schärfer: der Einführung neuer Götter, also einer eigenwilligen Bedrohung der religiösen und staatlichen Ordnung) eignete sich dafür bei aufgeklärten Intellektuellen immer gut. Trotz alledem war es harte Arbeit für die Ankläger, die Verurteilung des Sokrates durchzubringen. Man kann davon ausgehen, dass im Hintergrund einige politische Tauschgeschäfte verhandelt wurden, um eine knappe Mehrheit zu sichern, denn man ließ Sokrates insgeheim wissen, dass in der Nacht die Gefängnistore offen standen. Einige seiner Freunde waren eingeweiht und standen bereit, mit ihm auf einem schnittigen, übertakelten Schnellsegler an ein Schwarzmeerseebad oder an die «kleinasiatische Riviera» zu verschwinden. Es ehrt Sokrates, dass er bei diesem Kuhhandel, Verurteilung, um die Massen zu beruhigen, ihn entwischen lassen, um den großen Mann zu retten und vor der Nachwelt zu bestehen, nicht mitmachte. Freilich, Sokrates war nur einer der großen Söhne der Stadt, die die unberechenbaren und launischen Athener zum Tode verurteilten oder in die Verbannung schickten: Themistokles, den Retter gegen die größte Bedrohung, die Perser, Phidias, den vielleicht größten Bildhauer, den Athen hervorgebracht hat, Anaxagoras, den Philosophen, die Historiker Thukydides und Xenophon – die Liste reichte aus, um anderen Völkern ein ganzes Jahrhundert Hochkultur zu schenken.

Jedem Intellektuellen Athens musste unwohl sein bei dem Gedanken, einen Sokrates hinzurichten. Natürlich war er ein lästiger Geselle. Er ließ nichts Gutes an dem Staat. Ein Nestbeschmutzer eben. Viel lästiger noch war, dass er die empfindlichen Stellen in einem aufgeklärten, fortschrittsorientierten Staatswesen offen legte. Es ging um nicht weniger als um die ebenso heikle wie philosophische Frage, wie die ordnungspolitischen Rahmenbedingungen der Zukunft abgesteckt werden sollten? Aber welch ein Politiker will schon in größeren Zusammenhängen denken – gar für Zeiträume, die den nächsten Wahltermin überschreiten!

Das Entstehen einer modernen Metropole

Athen befand sich in turbulenten Zeiten. Der 478 gegründete Attisch-Delische Seebund, der eigentlich die Perser von den Handelswegen fernhalten sollte, war bis zum Ausbruch des Peloponnesischen Krieges 431 eine Quelle unermesslichen Reichtums für die Stadt. Die Bundesbank wurde 454 von der heiligen Insel Delos in die Metropole verlegt (was ehrlicher war, denn die strategische Führung hatte Athen immer straff in der Hand gehalten). Unter der Hand waren aus Verbündeten Untertanen geworden. Die ganze Geschichte wurde durch einen theologischen Überbau verschleiert. Die Abgaben, die eigentlich für die Sicherung der Verteidigungsbereitschaft im Fall der Fälle gedacht waren, wurden offiziell für Gottheiten eingesammelt, anfangs für den Apoll von Delos, jetzt für Athene, die Stadtgöttin von Athen. Man versteht, welche Konsequenzen eine atheistische Weltsicht auf solche Konstruktionen hatte. Der Bau des Parthenons, der 447 auf der Akropolis begann, war letztlich auch ein Bau für das Horten des Geldsegens, der auf Athen hereinbrach. Der größte Tempel der Stadt war mehr ein griechisches *Fort Knox* als ein sakraler Bau. In der Cella stand eine 12 Meter hohe Statue der Stadtgöttin aus Elfenbein. Phidias hatte sie komplett mit Gold mit einem enormen Wert verkleidet, das man abnehmen und bei Bedarf einschmelzen konnte. Die Edelmetallreserven Athens lagen nicht in Form langweiliger Barren hinter dicken Stahltüren in einem Keller, sondern waren die bezaubernde Körperhülle der Stadtgöttin. Nicht weniger als 6000 Talente sollen auf der Akropolis in der einen oder anderen Form gelagert gewesen sein (die Kosten für den Parthenon dürften um 500 Talente betragen haben). Das entsprach dem Materialwert von 156 Tonnen Silber (man rechnete damals die Talente in Silber, nicht in Gold). Der gesamte Seebund schwemmte im Jahr je nach konjunktureller Lage zwischen 400 und 600 Talente nach Athen. Das sind riesige Summen, aber vollends aus den Fugen geriet Griechenland als das makedonische Königshaus mit Philipp II. die Herrschaft übernahm und Philipps Sohn Alexander seine riesige Armee bis nach Indien führte, wo man damals das Ende der Welt annahm. Der Reichtum durch die Eroberungen war so unermesslich, dass Alexander für ein einziges Fest nach einer gewonnenen Schlacht 10 000 Talente ausgeben konnte. Selbst inflationsbereinigt zeigt das eine andere Liga, in der das zur Weltmacht aufgestiegene Griechenland im Hellenismus spielte.

Doch zurück zu unserem dagegen noch sehr provinziellen Athen, das gerade dabei war, sich zu einer mediterranen Metropole zu verpuppen. Passiert ist das alles unter dem genialen Staatsmann Perikles.

Zu seinem 29. Geburtstag ließ der aristokratische Familienclan Perikles, nachdem er sorgfältig aufgebaut worden war, 461 in die Politik einsteigen. Er war eine stattliche Gestalt, groß und schlank, sehr gepflegt mit kurz getrimmtem Vollbart. Plutarch verklärte ihn zu einem besonnenen und beherrschten Staatslenker – er schildert uns das Ideal der griechischen Klassik, aber nicht unbedingt die historische Wahrheit. Perikles verband in eigenartiger und widersprüchlicher Weise die Genialität, in Athen eine Blüte enormen Ausmaßes aufgehen zu lassen, mit hilfloser Ungeschicklichkeit, die das Ende einleitete.

Athen umfasste vielleicht fünfzigtausend Einwohner. Eine Landflucht hatte eingesetzt. Die Bauernsöhne fanden in der Hauptstadt bessere Verdienstmöglichkeiten als am heimischen Hof. Und sie alle wollten dabei sein in der Zeit, die man später einmal die griechische Klassik nennen wird. Eine Bauwut erster Ordnung war ausgebrochen. Die Metropole, welche die Perser besiegt und ihren Bürgern die «Freiheit» gebracht hatte, gab sich ein neues, angemessenes Gesicht. Überall standen Lastkräne herum, karrten Fuhrwerke Baustoffe heran, mühten sich schwitzend und staubig Sklaven damit ab, die düsteren Mauern mit Marmorplatten, die sich inzwischen auch der Mittelstand leisten konnte, zu verkleiden. Die Hiebe der Steinmetze hallten durch die Gassen.

Man begann, die Straßen zu pflastern und hie und da hinderten erste Kanalisationsarbeiten den Verkehr. Ein Wirrwarr von Sprachen belebte die Marktplätze und die Wechselstubeninhaber rieben sich die Hände. Im Piräus draußen, dem von Hippodamos aus Milet schachbrettartig angelegten Vorort (er erreichte mit dieser freilich schon älteren, immer wieder verwendeten Ordnung, die später auch in vielen römischen, mittelalterlichen und modernen Städten, von Valletta bis Manhattan, nachgeahmt wurde, Berühmtheit), lagen Dutzende von Frachtschiffen. Sie schafften all jene feinen Dinge herbei, die – in Feinkosttempeln feilgeboten – das Leben in den Städten so lebenswert machen. Vieles davon wurde in Amphoren verpackt, den Containern der damaligen Zeit, von denen Abertausende noch heute auf dem Boden des Mittelmeeres liegen. Wie ein Beamter eines Athenischen *World Trade Centers* listet uns der athenische Dichter Hermippos die Lieferungen auf und lässt uns noch ein wenig der Atmosphäre des Hafens nachspüren:

> Nennt mir nun, ihr Musen, die ihr den hohen Olymp bewohnt, was uns Dionysos in seinem schwarzen Schiff gebracht hat, seit er die See befährt: Sylphion und Ochsenfelle aus Kyrene, vom Hellespont Thunfisch und Gesalzenes, aus Thessalien Graupen und Rippenstücke vom Rind [...] Aus Syrakus Schweine und Käse [...] aus Ägypten Segeltuch und Papyrusrollen, Weihrauch aus Syrien, Zypressen für die Götter aus Kreta. Libyen liefert reichlich Elfenbein, Rhodos Rosinen und trockene Feigen, aus Euboia kommen Birnen und ausgesuchte Äpfel, Sklaven aus Phrygien, Söldner aus Arkadien, gebrandmarkte Sklaven aus Pagasai. Paphlagonien bietet fertige Mandeln und Nüsse [...] Phönikien endlich sendet Datteln und feines Weizenmehl, Karthago Teppiche und bunte Kissen.

Dabei hat er erst noch den Wein nicht erwähnt, der kreuz und quer durch das Mittelmeer transportiert wurde. Auf den tönernen Amphoren waren Herkunftsbezeichnung und Gütesiegel aufgedruckt.

Neben diesen Schätzen spielte sich ein quirliges Leben ab. Der Historiker Raimund Schulz hat den sich rasant zu einer eigenen Stadt entwickelnden Piräus als *entertainment-industry* bezeichnet. Trupps von Matrosen zogen auf der Straße zum Hafen auf und ab, in der Stadt streiften Touristengruppen herum, die nur wenige Tage blieben, aber ordentlich Geld zurück ließen. Auch berühmte Leute kamen und gingen, so dass selbst geübte Klatschkolumnisten Mühe hatten, den Überblick zu behalten. Sie waren meist Gäste in Privathäusern im vornehmen Villenviertel.

Komödianten verspotten die Geschichten um die olympischen Götter. Um 380 v. Chr. *Museo Archeologico Nazionale di Taranto*

Längst hatte die Arbeitsteilung Einzug gehalten. In den Manufakturen führte jeder Arbeiter nur mehr eine sehr spezielle Aufgabe aus. Das war die moderne Organisationsform, an der die Sophisten Maß nahmen! Das Geschäft blühte, die Aktienindices kletterten auf ungeahnte Höhen. Der große Rhetor Isokrates jubelte: *Jeden Tag hatten wir einen Feiertag!* Es schien, als ob der Schreck von 480, als die Perser die Akropolis verwüstet hatten, überwunden war. Immerhin, dieses Horrorszenario lag eine gute Generation zurück und über die zertrümmerten Statuen war buchstäblich Gras gewachsen (man hatte sie in der geheiligten Erde der Akropolis beigesetzt). Trotzdem drücken die kolossalen Statuen der archaischen Zeit eine nachdenkliche, ja bisweilen melancholische Stimmung aus. Die Verehrer der deutschen Klassik sahen in ihnen die gute und schöne Seele. Ich möchte Ihnen eine andere Deutung anbieten: Das waren die Melancholiediskurse der damaligen Zeit. Aus vielen dieser Statuen – mit der feinen Sensibilität von Künstlern geschaffen – blickt einem jene Resignation und jener Kulturpessimismus entgegen, von denen moderne Zeiten immer begleitet werden.

So sehr man sich im Erfolg sonnte, es gab eben auch besorgte Stimmen. Sie fragten sich, was die Steinkolosse, die man auf der Akropolis gerade zum Erechtheion (dem Tempel der Stadtgöttin Athena Polias samt einigen alten Gedächtnisstätten) und zu den Propyläen aufeinander türmte, Wert waren, wenn die führenden Köpfe Athens dem Atheismus anhingen.

Der unter Perikles nach den Gesetzen der gerade aktuellen perspektivischen Bühnenmalerei erstellte und in der Volksversammlung angenommene Masterplan der neuen Akropolis, wurde von konservativen Kreisen heftig bekämpft. Vor allem an den Planungen zu den Propyläen entzündete sich der Protest. Dieses überdimensionale Eingangstor zentrierte den Blick auf den Prunkbau Parthenon und den großen freien Platz zwischen Parthenon und Erechtheion, wo früher der alte Athene-Tempel stand und jetzt die neun Meter hohe Athena-Promachos-Figur (*die in vorderster Linie Kämpfende*) aus Bronze des Phidias an die (in Athen seltenen) Wolken kratzen sollte. Das war von den Architekten fein erdacht, allein die vielen kleinen Heiligtümer mit ihren alten Kulten wurden durch diese Staats-Architektur auf die Seite gedrängt, nicht wenigen drohte die Schleifung. Die Tempel waren repräsentative Bauwerke, die Rituale hingegen wurden immer noch auf freien Altären daneben durchgeführt, wo es erbärmlich nach faulem und verbranntem Fleisch stank und Fliegenschwärme auf den verkohlten Resten der geopferten Tiere herumschwirrten. Solche nostalgische Frömmigkeit kümmerte die Planer wenig, sie wurden bezahlt für eine große und ästhetische Architektur, welche die Stadt in die Schlagzeilen brachte. Die Priesterschaft des Nike-Tempels konnte immerhin durchsetzen, dass der südliche Flügel der Propyläen nur ein Stumpf blieb, damit das rechts davon gelegene Bauwerk nicht weichen musste. Der Kompromiss lässt sich noch heute betrachten. Man kann daran erahnen, dass die eigentliche Frömmigkeit woanders verortet wurde als in den ehrgeizigen Großprojekten.

Wer von Süden her auf den Piräus zu segelte, erzählte, dass man die Lanzenspitze der Athena-Figur auf der Akropolis schon nach dem Umrunden von Kap Sunion an der Südspitze Attikas in der Sonne blitzen sehen konnte. Was aber war denn das alles für ein Entrée, wenn sich einige Meter darunter der Nihilismus und Skeptizismus ausbreitete wie ein Grippevirus? Wer eine Hagia Sophia oder einen Petersdom errichtet, dem geht es um Machtansprüche und Selbstdarstellung und nicht um die Tiefe des Glaubens. Im folgenden 4. Jahrhundert entdeckten die

Athena. Röm. Kopie des Originals, das Pyrrhos um 430 für Perikles gemacht hat.
Museo Archeologico Nazionale di Napoli

Athener endgültig die Individualität. Auch die Religion wurde privat. Die Grabmonumente der Privatpersonen waren mit berührenden Skulpturen und Sprüchen ausgestattet. Wenn man heute über den Keirameikos schlendert, kann man immer noch einen guten Eindruck davon gewinnen.

Die Akropolis erstrahlte nun also in pentelischem Marmor aus dem nahe gelegenen Steinbruch, von dessen freundlicher Helle man freilich wenig merkte, denn außer Stufen, Säulen und Wänden waren die Tempel bunt bemalt und mit goldenem Zierrat versehen. Iktinos und Kallikrates waren die Architekten des Parthenon, des Tempels der jungfräulichen Athene (*Athena Parthenos*), mit seinem originellen, bunten und geschwätzigen Fries, der um 433 fertiggestellt worden war. Vermutlich träfe uns der Schlag, stünden wir auf der Akropolis jener Tage. Der Haufen von Kitsch hätte mit unserer Vorstellung der im fahlen Licht des Vollmondes weiß schillernden edlen Harmonie der Säulenordnungen wenig gemein. Was wir seit Jahrhunderten an den antiken Orten verehren, sind Ruinen! Das aber ist etwas ganz anderes. Die Ruine hat einen Reiz aus

Parthenon auf der Akropolis in Athen, Vorderseite.

sich selbst, zu ihr gehören der abgebrochene Säulenstumpf und die verwitterten und bemoosten Reliefreste. Außerdem ist uns das Skulpturenwerk dieser Zeit zumeist nur in fahlen Marmorkopien der Römer erhalten. Doch wir reden von der Zeit, wo all dies voll von Leben war und die Menschen haufenweise ihr an den Marktständen der Töpfer gekauftes sakrales Gerümpel an den Tempeln abluden so ähnlich wie in den Wallfahrtskirchen unserer Zeit. Im neu errichteten Parthenon gab es dafür einen eigenen Raum. Er hieß ausgerechnet *thesauros* (θησαυρός/Schatzraum). Nach den Perserkriegen wurde das Aufstellen von privaten Weihegaben eingeschränkt. Immer haben sich die Intellektuellen von diesen emotionalen Ausbrüchen der Volksfrömmigkeit mit Grausen abgewandt und nach einem abstrakteren Gottesbild gerufen.

In der Architektur hatte der moderne ionische Stil die verstaubte, langweilige dorische Ordnung abgelöst (ich muss das jetzt so schreiben, weil es damals sicherlich so empfunden wurde, ich selbst mag hingegen die unprätentiöse Kraft der dorischen Ordnung und vielleicht ging es einigen Konservativen damals ähnlich). Die neue Errungenschaft, der Fries, bot Raum für ausschweifendes Erzählen. Das Bild – es ist in modernen Zeiten, die immer auch geschwätzige und illustrierte Zeiten sind, unverzichtbar. Und Athen hatte in diesem Bild – in der Reliefkunst – eine unübertroffene Meisterschaft erreicht. Einhundertundsechzig Meter «Bunte Illustrierte» konnte man am Parthenon abschreiten und die in Stein gebannte große Festprozession der Panathenäen und das mythische Schlachtengetümmel betrachten: Götter gegen Giganten, Griechen gegen Trojaner, Lapithen (ein in der Sage berichtetes Volk der Mythologie) gegen Kentauren (Menschen mit Pferdekörpern)! Und dann gab es da noch das große Geburtsereignis der Athene aus dem Kopf des Zeus zu bewundern. Athen als Abkömmling des Zeus! Ich wüsste nicht, wer in der langen europäischen Geschichte den Athenern punkto Selbstvermarktung das Wasser reichen könnte.

Das Gebäude des Tempels selbst war mit dynamischer Spannung aufgeladen. Man findet dort so gut wie keinen geraden Winkel. Die Säulen sind nach innen geneigt, das Gebälk ist leicht gewölbt. Der Archäologe Richard T. Neer verglich den Tempel wenig romantisch mit einem *aufgebauschten Betttuch, das an den Ecken festgehalten wird*. Diese ganz subtile Bauweise ist es vermutlich, die den Parthenon so eindrucksvoll und harmonisch erscheinen lässt und sie ist ein schönes Beispiel dafür, wie eine dynamische Spannung in einer bezwingenden, scheinbar ruhigen Harmonie eingefangen werden kann.

Auf den Darstellungen erschienen alle Männer jung und mit athletischen durchtrainierten Körpern. Es bildete sich ein

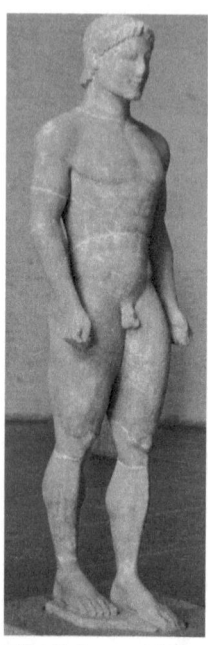

Koren am Erechtheion auf der Akropolis in Athen.

Kouros von einem attischen Grab um 540. *Staatliche Antikensammlungen und Glyptothek, München*

idealisiertes Menschenbild heraus, das von den Griechen im ganzen Mittelmeerraum verbreitet wurde. Die Abbildungen hatten durchaus auch eine pädagogische Funktion. Was letztlich verkörpert wurde, war die Disziplin (σωφροσύνη/*sophrosyne*) – um diese ging es beim Gespräch in der Palästra des Taureas – und die Tugend (ἀρετή/*arete*) – davon werden wir nun gleich hören.

In der Kunst gab es beinahe normierte Figuren dazu, den Kouros und die Kore. Der Kouros geht auf ägyptische Vorbilder zurück, die griechisch adaptiert wurden und er stellt den männlichen, muskulösen, nackten Körper dar. Er entsprach dem Selbstbewusstsein der adeligen Elite, die in den jugendlichen Körpern die Kraft und Stärke der Polis ausdrückte. Es war das Idealbild dieser Elite, die sich – Sie erinnern sich – in der ersten Reihe der Phalanx zu bewähren suchte. Das Gegenstück war die bekleidete Kore (Frauen wurden nie nackt dargestellt). Ihre erlesene Kleidung, der Schmuck und die kunstvolle Frisur waren die Attribute ihrer Schönheit als adeliges Ideal. Diese kraftstrotzenden und Leben atmenden Figuren waren besonders für Grabmonumente gefragt.

Waren Kouros und Kore ideale Darstellungen ohne naturalistische Anteile, verhielt es sich in der bildenden Kunst, vor allem beim Fries, anders. Durch die Dreidimensionalität, in der schon ein wenig die spätere, in der Renaissance entwickelte Zentralperspektive anklang, gelangen realistische Darstellungen. Raum und Zeit stellten die Abbildungen in ihre konkrete Geschichte und nahmen sie nicht mehr statuarisch aus diesem Kontext heraus. Daran sollte Platon Anstoß nehmen. Er hing dem alten Intellektuellentraum(a) an, das Wesen der Dinge von ihrer Raum- und Zeitverhaftung abzukoppeln und als reine Wahrheit zu fassen zu versuchen.

Das süße Leben der Großstadt

Um solche Spitzfindigkeiten brauchten sich die Bürger Athens nicht zu kümmern. Sie konnten sich an der Prosperität der Stadt erfreuen. Tausende von ihnen waren in staatlichen Funktionen. Sie kassierten Diäten und ließen sich Spesen großzügig vergüten. Man konnte ganz gut auch ohne Arbeit leben, wenn man in ein paar Ausschüssen saß und mitquatschte. Auf der Agora wurde um 509 das Rathaus (βουλευτήριον/*Bouleuterion*) für den Stadtrat (*Boule*) errichtet. Athen leistete sich den Luxus, dass dort in der großen Halle nicht weniger als 500 Ratsherren zu täglichen Beratungen zusammentrafen. Sie hatten die komplizierteren Fälle zu besprechen, die die fünf- oder sechstausend Bürger, die auf dem Pnyx-Hügel zur Volksversammlung (*Ekklesia*) zusammenkamen, nicht zu lösen vermochten. Ganz so nebenbei: 500 Ratsherren sind gerade einmal 251 weniger als im europäischen Parlament in Brüssel Abgeordnete (nämlich 751) sitzen, die eine halbe Milliarde Europäerinnen und Europäer vertreten. Ungefähr 46 000 Beamte arbeiten in Brüssel, auf 11 000 EU-Bürger kommt einer davon. In Wien ist man um das Wohlergehen seiner Bürger doch deutlich besorgter: 48 Wiener müssen für einen Beamtengehalt zusammenlegen, 45 Steuerzahler braucht es dazu in Tirol. Auch wenn die Vergleiche da oder dort hinken mögen – ich weiß schon, dass in Wien und Tirol auch Gärtner, Kanalarbeiter und Gesundheitspersonal mitgerechnet wird, trotzdem: Die Tintenburgen stehen nicht in Brüssel! Sie stehen in unseren Städten, Provinzen und Nationalstaaten, aber das antike Athen stellte das alles noch einmal in den Schatten. Ein schöner Satz in einem Werk des Historikers Raimund Schulz stellt die Sache trocken dar. Er schreibt: *Die Beamten hatten seit den Perserkriegen an Zahl gewonnen, aber an Macht verloren.* Freilich, es gibt auch einen anderen Blick, auf den ich bei Lewis Mumford gestoßen bin, dem Theoretiker der Stadt. Es sieht das Gewimmel des politischen Personals als besondere tätige Teilnahme der Athener an ihrer Stadt. In der Tat haben etwa 2000 Athener pro Jahr an irgendeiner Theateraufführung teilgenommen, sie waren im Heer engagiert und eben auch zu tausenden in den demokratischen Institutionen. Das war wohl so ähnlich wie in manchen Dörfern bei uns im Alpenland, wo junge Leute sich in der Musikkapelle, im Trachtenverein, bei der Feuerwehr und (zumindest bei uns wehrhaften Bergbewohnern) bei den Schützen engagieren und vielleicht auch noch im Gemeinderat sitzen.

Um 465 entstand gegenüber dem Rathaus die Tholos (θόλος), ein Rundbau für die höchsten Beamten, die Prytanen, 50 an der Zahl. Sie arbeiteten die Anträge aus, die der Volksversammlung vorgelegt wurde. Es war ein bisschen etwas wie eine Regierung und weil Regierungsbeamte rund um die Uhr den Menschen zur Verfügung stehen sollten, speisten sie im Prytaneon (πρυτανεῖον) auf Staatskosten. Das war es, womit Sokrates in seiner Verteidigungsrede vor Gericht die Geschworenen verärgert hatte, weil er meinte, ihm gebühre nicht die Todesstrafe, sondern die Ehre der lebenslangen Speisung im Prytaneion.

Also, wie gesagt, man konnte mit einigen Pöstchen in der Politik und Verwaltung ein gutes Leben führen. Den Rest steuerten die Gewinne der stetig steigenden Aktien und Anleihen bei. Die Arbeit machten Sklaven und Gastarbeiter. Weil wir gerade vom Geld reden: Seit etwa 600 gab es Münzen, zuerst in Kleinasien, dann auch auf dem griechischen Festland. Sie bestanden anfangs aus Elektron, einem in der Natur vorkommenden Gemisch aus Gold und Silber, später wurden sie aus Gold, Silber oder aus Bronze geprägt. Ihren Wert zeigte eine Siegelprägung an. Später wurden auch Bilder auf die Münzen geprägt, jede Stadt hatte ihr typisches Signet, athenische Münzen zeigten – was sonst – eine Eule, das Wappentier der Philosophen. Es gab damals bereits die Drachme, die älteste und am längsten benützte Währung der Welt. Sie wurde 2002 durch den Euro abgelöst – ach: vom Thema Griechenland und die Beamten konnte ich mich nicht zurückhalten, das Thema Griechenland und der Euro verkneife ich mir jetzt aber!

Blick über die Agora von Athen, im Hintergrund die Akropolis.

Zudem war in der Antike die Sache ein wenig anders als heute. Die Investoren standen Schlange, um ihr Geld in Athen anzulegen und anders als die linke/rechte Tsipras-Regierung freute man sich damals über das Vertrauen der Unternehmer, die Geld und Arbeitsplätze nach Athen brachten. Man war wer, denn der Prestigegewinn, die einzige Supermacht der Welt, die Perser, in die Knie gezwungen zu haben, hatte das kleine Athen in die Weltgeschichte katapultiert und das war den Athenern selbst sehr bewusst. Sie beschlossen, sich von nun an auch passend für die Geschichtsbücher zu benehmen.

Das wichtigste Statussymbol für die Aufsteiger ist dabei immer, sich bis an die Zähne zu bewaffnen. Athen war zu einer Seemacht aufgestiegen und darauf mächtig stolz. Die Flotte lag blank poliert, ausgestattet mit neuester Kriegstechnik, penetrant sichtbar für jeden im Kriegshafen Piräus – gleich gegenüber der großen Reede, an der die Handelsschiffe vertäut waren, deren Matrosen die Eindrücke – nochmals kräftig übertrieben – in aller Herren Länder verbreiteten. Eine Marineeinheit mit etwa sechs Dutzend Schiffen kreuzte als schnelle Eingreiftruppe ständig zwischen den Inseln der Ägäis, immer auf Abruf, abtrünnige Seebundmitglieder gleich zur Räson ziehen zu können. Zudem verstärkte Athen die Koloniegründung in der Ägäis und rund um das Schwarze Meer. Tausende Bürger zogen mit Sack und Pack nach Übersee und sicherten Athen Horch- und Nachschubposten und militärische und wirtschaftliche Stützpunkte.

Rückgrat der athenischen Marine war die Trireme (auch Triere), die im Sund von Salamis so triumphal die trägen Hochseepötte der Perser aufgerieben hatte. Ihren Namen (Trireme bedeutet schlicht: Dreiruderer) erhielt sie von den drei übereinander gestaffelten Ruderetagen, eine Antriebsorganisation, die das Schiff mit 170 Mann Besatzung eine Geschwindigkeit von mehr als 10 Knoten erreichen ließ. Mit ihren etwa 45 Tonnen Verdrängung war sie immer noch wendig und konnte ihr gefährlichstes

Eine Trireme auf der griechischen 1-Cent-Münze

Kaliber, den bronzenen Rammsporn am Bug, optimal einsetzen. Zusätzlich verfügte sie über die Feuerkraft von Bogen- und Wurfspeer-Schützen und eine kleine Abteilung von Hopliten zum Entern feindlicher Schiffe. Etwa 200 solcher Zerstörer lagen im Hafen von Piräus. Sie dienten in Friedenszeiten auch als Begleitschutz für Handelsschiffe gegen die Geißel der Piraterie. Denn meist war kein Dionysos mit an Bord, dem man angedichtet hatte, dass er Piraten in Delphine verwandeln konnte. Die Schiffe waren allerdings wegen ihres niederen Freibords, ihres hohen Schwerpunkts und des Fehlens von Stauraum für ausreichende Verpflegung kaum für längere Hochseefahrten geeignet.

Vom Piräus bis zur Stadt reichte inzwischen eine mächtige Mauer, die durch eine Kavallerie-Patrouille kontrolliert und durch skythische Bogenschützen und diverse Steinschleuderabteilungen gesichert wurde. Der weitsichtige und kluge Themistokles hatte das Bollwerk 479 bauen lassen, was die Spartaner nun gar nicht goutierten. Obwohl Themistokles beruhigende Gespräche mit ihnen führte, mimten sie die Beleidigten. Das erinnert doch sehr an die beleidigte Reaktion Russlands als die NATO zum Aufbau eines Raketenabwehrschirms schritt. Der Vergleich ist gar nicht so falsch, denn beide Male ging es einzig um Verteidigungsmaßnahmen und man muss sich ja wundern, warum man darauf so sauer reagiert. Freilich zeigt es zumindest eines ziemlich deutlich: Misstrauen!

Dionysos segelt über das Meer, umgeben von Delphinen. Abgebildet auf der berühmten, vom Künstler signierten Exekias-Schale. Um 540 v. Chr.
Staatliche Antikensammlungen und Glyptothek, München

Perikles gehörte zu den «jungen Wilden», die mit der Appeasement-Politik gegenüber Sparta der älteren Politikergeneration nichts mehr anfangen konnten. Den Älteren saß noch die Bedrohung durch die Perser im Genick und sie wussten, dass, wenn überhaupt, nur alle Griechenstädte gemeinsam gegen einen allfälligen Rachefeldzug der Supermacht eine Chance hätte. Die Jüngeren pfiffen darauf, sie glaubten lieber der eigenen Großmacht-Propaganda und scheuten sich nicht mehr, der Ausweitung des Seebundes auch gegen die Interessen Spartas das Wort zu reden. Der alte besonnene General Kimon, der solchen Absichten im Weg stand, wurde schließlich durch einen *shitstorm*, also ein Scherbengericht (wie schon gesagt, ich erkläre es gleich), aus der Stadt geworfen. Er wurde als Trunkenbold und Schürzenjäger denunziert.

Solche Großmannssucht kam schließlich bald vor den Fall. 431 kam Sparta das erste Mal. Auch wenn es bereits seit einigen Jahrzehnten Stellvertreterkriege und auch direkte Zusammenstöße zwischen Athen und Sparta gab, der große Krieg begann jetzt. Es war ein seltsamer Krieg zweier gleich starker Mächte, deren Stärke aber auf ganz unterschiedlichen Pfeilern ruhte. Während das Landheer Spartas unschlagbar war, hatte Athen eine starke Flotte. Der Krieg war über viele Jahre ein Abnützungs- und Zermürbungskrieg ohne offene Schlachten. Trotzdem brachte er ein Ende der goldenen Esel. Zur Zeit des Sokrates war Athen auch in dieser Hinsicht modern, dass es auf Pump lebte. Das war für die vielen, die an seinem Tropf hingen, gar nicht schön. Doch Kriege erschüttern nicht nur die Finanzen, sondern immer auch die Moral. Auch in Athen waren Meineide, Vertragsbrüche und ausgekochte Kriegsverbrechen an der Tagesordnung und kein Mensch blickte mehr besorgt zu den Tempeln, was denn die Götter zu all dem sagten. Nur in Sparta betete man noch. Dort gingen die Uhren anders. Der Peloponnesische Krieg war auch eine klassische *Querelle des Anciens et des Modernes* also ein Krieg aus Wut über die Vernichtung der alten Werte und aus Wut über die Verhinderung einer neuen Zeit. Und diese Wut hat sich über der Person des Sokrates entzündet.

Als 431, 430, 429 und später noch einig Male die Spartaner Attika verwüsteten, Ölbaume und Weinreben ausrissen, zwängten sich hunderttausend Menschen, halb Einwohner, halb Flüchtlinge (manche Historiker schätzen die Zahl sogar doppelt so hoch) hinter die mächtige Mauer der Fluchtburg Athen und saßen die Katastrophe aus. Es muss ein wahrer Albtraum für die athenischen Ästheten gewesen sein, als ihre Gymnasien und Palästren mit stinkenden Bauern samt ihren Ziegen und Schafen vollgestopft waren. 430 raffte durch die entsetzlichen hygienischen Verhältnisse auch noch die Pest Tausende hinweg – unter den Opfern war auch Perikles. Der Krieg brach ausgerechnet zu einer Zeit herein, in der Athen ein neues Styling erhielt, das es endgültig zur internationalen Metropole verwandeln sollte. Hätte ein Athener damals erfahren, dass die deutsche Klassik diese Zeit zur Periode edler Einfalt und stiller Größe verklären sollte, er hätte wohl trocken kommentiert, dass ein Homer schon origineller geflunkert habe.

Es gibt keinen Zweifel, dass die öffentliche Bautätigkeit an Sakralgebäuden so wie alle groß angelegten Kulturinitiativen das zarte Pflänzchen Demokratie, die die alte Tyrannenherrschaft abgelöst hatte, legitimieren half. Die demokratische Verfassung sollte auf einem erstarkten Nationalbewusstsein, zunächst einem athenischen, aber doch mit panhellenischen Aspirationen gewürzt, sicher ruhen. Die gezielte politische Konstruktion war demnach zweifellos wichtiger als eine empfundene Glaubensüberzeugung. Sokrates wühlte genau in dieser Wunde, aufreizend und ungerecht zweifellos, aber immerhin. Manch einer mag seine Stirn in Falten gezogen haben, als die athenische Morgenpost von seiner Hinrichtung berichtete. Der Dialog *Menon* spielte im Haus des vornehmen Athener Bildungsbürgers Anytos, bei dem der Thessalier Menon zu Gast war. Anytos war politisch engagiert und war 399 einer der Hauptankläger beim Sokrates-Prozess. Sein dezidiert staatserhaltendes Selbstverständnis drängte ihn in diese Rolle. Nun ja! Als in dem Gespräch mit Menon, wo es um die Lernbarkeit der Tugend ging, Sokrates etwas schelmisch den Hinweis fallen ließ, bei diesem Thema seien die Spezialisten doch die Sophisten, heulte Anytos auf:

> Um Gottes Willen (beim Herakles), Sokrates, sprich keinen solchen Unsinn! Möge doch kein Verwandter oder Freund unter den Einheimischen oder Fremden so verrückt sein, zu diesen zu gehen und sich verderben zu lassen! (Menon 91c)

Sokrates reagierte mit gespieltem Erstaunen und bohrte erbarmungslos weiter. Waren nicht Leute wie Protagoras oder Gorgias hoch angesehen? Sie gingen seit Jahrzehnten geachtet ihrer Arbeit nach, bildeten Generationen von Bankdirektoren, Journalisten, Richtern, Künstlern, Militärs und Lehrern aus und hatten dabei viel Geld verdient, mehr als der berühmteste Bildhauer, Phidias, dessen Werkstätten (er besaß auch ein Atelier in Olympia – es wurde später in eine Kirche umgewandelt und man kann es heute noch besuchen – und hatte dort die große Zeus-Figur geschaffen, die eines der sieben Weltwunder wurde) einen Staatsauftrag nach dem anderen lukrieren konnten.

An der Stelle des Ateliers von Phidias in Olympia befinden sich heute die Reste einer frühchristlichen Kirche.

Doch Anytos war nicht zu beruhigen. Er musste zwar eingestehen, dass er die Sophisten gar nicht näher kannte, auch nichts vom Ausbildungsprogramm wusste, das sie in ihren Kursen anboten, aber jeder *anständige einheimische Bürger* erziehe seine Kinder besser als dieses Intellektuellengesindel. Das ist zeitlose, mit Populismus gewürzte Intellektuellenschelte und zeigt das Unbehagen, das die modernen Zeiten und der «Fortschritt» bei vielen Menschen auslösten. Sokrates hatte zu guter Letzt das Pech, dass er mit seinen Beckmessereien in eine Schublade mit den Sophisten geworfen wurde und als Bedrohung des Staates erscheinen musste.

Die Anklage lautete auf Gottlosigkeit. Sokrates sprach immer wieder von seinem *Dämon*. Was er damit meinte, ist schwer zu rekonstruieren. Lesen wir diesen Dämon vorläufig als Schutzgeist, als innere Stimme. Es war etwas, das jedenfalls die reine Ebene des Argumentierens und logischen Traktierens überstieg und auf eine Wahrheit verwies, die sich anderswoher legitimierte. Das aber war ein Ärgernis für die agnostischen Sophisten. War man nicht endlich dabei, diese alten Zöpfe durch eine moderne Aufklärung abzulösen, die das verstaubte Athen durchlüftete? Sokrates legte dem Steine in den Weg, er war aus ihrer Sicht ein Reaktionär.

Er war aber auch ein Ärgernis für die Konservativen. Weshalb kam Sokrates mit seinem Dämon daher, wo es doch eine klare Götterwelt und einen Staatskult gab, wo mit großem Aufwand an Steuergeldern Tempel gebaut wurden? Wie kam Sokrates auf die Idee, das Göttliche zu privatisieren und jedem zu seinem Götzen zu verhelfen? Das war in Wahrheit doch verkappte Sophistik!

Platon

Platon. Röm. Kopie um 340.
Staatliche Antikensammlungen und Glyptothek, München

Der Tod des Sokrates, der sich zwischen alle Stühle gesetzt hatte, kann kaum jemanden in Athen kalt gelassen haben. Und einer seiner Schüler hörte besonders aufmerksam zu und sah sich die Sache sehr genau an: Platon. Er vermutete nämlich in dieser von seinem Lehrer Dämon genannten Größe ein spannendes Vermächtnis. Vielleicht war das sogar ein Gedanke, der sich zu einer großen Systemphilosophie ausbauen ließe, welche die Pole von Statik und Prozess abzustecken gestattete.

Platon wurde vermutlich 428 oder 427 in Athen (nach anderen Berichten in Ägina) geboren. Platons aus einer oligarchischen Familie stammende Mutter Periktione, die Schwester jenes Charmides, den wir zusammen mit Sokrates im Hof der Palästra des Taureas sitzen ließen, ging nach Aristons Tod eine weitere Ehe mit dem Demokraten Pyrilampes ein. Platon hatte zwei Brüder, Adeimantos und Glaukon (sie sind die Gesprächspartner des Sokrates in der *Politeia*) und die Schwester Protone. Aus der zweiten Ehe kam noch der Halbbruder Antiphon dazu.

Platon hieß ursprünglich Aristokles. Wie es zu seinem Philosophennamen kam, ist nicht geklärt. Es gibt eine eher unglaubwürdige Geschichte, dass der Ringlehrer in der Schule ihn wegen seiner breitschultrigen Erscheinung Platon (πλατύς/ *platys/breit*) genannt habe.

Zu Glaukon gibt es eine hübsche Geschichte. Er plante in jugendlicher Naivität eine Politikerkarriere. Als er sich bei Sokrates Tipps für dieses Vorhaben holen wollte, veranstaltete dieser ein scharfes Hearing, das dem europäischen Parlament alle Ehre gemacht hätte. Da kam heraus, dass der junge Glaukon keine Ahnung von den jüngsten Steuererhöhungen hatte und dass die Zahl der gerade vom Stapel gelaufenen Zerstörer ihm unbekannt war. Auch in der Wirtschaftspolitik ortete der Meister nur Nichtwissen. War die Außenhandelsbilanz positiv oder negativ? Glaukon zuckte die Schultern. Sokrates klopfte ihm auf diese und meinte gönnerhaft, er möge sich das mit der Politik doch noch einmal genau überlegen, was Glaukon auch tat. Die Geschichte ist deshalb bemerkenswert, weil Sokrates, der große Sophistenkritiker, offenbar dann, wenn es um die harte Realität des Lebens ging, durchaus jenes lebenspraktische Wissen für eine Voraussetzung hielt, das die Sophisten lehrten und das er in den großen literarischen Dialogen mit so viel Energie bekämpfte. Auch in Platons Leben überrascht manches. Etwa, dass er, der Dichter und Künstler aus seinem Idealstaat verbannen wollte, in seiner Jugendzeit gerne malte und dichtete. Ganze Tragödien sollen entstanden sein, die er, nachdem er Schüler des Sokrates geworden war, in das Feuer warf.

Wenn ich im folgenden Platon und Sokrates immer in einem Atemzug nenne, geschieht dies aus einem Dilemma. Da uns Sokrates selbst nichts Schriftliches hinterlassen hat, kennen wir seine Meinungen nicht aus direkter Quelle. Es sei denn, wir glauben das, was Platon (und wenige andere wie etwa Xenophon, der aber in vielem Platons Darstellung widerspricht) über ihn berichtet. Genau das tue ich aber nicht. Ich glaube vielmehr, dass Platon in seinen Schriften dem Sokrates eine konstruierte Rolle zugedacht hat, und daher nehme ich Sokrates so, als wäre er eine literarische Figur Platons. Eine solche Meinung nennt man in der Wissenschaft eine These und man müsste sie ordentlich begründen. Das ist freilich leichter gesagt als getan! Denn auch das Argument, dass bei Xenophon jede metaphysische Überhöhung der Lehre des Sokrates fehlt, sticht nicht wirklich. Vielleicht hat Xenophon diese einfach nicht begriffen. Heutzutage gelten die akademischen Philosophen ja auch nicht gerade als leichte Kost. Das macht freilich nichts, denn den Ruf der Philosophen retten zum Glück einige wenige, die sich den Charme ständiger Talk-Runden-Gäste zugelegt haben. Diese bringen zumindest einige philosophische Einsichten unter das Volk. Vielleicht hat Platon dem Sokrates genau diese Rolle zugedacht. Er war sozusagen sein Talk-Runden-Sprecher für die Geschichte. So hat es jedenfalls Cicero später gesehen, der in seinen *Gesprächen in Tusculum* berichtet: [...] *daß Sokrates als erster die Philosophie vom Himmel herab rief, und sie in den Städten ansiedelte, sie in die Häuser führte und die Menschen zwang, über ihr Leben und ihre Verhaltensweisen und das Gute und Böse nachzudenken.* Cicero hat übrigens die Philosophie zwar nicht vom Himmel geholt, aber immerhin von Griechenland (also beinahe vom Himmel) nach Rom gebracht. Damit hat er sich also selbst ein Stück vom Kuchen des Sokrates abgeschnitten.

Ich ziehe mich vorläufig auf die kaum bestreitbare Tatsache zurück, dass es keine überzeugenden Unternehmungen gibt, die Lehre des Sokrates getrennt von jener Platons zu rekonstruieren. Ich hoffe aber, meine Meinung im Folgenden ein wenig plausibel machen zu können. Und außerdem: Da ich ja ein Buch über Platon schreibe und nicht über Sokrates, ist es vielleicht nicht so von Belang, sollte ich Sokrates Unrecht tun.

Platon agierte nach der Sokrates-Affäre meisterhaft. Zunächst einmal empfahl er sich aus dem vergifteten Klima der Hauptstadt und trat eine Bildungsreise an. 398 packte er seine Koffer samt etlichen leeren Notizpapyrusrollen und fuhr nach Megara, dann nach Cyrene und in den Süden und in den Osten und sammelte eifrig, was er alles sah. Das ist mehr als unbestimmt, ich weiß. Ich kann es Ihnen auch genauer sagen: Er fuhr nach Heliopolis (so nannten die Griechen die frühere Pfeilerstadt Junu) in Ägypten, wo er sich ein Haus mietete und dreizehn Jahre blieb. Ausgerechnet Heliopolis! Wohin sonst als in diese Stadt am Rande des Nildeltas nordöstlich von Kairo mit dem Haupttheiligtum des Sonnengottes Atum-Re konnte die Bildungsreise eines Platon führen? Das ist schon so gut konstruiert, dass man skeptisch wird. Es gab in Heliopolis einen Stierkult zu Ehren des heiligen Tieres des Sonnengottes, und eine angesehene Theologenschule. Heliopolis stand aber weniger deshalb ganz oben in den Prospekten der Athenischen Reisebüros. Vielmehr waren die Abende dort kaum langweilig, denn Heliopolis war wegen seiner Bierbrauereien berühmt. Das mit den dreizehn Jahren ist endgültig unwahrscheinlich. Strabo hat diese Geschichte überliefert, nach anderen Quellen war Platon drei Jahre oder – wieder anders – sechzehn Monate in Ägypten. Die Geschichte ist also nicht so einfach. Genau genommen haben wir keine Ahnung, ob Platon überhaupt jemals in Ägypten war. Wir wissen auch nicht, wie Texte aus Ägypten nach Athen gelangten, wer sie übersetzte, so dass sie Platon dort studieren konnte. Nur eines wissen wir: Platon hat

Ägypten gut gekannt und er hat die dortige Kultur über alles verehrt. Der über viele Jahrtausende unveränderte, nur einmal (in der Amarnazeit unter Amenophis IV., Echnaton) durchbrochene Kanon war das konservative Ingrediens, das bis in die byzantinische Kultur weiterwirkte und von dort aus in das karolingische Europa zurückreflektierte.

Platon war also in Übersee und sah aus der Ferne zu, wie sich die Wogen des aufgewühlten Athen glätteten. In der Tat hatte sich die Stadt schnell von den Kriegsfolgen erholt. Die Fabriken warfen bald wieder Geld ab. Die Export-Import-Firmen liefen wieder bestens. Der Piräus wurde zum größten Umschlaghafen der Ägäis. Auch mit Immobilienspekulationen ließ sich viel Geld verdienen. Zudem zogen sich viele Aristokraten, angewidert vom Aufstieg neureicher Demagogen und frustriert darüber, dass die Demokratie sich als so hartnäckig erwies, aus der Politik zurück und gönnten sich dafür ein sorgenfreies Leben. Vielleicht waren sie ja auch irgendwie erleichtert, denn sie konnten sich nun der Kunst, Literatur und Philosophie widmen und mussten nicht mehr bei den Sportveranstaltungen auf der Tribüne sitzen und mitjubeln, um sich im Volk beliebt zu machen.

Als Platon zurückkehrte, hatte er im Schatten dieser Betriebsamkeit genügend Muße, die Geschichte rund um Sokrates aufzuarbeiten. Es entstanden seine frühen Dialoge. Ich gehe davon aus, dass Platon im Groben wusste, was er wollte. Sicherlich hat sich manches erst im Verlauf der Abfassung seiner Schriften geklärt und sind neue Aspekte dazu getreten. Es mag auch sein, dass uns Platon von seinem Probieren und Zweifeln berichtet. Trotzdem schlage ich vor, ihn als Schriftsteller zu lesen, der im Wesentlichen sein philosophisches Anliegen von Anfang seines Schreibens an zielbewusst verfolgte und dem Leser ein großes philosophisches Erziehungsprogramm vorlegt. In groben Zügen könnte man sein Anliegen folgendermaßen beschreiben: Grundsätzlich ging es Platon darum, das, was er aus seiner konservativen Optik als Bedrohung der Staatsordnung betrachtete, nämlich die von den zeitgenössischen Intellektuellen getragene Moderne in Athen, einzudämmen und möglichst zurück zu schrauben. Dabei hob er sich von fundamentalistischen Eiferern in dem einen Punkt vorteilhaft ab, dass ihm klar war, dass dies in aufgeklärten Zeiten nur mit nachvollziehbaren und überzeugenden Argumenten gelingen konnte. Dazu lässt er in einem ersten Schritt seinen Sokrates in den Dialogen die Ansichten der Sophisten auf Augenhöhe ihrer aufgeklärten Moderne destruieren, um das brüchige Fundament eben dieser Moderne bloßzustellen. Die Streitgespräche enden – wie wir bereits sahen – unentschieden, allenfalls mit Vorteilen für Sokrates. Vor einer solchen Folie bekommt die Aporie einen Sinn. Die Botschaft: Mit dem Repertoire der Sophisten gelangt man nur in Sackgassen! Das ermöglicht es Platon, die von den Sophisten vorgegebene Methode zu verlassen, weil sie sich als für die Erkenntnis der Wahrheit unzulänglich erwiesen hat.

Im zweiten Schritt zieht Platon – das aporetische «Ergebnis» nützend – das Resümee: Die Erkenntnis «der Wahrheit» ist mit den Methoden der zeitgenössischen Moderne unmöglich. Der Zugang zur Wahrheit verlässt die Ebene sprachlicher Argumentation. Sie ist nur in einer an Mystik erinnernden Schau-Erfahrung zu haben. Platon operiert mit einem dafür notwendigen Ausstieg aus der uns vertrauten Welt. Er ermahnt uns, unseren Körper gering zu schätzen, damit wir uns von der sinnlichen Ebene zur geistigen Wahrheit «erheben» können. Platons Ideenlehre kann man nur folgen, wenn man sie als Lehre einer neuen Wahrnehmungs- und Schauerfahrung versteht.

Schön und gut, aber wie steht es mit der ganz realen Umsetzbarkeit einer solchen Utopie in der konkreten Welt? Wie kann eine solche Schau von letzten Wahrheiten gelingen? Dazu weist uns Platon zwei Wege: Einmal einen persönlichen und individuellen Weg. In letzter Konsequenz kann eine solche Schau der Wahrheit nur durch die Vereinigung der menschlichen mit der göttlichen Seele nach der Trennung von Körper und Seele im physischen Tod gelingen. Weil diese doch ziemlich radikale Konsequenz nicht nach jedermanns Geschmack ist und sich nicht universell umsetzen lässt, bleibt dieser Weg nur einzelnen (wie dem Sokrates, der hier als exemplarisches Vorbild dient) vorbehalten. Trotzdem hatte diese Vorstellung in der Tradition der Mystik auch und vor allem im Christentum eine große Karriere vor sich. Der zweite Weg führt über die Institution. Platon entwirft das Ideal eines Staates, der den Einzelnen geradezu zu dieser neuen Sicht der Wahrheit zwingt. Er hinterließ mit dieser Vision der europäischen Kultur ein weiteres schwergewichtiges Vermächtnis, jenes totalitärer Staatsentwürfe, über das noch zu reden sein wird. Aber auch in diesem Fall erkannte Platon scharfsichtig die Schwächen seines Vorschlages und ließ auch dies scheitern.

Das Scheitern seiner zwei versuchten Wege – beide im Kontext der Ideenlehre entstanden – hat sehr viel damit zu tun, dass die Ideenlehre eine statische Gestalt aufweist. Was wir jedoch brauchen, ist eine Bewegung, um eine Vermittlungsarbeit leisten zu können. Wenn von Dynamik und Prozess die Rede ist, fürchtet Platon jedoch die destruktive Figur des alten Phanes/Eros. Wie er nun damit umgeht und aus diesem Zerreißer einen heilsamen Prozess konstruiert, ist ein großes und spannendes Thema.

Die Sophisten

Um das Skizzierte der Reihe nach zu verfolgen, kehren wir zurück zur aporetischen Struktur der frühen Dialoge. Aus dem Kontext der zeitgenössischen Geschichte ist klar, dass Platon das Erbe des Sokrates vorsichtig und sachte aufbereiten musste. Er musste dessen Stärken demonstrieren, ohne gleich mit der Tür ins Haus zu fallen. Und die Botschaft war klar: Sokrates wurde als jemand geschildert, den trotz seiner rüden Art nur die Sorge um das Gemeinwesen umtrieb. Seine Absicht sei es gewesen, die Unzulänglichkeit der verbreiteten Methode reiner Argumentation aufzuzeigen, denn er war davon überzeugt, dass die Wahrheitsfrage nicht mit Rhetorik und nicht mit Logik zu lösen ist. Geschickt nützte Platon dabei die Legendenbildung: Sokrates als derjenige, der im dialektischen Streitgespräch nicht zu schlagen war – vorsichtshalber mussten in Platons Dialogen in der Regel die jungen, unerfahrenen Schüler der großen Sophisten in den Ring steigen. Das Streitgespräch wurde zum sportlichen Wettkampf und Sokrates zum großzügigen Onkel, der den strebsamen Jungs jovial auf die Schulter klopfte, wenn ein Argumentationsgang gut gelang, wenn sie die sichere Niederlage noch ein Weilchen hinausschieben konnten. Freilich gemahnen bisweilen unverhohlene Bosheiten des Sokrates, die den Lehrern galten, daran, dass Platon durchaus ein klares Ziel verfolgte, das sich in den späteren Schriften – dann besser geschützt durch die Institution der Akademie – auch deutlich herauskristallisierte.

Die Kritik Platons an der Methode der Sophisten ist letztlich eine Kritik an der Anmaßung, die Wirklichkeit mit den Mitteln der Logik oder auch nur des pragmatischen Umgangs mit den diversen Methoden einfangen zu wollen. Wenn man so will, beherrschte Sokrates die sophistische Argumentationskunst so bravourös, dass er die Urheber derselben mit ihren eigenen Instrumenten auszuhebeln imstande war. Dass Sokrates damit selbst in Verdacht geriet, ein Sophist zu sein, ist kaum überraschend.

Werfen wir nach dem *Charmides* einen Blick auf einen ähnlich strukturierten Dialog. Er trägt den Titel *Laches*. Auch hier gibt es eine hübsche Eröffnung: Es treten zwei Väter mit ihren Söhnen auf, auf denen ihre ganze Hoffnung ruht: Lysimachos, selbst Sohn eines hohen Politikers, und Melesias machen sich Sorgen um ihre Kinder. Wer zu dieser Zeit durch Athen streifte, der wunderte sich darüber nicht. Auch die athenischen Kids schleuderten lieber ihr Jo-Jo, dieses tausende Jahre alte Spielzeug, durch die Luft, als dass sie ihre schöne Seele für die Nachwelt pflegten. Schlimmer noch: als trotzig und störrisch werden sie uns geschildert. Nach der Schule schritten sie nicht mehr wie in der guten alten Zeit gesittet auf kürzestem Weg nach Hause, sondern als Knäuel grölender Halbstarker schockierten sie die Passanten mit obszönen Posen. Sie ließen die dampfende Gerstensuppe zuhause Gerstensuppe sein und vertrödelten ihre Zeit lieber vor den Freudenhäusern, wo sie von den Dirnen launig mit Äpfeln beworfen wurden. Am Tisch waren die Sitten gänzlich verwildert. Die Kids schlugen ihre Beine lässig übereinander und schnappten ungeniert nach den besten Happen. Diese Klagen hat uns Aristophanes hinterlassen. Der Dichter Herondas berichtet uns in einem seiner Stücke von einem Jugendlichen, der das Schulgeld, das ihm die Eltern für seine Lehrer mitgegeben hatten, beim Glücksspiel verjubelte. Trotz seiner katastrophalen Rechtschreibkenntnisse schwänzte der Junge die Schule und war nur zur Stelle, wenn dort ein Fest gefeiert wurde.

Verständlich also die Sorge der Väter und vertrauensvoll wandten sie sich an zwei angesehene Persönlichkeiten Athens, an die hoch dekorierten Generäle Nikias und Laches.

Zwei Jungen unterhalten sich.
6.-4. Jh. v. Chr.
Cypros Museum Nikosia

Da hat Platon ins Volle gegriffen. Nikias war ein berühmter Feldherr mit einem gewaltigen Vermögen, das er aus einer im Familienbesitz befindlichen Silbermine bezog. Der Oligarch führte regelmäßig die *Forbes*-Liste der reichsten Männer Athens an. Politisch blickte er mit Bewunderung auf die Zucht und Ordnung in Sparta, ein Friedensvertrag mit Sparta erhielt sogar seinen Namen. Widerwillig führte Nikias ein athenisches Heer 415 nach Sizilien. Segesta hatte um Hilfe gegen Syrakus gebeten. Das wiederum hatte Sparta im Hintergrund. Nikias erkannte sofort und scharfsichtig, dass Athen in die unangenehme Situation eines brandgefährlichen Stellvertreterkrieges schlittern musste. Den Feldzug, der den Peloponnesischen Krieg zu einem «Weltkrieg» machte, hatte Alkibiades angestrebt. In einer flammenden Rede vor der Volksversammlung hatte er zu einer Stimmung aufgeputscht, die jener in Deutschland und Österreich vor dem Ersten Weltkrieg glich. *Alle ergriff ein Verlangen, an dem Feldzug teilzunehmen*, schrieb der Historiker Thukydides. Alkibiades selbst ging, kaum war die Zustimmung zu diesem Kriegseinsatz erfolgt – 134 Trieren und eine Landungstruppe, alles zusammen etwa 40 000 Athener, Verbündete und Söldner – mit bestimmtem Schritt an Bord, verschwand dann aber, als die Kameras abgeschaltet und Pressevertreter nach Hause gegangen waren, bei Nacht und Nebel in einem Beiboot und überließ Nikias die Belagerung von Syrakus. Schlimmer noch: Alkibiades wurde in Sparta, der mit Syrakus verbündeten Stadt, gesichtet und er soll brisante Details des griechischen Plans dem spartanischen Geheimdienst verraten haben. Der Kriegseinsatz ging völlig daneben. Die Athener flohen Hals über Kopf und ließen nicht nur die Toten, sondern auch die klagenden und fluchenden Verwundeten zurück. Die Fliehenden wurden abermals angegriffen, die Überlebenden des Gemetzels starben in einem alten Steinbruch in Syrakus. Der General selbst kehrte von diesem Feldzug nicht mehr zurück. Nikias wurde auf der

Flucht festgenommen und 413 von den Syrakusern hingerichtet. Das ganze war nicht nur eine persönliche Tragödie des Aristokraten, sondern auch eine herbe Niederlage Athens, dessen bisher in der Geschichte griechischer Poleis größtes Invasionsunternehmen kläglich gescheitert war. Es war ein Wendepunkt im Peloponnesischen Krieg.

Auch Laches war als Feldherr im Peloponnesischen Krieg engagiert. Bei den Friedensverhandlungen, die zum erwähnten «Nikiasfrieden» führten, war er beteiligt. Auch er kam im Krieg um. Er fiel 418 in der Schlacht von Mantineia, in der die Spartaner auf offenem Feld Argos und ihren Verbündeten (darunter eine Abteilung Athener) eine verheerende Niederlage beigebracht hatten.

Wer sonst als zwei so gestählte und erfahrene Militärs, die um Zucht und Ordnung wissen, müssten Ratschläge geben können, wie die Söhne am besten zu erziehen seien. Nikias schien sich zudem als strenger Papa bewährt zu haben, denn er verdonnerte seinen Sprössling, um ihn von anderen Flausen abzulenken, dazu, die Epen Homers auswendig zu lernen. Das sind immerhin 12 110 (*Odyssee*) plus 15 693 (*Ilias*) Verse!

Natürlich schielt Platon hier nach Sparta mit seiner rigorosen körperlichen Zucht! Sparta, das sich in ähnlichem Maß nach rückwärts wandte, wie sich Athen dem Neuen öffnete! In Sparta blieben die auch dort aufkeimenden demokratischen Regungen durch die Institution von Königen und Ältestenrat zurückgebunden und die Stadt erhob, wie der Historiker Sebastian Schmidt-Rofner in seiner hervorragenden Darstellung des klassischen Griechenlands sagt: «die Unveränderlichkeit der Ordnung seit ältesten Zeiten zum sakrosankten Prinzip.»

Und doch: Die Abweisung der Vorschläge der Sparta bewundernden Generäle kommt einer Parteinahme für Athen gleich, das gegen die bloße Muskelkraft die feine Klinge des Intellekts führte. Man könnte mutmaßen, dass Platon trotz aller Konservativität nicht einfach eine Kopie des Polizeistaats Sparta anstrebte, sondern sozusagen ein intelligentes Sparta aus freiwilliger Überzeugung.

Was also tun mit den jungen Männern? Sollte man sie in den Fechtunterricht schicken? Sokrates, der zwischen Lysimachos und Nikias eingeklemmt war, nahm sich mit theatralischer Bescheidenheit zurück und zuckte die Schultern. Er verstehe nichts von diesen Dingen, brummte er und markierte eine unüberhörbare Distanz von solch militärischem Getue:

> Das Schicklichste aber dünkt mir zu sein, dass ich als der Jüngste und Unerfahrenste zuerst sie höre, was sie meinen. (Laches 181d)

Also begann Nikias mit seinen Vorschlägen. In der Tat wäre die Fechtkunst eine hervorragende Voraussetzung. Seinen Blick sorgenvoll in die Ferne gerichtet, meinte er, in seinem Erfahrungsschatz kramend, dass die fechtende Infanterie Rückgrat jeder Truppe sei. Vor allem aber sei der gute Fechter dann im Vorteil, sollte sich einmal die geschlossene Kampfordnung auflösen und er mutterseelenallein einem Feind gegenüberstehen. Diese Kampfordnung, die Phalanx (ich berichtete ja bereits von ihr), war schon seit längerem bekannt. Es gab sie bereits im Alten Orient. Dort wurde sie aber früh wieder aufgegeben, weil die Semiten in ihren Kämpfen gegen die Sumerer Netze über die Phalanx warfen, in denen sich die langen Lanzen verfingen und die so mit einem erschreckend einfachen Mittel die gefürchtete Militärmaschine kampfunfähig machten. In Griechenland hatten die Spartaner die Phalanx eingeführt, sie waren irgendwie geborene Hopliten. Sie war eine kampfstarke Formation an vorderster Front – aber eben nur solange sie hielt. Wenn sie zerbrach, ging es ums nackte Überleben und da hätte man – so Nikias – mit Kenntnissen im Fechten ein optimales Mittel dazu.

Die romantisch veranlagten Griechen schauten verachtend auf die Perser herab, die mit Fernwaffen wie Pfeil und

Bogen kämpften (auch wenn zwangsläufig und widerwillig auch die Athener schließlich dazu greifen mussten). Mit dem Vokabular der Drohnen-Debatte müsste man davon sprechen, dass durch Pfeil und Bogen die Kriegsschwelle sinkt, weil man das Leben der eigenen Soldaten durch diese Technik schützt und ferngesteuert tötet. Die konservativen Athener stießen sich einfach an der Degeneration des alten heroischen und ritterlichen Nahkampfs mit der Lanze – oder eben dem Schwert. Ein so exquisites Argument konnte nur den Leuten des alten Athen einfallen, die täglich auf dem Weg ins Büro die bronzenen und marmornen Kouroi bewunderten! In den Schlachtenabbildungen wurden die Griechen meist nackt mit ihren makellosen gestählten Körpern dargestellt, während die Perser aussehen, als hätte man sie gerade aus dem Amt zusammengetrommelt.

Lesen Sie das alles ruhig auch ein wenig als Lebenskampf. Der Nahkampferprobte kann es im Leben mit seiner Ellbogentechnik weiter bringen als so manch Zartbesaiteter, Distanzwahrender und Introvertierter, auf den Schutz einer Muse Wartender. Für solche hat man später den Beamtenstatus (die Österreicher benutzen dafür das schöne griechische Wort *Pragmatisierung*) erfunden, weil auf den Schutz der Muse allein zu wenig Verlass war. Also lernen wir fechten!

Doch halt! Laches sah die Sache wieder anders. Auch damals waren sich die Experten niemals einig. Er brachte gewichtige Einwände. Warum wohl würden die Spartaner, diese ungeheuer perfekte Kriegsmaschine, immer am neuesten Stand, die Fechtkunst so vernachlässigen? Ja mehr noch, sie schienen die Technik des Fechtens nur bei diversen Ausstellungen im Ausland vorzustellen ([...] *rund um Sparta herumziehend lieber bei allen anderen zeigend* [...]; Laches 183b), im eigenen Heer aber keine Fechter zu haben. Das ist nichts anderes als Ablenkung und Irreführung potentieller Gegner und Laches wird nicht ohne Stolz und ohne die Pose uneigennütziger Großzügigkeit diese brisante Information seines Aufklärungsdienstes über die psychologische Kriegstaktik Spartas in die Diskussion geworfen haben. Darüberhinaus, so fragte er in die ratlosen Gesichter, könne ihm denn jemand einen einzigen Mann nennen, der als Fechter berühmt geworden sei?

Das betretene Schweigen ermöglicht den Einstieg des Sokrates in das Gespräch. Und wieder wechselt er die Perspektiven gründlich. Es gehe doch nicht um diesen Kleinkram, ob Bogen oder Speer, Infanterie oder Artillerie, Kavallerie oder Marine. In Wirklichkeit gehe es bei der Ausbildung der Menschen doch um eine ganzheitliche Sicht, kurzum: um die Bildung der Seele. Man muss einen Lehrer finden, der verständig sei in der Bildung der Seele. Im Griechischen steht dafür ein Wort aus der Sprache der Medizin: θεραπεύειν (*therapeuein*). Es geht um die richtige Therapie. Im gleichen Atemzug nahm er sich wieder bescheiden zurück. Auch dafür sei er kein Fachmann. Dummerweise war hier jedoch auch die Kompetenz der Generäle zu Ende. Was verstehen Militärs schon von der Seele? Aber an dieser Stelle war eben auch die Kompetenz Spartas zu Ende und jene des nach der Göttin der Weisheit benannten Athen sollte beginnen. Nikias bekundete mit einem unüberhörbaren Seufzer, dass Sokrates es immer schaffe, egal von welcher Fragestellung ein Gespräch auch ausging, seine Themen zum Gegenstand zu machen und dass er einen *nicht mehr aus dem Gespräch entlässt, ehe nicht alles gründlich untersucht ist.* (Laches 188a)

Damit ging es weiter wie in der Palästra des Taureas. Es ging um die Tugend und ihre Inhalte, Tapferkeit, Besonnenheit und Frömmigkeit, es kamen schließlich wieder Wissen und Wahrheit ins Spiel und im untersuchenden Hin und Her blieb alles offen, aporetisch; die Gruppe vertagte sich auf den nächsten Tag.

In allen diesen Dialogen diskutiert Sokrates mit Spezialisten ihres jeweiligen Faches und immer wieder mahnt er, über die konkreten und engen Probleme hinaus das große Ganze in den

Blick zu rücken und testet aus, ob dies mit der Methode des logischen Argumentierens erreichbar ist. All das war vom Geist der damaligen Gegenwart, Arbeitsteilung und Spezialistentum, getragen, was zugleich dem sophistischen Menschenbild und der sophistischen Pädagogik entsprach. Daher musste es früher oder später zur direkten Auseinandersetzung zwischen Sokrates und den großen Vertretern der Sophisten kommen. Auch bei diesen Kalibern wird sich zeigen, dass – und darin hatten die Sophisten ja eigentlich recht – in diesem Rahmen *die* Wahrheit nicht gewonnen werden kann.

Wer waren diese Sophisten eigentlich? Sie waren, wie schon öfters gesagt, die Intellektuellen des modernen Athen. Teilweise schulähnlich organisiert, vermittelten sie in öffentlichen Vorträgen und Kursen gegen Honorar all jene Lebenstüchtigkeit, die man in einem modernen Staat benötigt: Neben rhetorischen Fertigkeiten Grundlagen in Philosophie, Ethik, Rechtswesen, Staatsbürgerkunde, Rhetorik und alles mögliche enzyklopädische Wissen. Sie waren gleichsam eine Notwendigkeit der modernen Demokratie, bei der es nun darauf ankam, für seine politischen Ansichten zu werben. Dass es nicht jedermanns Sache war, auf der *Pnyx*, dem halbkreisförmigen Platz für große Versammlungen – er bot nicht weniger als 6000 Menschen Raum – vor tausenden Bürgern zu einer Rede anzusetzen, kann man sich gut vorstellen. Es führten daher jene das große Wort, die das nötige Selbstbewusstsein besaßen und solche Auftritte gelernt und geübt hatten.

Die Sophisten hinterfragten gerne die Bedeutung großer Begriffe aus Grundgesetz, Ethik und Philosophie, mit denen die Moralisierer und Gutmenschen schnell bei der Hand waren. Wissen, Tugend, *das* Gute, *die* Wahrheit: was soll das sein? Bei diesen Diskussionen prallten die Standpunkte hart aufeinander: göttlicher oder menschlicher Ursprung? Absolute oder relative Werte? In ihrer Weltanschauung neigten sie – wie wir schon sahen – zu einem Relativismus und Skeptizismus und neben brillanten Ansätzen gab es auch an die mittelalterliche Scholastik erinnernde Verengungen und Spitzfindigkeiten. Wer sich an der Moderne in Athen rieb, musste sich auch und vor allem an den Intellektuellen dieser Zeit reiben. Daher verwundert es nicht, wenn Platon uns die Positionen dieser Sophisten nachdrücklich vor Augen führt. Einen besonderen Leckerbissen der Auseinandersetzung zwischen Sokrates und den Sophisten auf höchster Ebene hat uns Platon im Dialog *Protagoras* hinterlassen.

Protagoras, der berühmte Sophist

Eines frühen Morgens, feuchtkühler Dunst lag noch in den Gassen von Alopeke, pochte ungeduldig Hippokrates mit seinem Stock an der Haustüre des Sokrates. Es handelte sich nicht um den berühmten Arzt, sondern um einen gleichnamigen jungen Schüler des Sokrates. Ein Hausbesorger öffnete ihm. Diesen keines Blickes würdigend stürmte Hippokrates – den einfachen Vorhang wuchtig zurückschlagend – in das Schlafzimmer seines Meisters. Sokrates hatte ihn bereits gehört. Atemlos erzählte der Junge die Neuigkeit, die sich wie ein Lauffeuer in Athen ausgebreitet hatte: Protagoras sei gerade in der Stadt! Sokrates wusste natürlich bereits davon. Hippokrates bestürmte ihn, er möge doch eine Diskussion mit dem berühmten Sophisten und Rhetoren aus Abdera führen. Protagoras war berühmt geworden mit der humanistischen These, dass das Maß aller Dinge einzig und allein der Mensch sein sollte. Das war eine gewaltige Infragestellung vieler Rechtsordnungen der griechischen Stadtstaaten, die sich in der Regel auf die Autorität der Götter beriefen. Ja mehr, es glich einer kulturellen Revolution. Der gesamte Alte Orient hatte jede Gründung einer Stadt und jedes Gesetz auf die Götter zurückgeführt. Dementsprechend scharf waren die Kontroversen, die Protagoras auslöste. Man warf ihm Atheismus und blanke Anarchie vor.

Sokrates beruhigte fürs erste seinen ungestümen Schüler. Noch sei ein Besuch im Haus des Kallias, in dem Protagoras abgestiegen war, eindeutig zu früh. Sokrates machte sich fertig. In der üblichen Weise wird er sich gewaschen, Nase und Ohren innen eingefettet und seine Zähne mit den Fingern poliert haben, indem er einige Blätter Minze dabei zerdrückte. Vielleicht – es wird uns nichts davon berichtet – insistierte Sokrates noch auf einem Frühstück: Gerstenbrei oder Suppe mit Brot und dazu mit Honig (vielleicht war sogar ein Töpfchen des köstlichen und begehrten Honigs vom Berg Hymettos, südöstlich von Athen im Haus) gesüßter und mit Wasser verdünnter Wein war die Regel. Nur selten nahm man mittags etwas zu sich, ein wenig Fisch oder einige Feigen etwa, sodass der Tag lang war. Die Hitze lud nicht zum Essen ein. Erst das üppige Abendessen füllte den leeren Magen wieder. Übrigens gab es auch Diätbücher, wo man nachschlagen konnte, welche Speisen am besten zur entsprechenden Jahreszeit und welche Ernährung zum persönlichen *Anti-Aging*-Programm passten. Etwas anders waren die Bräuche in den Kolonien in Sizilien und Unteritalien. Dort genoss man das Leben in vollen Zügen und aß zwei Mal am Tag ein größeres Mahl. Der Schreiber des sogenannten *Siebten Briefes*, der vermutlich nicht Platon war, war deutlich echauffiert darüber, was er dort erlebte:

> Als ich angekommen war, wollte mir auch das, was sie dort
> das glückliche Leben nennen, voll von italischen und
> syrakusischen Schwelgereien überhaupt nicht zusagen:
> zu leben, indem man sich zweimal am Tag vollfüllt und niemals nachts
> allein schläft [...]. (7. Brief 326b)

Gut gerüstet vertraten sie sich im Hof noch ein wenig die Beine. Dabei begann eine Art Vorspiel, eine geistige Aufwärmrunde, indem Sokrates seinen Schüler in ein Gespräch verwickelte, das die Frage klären sollte, was denn ein Sophist überhaupt sei. Studenten der Geisteswissenschaften kennen das Problem! Wenn sie von ihren Onkeln, Tanten, Großeltern und Bekannten nach ihrem Studium gefragt werden, passiert immer das Gleiche. Wohl dem, der antworten kann, er studiere Medizin, Juristerei oder Ökonomie. Ein Arzt, ein Anwalt, ja ein angehender CEO eines international operierenden Unternehmens – das sind schon Sachen, die dem Gesprächspartner ein bewunderndes «Ahh» und «Ohh» abringen, aber was, wenn man achselzuckend, resignierend eingestehen muss, man studiere Philologie oder Geschichte oder Byzantinistik oder – wie das bei mir der Fall war – Philosophie! Genau dasselbe Problem hatte auch Hippokrates und er ging noch dazu bei Professor Sokrates in die Schule. Noch schlimmer wäre nur noch, bei einem Sophisten zu studieren.

> Wenn dich jemand fragte: Was willst du denn werden, wenn du zum Protagoras gehst? – Da errötete er […]. (Protagoras 312a)

Doch Sokrates weiß Tröstliches für ihn. Immerhin sei der Philosoph so etwas wie ein Seelenarzt, ihm geht es um die Weisheit. Demgegenüber ist der Sophist jemand, der mit Anwendungswissen handelt wie ein Krämer in seinem Laden. Ja, im Dialog *Sophistes* wird er geradezu ausfällig und beschimpft die Sophisten als Taschenspieler, billige Nachahmer und als Schausteller. (Sophistes 234e/235b)

Sokrates hatte völlig Recht. Es tröstet doch sehr, dass immer dann, wenn Bundestag oder Bundesversammlung in Berlin eine wichtige, von den Öffentlich-Rechtlichen direkt übertragene Gedenkstunde abhalten, ein Philosoph oder Historiker die Festansprache halten und die moralischen und humanistischen Leitplanken der Republik abstecken darf. Darum geht es doch im Leben und nicht um ein paar gewonnene Prozesse, mögen sie auch noch so dicke Honorare abwerfen. Das sah man übrigens auch im alten Rom noch so. Als der jüngere Cato, Senator, prominenter Cäsar-Gegner, Feldherr, im Jahr 58 v. Chr. nach Zypern gesandt wurde, um das Königreich für Rom zu erobern, raffte er sämtliche Kunstwerke als Kriegsbeute zusammen und verscherbelte sie, sodass er eine gewaltige Summe nach Hause überweisen konnte. Nur die Statue des Zenon aus Kition verkaufte er nicht, nicht etwa – wie uns Plinius berichtet – *weil er vom Erz oder der Kunst beeindruckt gewesen wäre, sondern weil es die Statue eines Philosophen war.*

Ein Streifzug durch Athen

Inzwischen war die Sonne aufgegangen, die Straßenfeger hatten die Stadt auf Hochglanz gebracht, die ersten Rollläden ratterten nach oben (nein, die gab es damals noch nicht, aber das Bild ist so schön). Athen erwachte. Man konnte sich auf den Weg machen. Als sie Athen-Mitte betraten, zog ihnen schon der betörende Duft süßer Honigkuchen entgegen. Ladungen von frischem Weizenbrot wurden in die Geschäfte geliefert. Die meisten Bäcker erzeugten auch noch Maza (μᾶζα), ein aus Gerstenschrot (für Vollkornliebhaber) oder Mehl, Wasser, Milch und Öl gekneteter Teig, der an Fast-Food-Ständen als Häppchen mit Zwiebel und Gemüse feilgeboten wurde. Vielleicht nahmen unsere Zwei an einer Steh-Bar noch ein Stückchen Honigkuchen zusammen mit einem Tässchen köstlicher süß geschäumter Milch (ἀφρόγαλα/*aphrogala*) – Vorläufer der deutschen Erfindung namens *Latte Macchiato* – zu sich und beobachteten ein wenig die Szenerie. Bauern, die mit Lendenschurz und Fell, eine speckige Filzmütze auf dem Kopf, ihre Karren voll frischer Milch, Käselaibe, Olivenölkrüge, gackerndes Geflügel, Schweinswürstchen, an den Schlaglöchern vorbeimanövrierten. Vom Hafen kamen die Fischer mit dem frischen Fang zum Markt. Fische gehörten gedörrt oder gesalzen zum billigen *Fast-Food*. Inzwischen hatten die Feinschmecker auch den kunstvoll zubereiteten Fisch entdeckt. Es gab einige Starköche, die sich der Fischbereitung verschrieben hatten. Auch Platon soll ein Fischliebhaber gewesen sein.

In umgekehrter Richtung rollten die Fuhrwerke vom Kerameikos zum Hafen. Krüge, Amphoren und Schalen, auch Urnen und Särge (nicht umsonst ging das Töpferviertel in den Friedhofsbezirk über), weiters Spinnwürfel, Knieschützer, Puppen, Baby-Hochstühle, sehr funktionell mit einem Loch in der Mitte, Bienenkörbe – alles aus Ton und sorgfältig in Stroh verpackt – wurden verschifft für Bestimmungsziele in aller Herren Länder. Die Keramik war der Exportartikel Nummer eins geworden. Athens Manufakturen waren Marktführer. Sie hatten Korinth, diese oft verherrlichte Handelsmetropole (Pindar beschrieb sie als *den beglückten Vorhof des Poseidon am Isthmus*), die lange in Sachen Keramik das Maß aller Dinge war, überholt. Die Betriebe waren erstaunlich flexibel und richteten ihre Produkte auf den jeweiligen Markt aus. Für Zypern produzierten sie die dort beliebte schwarzfigurige Ware mit zyprischen Motiven. Herrlich bemalte Vasen wurden schon relativ früh nicht mehr nur als Gebrauchsartikel, sondern bereits als Kunstwerke gehandelt. Sie trugen die Signaturen ihrer stolzen Schöpfer. Die Malereien auf Vasen und Trinkschalen erzählten die Geschichten der wohlhabenden Gesellschaft. In der klassischen Zeit kam es zur Massenproduktion und die Qualität litt. Um 530 wurde in den Ateliers Athens die rotfigurige Technik erfunden, welche die schwarzfigurige ablöste. Als ihr Urheber gilt, folgt man den Signaturen der Maler Andokides. Er soll Schüler des Exekias gewesen sein, dem Großmeister der schwarzfigurigen Technik. Wir wissen aber nichts von diesem Andokides. Umrisse der Figuren wurden auf den ungebrannten Ton gemalt, die Konturen mit dem Pinsel nachgezogen und der Raum zwischen den Figuren mit schwarz glänzendem Tonschlick ausgefüllt. Erst dann wurde die Vase gebrannt. Mit feinen Pinselstrichen ließen sich so die Binnenkonturen gestalten. Fachleute sehen in dieser Technik eine Bevorzugung des Malerischen. Daneben entstand auch die weißgrundige Technik, die besonders edle Malereien bot. Ungeheuer feine und elegante Darstellungen entstanden. Das moderne Athen war führend in dieser Kunst. Das Bild – ich habe es schon erwähnt!

Trotz all dieses großstädtischen Treibens und trotz der überall sichtbaren Bautätigkeit galt Athen noch lange als schäbige Stadt, vielleicht ein wenig so wie die großen und so anregenden Metropolen unserer Tage, wenn man von den breiten Boulevards abweicht und sich ins benachbarte Gassengewirr verliert. Eng und schmutzig war es dort und es stank erbärmlich. Nach einem Platzregen waren viele Gassen unbenützbar. Zwei sich begegnende bepackte Esel sorgten für einen Verkehrsstau, der mit südländischem Temperament lautstark kommentiert wurde. Nur einzelne Straßen waren gepflastert und die stinkenden Kloaken (die Abwässer wurden kurzerhand aus den Eingangstoren gekippt) unter die Erde verlegt. Ursprünglich wurden die Häuser aus ungebrannten Ziegeln oder gar nur aus mit Schlamm verschmierten Schilfmatten errichtet. Auch wenn sich inzwischen viele eine schicke Marmorverkleidung leisteten, standen dazwischen noch lange baufällige Bruchbuden. Zeitgenössische Reisende äußerten sich entsetzt darüber, dass dies, was sie da vorfanden, das berühmte Athen sein sollte. Erst in hellenistischer Zeit wurde Athen generalüberholt und es wurden die publizierten Überlegungen zu Hygiene und Gesundheit des berühmten Arztes Hippokrates endlich Ernst genommen. Grundlagen einer gesunden Stadt seien, so Hippokrates, sauberes Wasser, gute Belüftung durch die kühlenden Winde und ein guter Boden, fern von Krankheiten in sich tragenden Sümpfen.

Unsere Zwei kratzten den letzten Schaum aus ihren Tassen und setzten den Weg fort. Vorbei ging es an der Stoa Poikile, einer Wandelhalle an der Nordseite der Agora, mit farbenprächtigen Schlachtenbildern aus der Mythologie und der jüngsten Vergangenheit, darunter ein Bild von der Schlacht bei Marathon, das Mikon (zusammen mit Polygnot von Thassos), der große Schlachtenmaler, dort geschaffen hatte. Die Krieger der Supermacht nahmen auf dem Bild vor der Furcht einflößenden griechischen Hoplitenordnung blitzschnell Reißaus. Die Bilder strotzten nur so von Selbstbewusstsein seit die Griechen die Perser so nachhaltig in die Schranken gewiesen hatten. Die Malerei war vermutlich das köstlichste Kunstgenre der klassischen Zeit. Es ist sehr schade, dass sie zur Gänze verloren gegangen ist (nur in der Vasenmalerei und in den wunderbaren Fresken der Etrusker, etwa in ihren Gräbern in Tarquinia, haben wir einen Eindruck erhalten).

Etruskische Grabmalerei in Tarquinia. 5. Jh. v. Chr.

Die Halle war ein beliebter Treffpunkt junger Leute zum Flanieren, Plaudern und Flirten. Man hatte von hier aus einen schönen Blick auf die Akropolis. Man konnte sich die gesamte Halle auch mieten und ein privates Fest geben. Auch Philosophen traten dort auf und lehrten. Im dritten Jahrhundert war es der (gerade habe ich ihn erwähnt) aus Kition (das heutige Larnaka auf Zypern) stammende Zenon, der dort eine Philosophenschule gründete, die nach der Wandelhalle Schule der Stoiker genannt wurde. Sie war die einflussreichste und bekannteste hellenistische Philosophenschule.

Straßenschild in Larnaka

Der berühmteste Stoiker war niemand Geringerer als der römische Kaiser Marc Aurel, dessen Büchlein *Wege zu sich selbst* sich auch in der heutigen hektischen Welt als anregendes Geschenk für stressgeplagte Zeitgenossen empfiehlt.

Heute kann man ungefähr am Ort der Stoa Poikile zwischen unzähligen Restaurants wählen und bei einem in Rotwein gedünsteten Lamm und einem Gläschen kretischen Landwein auf die beleuchtete Akropolis blicken wie vor zweieinhalb tausend Jahren (damals Mondschein, heute Scheinwerfer).

Sokrates brauchte kaum einen Blick auf einen der Hermesköpfe zu werfen, die seit Peisistratos als Wegweiser (ursprünglich waren es apotropäische Steine oder Holzpfeile, die mit ihren

Hermesköpfen oder Phallosdarstellungen Häuser und Grundstücke schützen sollten) an Kreuzungen Richtung und Entfernung angaben, als sie auf den Corso in das Villenviertel einbogen. Auch hier waren die Privathäuser wie die öffentlichen Gebäude übersät mit Graffiti, mehr oder weniger kunstvolle Darstellungen. Sokrates – wie immer barfuss – setzte mit wehendem Mantel behände über eine eindeutig identifizierbare, duftende Pfütze, die herumzie-

Herme. Steinpfeiler mit Kopf und Phallos als Kultbild des Wegegottes Hermes. Er diente als Wegweiser und apotropäische Grundstücksmarkierung.
Museo Archeologico Nazionale di Napoli

hende jugendliche Nachtschwärmer hinterlassen hatten. Die Archäologen haben kaum so etwas wie private Toiletten gefunden. Es scheint, dass die Athener ziemlich schamlos die Notdurft an der nächstbesten Straßenecke verrichteten, um sich den Weg zu den öffentlichen Latrinen zu sparen.

Die Nächte waren inzwischen laut. Viele Fuhrunternehmer nutzten die Nacht, damit sie mit ihren klirrenden und quietschenden Karren dem Chaos des Tages entkamen. Wehe, wenn dann ein Teil der schlecht verschnürten Ladung auf angeheiterte Passanten krachte. Sokrates konnte froh sein, im abgelegenen Demos Alopeke zu wohnen, wo es noch eine Nachtruhe gab.

Theatermaske. 1. Jh. v. Chr.
Museo Archeologico di Sperlonga

Auf dem großen Corso zogen die oberen Zehntausend an den Theaterabenden zum neuen, in der Nähe des Dionysostheaters (um 440) errichteten Odeion, jedes Mal ein Fest für die Plebs, die sich dieses Schauspiel nicht entgehen ließ. Solche Aufzüge hat uns schon im 6. Jahrhundert Xenophanes aus seiner Heimatstadt Kolophon geschildert. Die «Tausend» – so nannte er sie – zogen nach feinem Salböl duftend, schön frisiert, in Purpurgewändern und behängt mit goldenem Schmuck über die Agora.

Hier in Athen trugen einige verwegene Damen der Gesellschaft die teuren amorginischen Chitone aus hauchdünnen durchsichtigen Stoffen, die nichts, aber auch gar nichts mehr verbargen. Etwa ab 450 begannen sich in der Bildhauerkunst bei den Darstellungen von Frauen die Körperformen unter der Kleidung abzuzeichnen. Man sehe sich einmal die Nike-

links: Diese Frau im Chiton nestelt an ihrem Himation. Unteritalien um 400 v. Chr.
Staatliche Antikensammlungen und Glyptothek, München

rechts: Diese Frau von Welt, die sich gerade den Schuh richtet, kann man heute in dem großartigen archäologischen Museum in Tarent bewundern. 2.Jh. v. Chr.
Museo Archeologico Nazionale di Taranto

Figuren auf dem kleinen Tempel der Athena-Nike an, die in offener Erotik mit transparenten Stoffen spielen. Sie standen um 405 auf der Brüstungsmauer, Platon hatte gerade den 23. Geburtstag hinter sich. Es mag schon sein, dass er ähnlich verunsichert war wie meine Generation, die pubertierend die sexuelle Revolution in den Sechzigerjahren erlebte.

In der vorhergehenden archaischen Zeit war die Kleidung wie eine schematische Hülle über die Körper gestülpt worden, so ähnlich wie Nonnengewänder den weiblichen Körper verbergen. Der Frauenkörper wurde Thema der Kunst bei den Aphrodite- und Nike-Skulpturen gerade in dem Moment, in dem Platon diesen Körper philosophisch zurückdrängte. Oder muss man das umgekehrt verstehen: Platons Unternehmen als Reaktion auf das, was er sah?

Jetzt war im Villenviertel noch alles ausgestorben. Nur ein paar verschlafene Sklavinnen schleppten Wasserkrüge von den öffentlichen Brunnen in die Häuser und warfen einen verstohlenen Blick auf Sokrates und seinen jugendlichen Begleiter. Bei den oberen Zehntausend sind die Frühaufsteher, wie man weiß, selten. Daher hatten auch die Barbierstuben und die Parfümläden, die sich hier auffallend häuften, noch geschlossen. Noch trug man Bärte in Athen, die kunstvoll gestutzt und ausrasiert wurden. Später wird der bartlose Alexander der Große die neue Mode des glatten Gesichts auslösen. Nur in den Philosophenschulen weigerte man sich standhaft, die Bärte abzurasieren. Was wären auch Philosophen, die nicht mehr in ihren alten Bärten kraulen könnten? Der Bart galt als Zeichen der Weisheit. Christus wurde in den frühen Abbildungen mit und ohne Bart dargestellt, als Philosoph und als Jüngling.

Sitzende Dame mit Tamburin und Götterstatue. 3. Jh. v. Chr.
Museo Archeologico Nazionale di Taranto

In den «Kopieranstalten» hingegen dürfte der Dienst bereits begonnen haben. Man nutzte das Tageslicht in den Stuben, wo ein Sklave einen Text laut vorlas und eine Reihe von Schreibern um ihn herum den Text niederschrieb. Inzwischen wollten die gebildeten und vermögenden Humanisten eine feine Bibliothek mit den berühmten Werken der Literaten, Historiker und Philosophen in ihren Villen und Stadtansitzen haben.

In den Seitenstrassen waren auch die Färbereien zu Leben erwacht. Wer solch einen Betrieb besaß, hatte in der Regel ausgesorgt. Die Neureichen legten Unsummen auf den Tisch, um zu einem Purpurmäntelchen zu kommen. Jede einzelne importierte Schnecke steuerte nur einen Tropfen dazu bei.

Außerdem wollten die Frauen jetzt Farben! Die bunten Muster aus dem Orient waren der letzte Schrei. Euripides nennt sie nicht gerade euphorisch βαρβάρων ὑφάσματα (*barbaron hyphasmata*), fremdländisches Gewebe. Diese Extravaganz wurde in Athen argwöhnisch beäugt, denn – ich sagte es bereits – solch orientalisches Zeug galt als degeneriert und hedonistisch.

Farben! Denken Sie dabei an die sinnliche Symphonie der Farben der in Tonschüsseln oder Schilfkörben ausgebreiteten Gewürze auf dem Markt einer orientalischen Stadt! Glücklich der, für den die Farbe zum Beruf geworden ist. Außerdem ließ sich damit auch gut verdienen. Es waren die Manufakturbesitzer neben den Bankiers, Generälen und Stararchitekten, die die Haus– und Grundstückspreise in die Höhe trieben. Ein stattliches Haus in guter Lage war nicht mehr unter 5000 Drachmen zu haben. Ein Arbeiter verdiente in der Regel eine

Frauen holen Wasser an einem öffentlichen Brunnen. Um 520 v. Chr.
Museo Nazionale Etrusco di Villa Giulia, Rom

Drachme am Tag, ein Ruderer auf einer Triere bekam für diesen Horrorjob eine halbe Drachme. Das macht bei 200 Mann Besatzung etwa 3000 Drachmen für einen Monat Betrieb eines Kriegsschiffs – nur das Personal, nicht die Amortisation und Instandhaltung gerechnet. Auch das Einkommen der Dirnen ist uns überliefert, allerdings nur das offizielle, nicht die Preise, die unter der Hand bezahlt wurden oder gar die Summen, die Edelprostituierte der feinen Gesellschaft verlangten. Mit zwei Drachmen am Tag lagen sie immerhin doppelt so gut wie ein fleißiger Arbeiter. Ganz gerissene Damen des horizontalen Gewerbes wussten ihr Einkommen zu steigern, indem sie ihre Dienste gleich für drei Männer anboten. Jetzt wollen Sie wohl die dazugehörige Werbeannonce lesen? Bitte sehr:

> Ich, die Lyde, bediene geschwind drei Männer auf einmal; alle finden bei mir, was auch immer ihr Herz begehrt, ob sie nach hohen, nach tiefen, nach sonstigen Dingen verlangen.
> Bist du in Eile und hast zwei Kameraden – komm 'rein!

Prostitution war in Athen übrigens durchaus negativ bewertet. Dem Gewerbe gingen in erster Linie Sklavinnen und Metöken (μέτοικος/*metoikos*), also Fremde ohne Bürgerrecht, nach. Aus diversen Geschichten sind die Hetären (ἑταῖραι/*hetairai*) bekannt geworden. Im 19. Jahrhundert floss dieser Typus in das Frauenbild der *femme fatale* ein. Hetäre bedeutet soviel wie Freundin und sie hatten in der archaischen Zeit zum Unterschied von der *porne* noch gar nichts mit Prostitution zu tun. Später schien sich das geändert zu haben, die Hetären galten als Edelprostituierte mit Bildung und sozialer Anerkennung. Es gibt aber immer noch ein paar Historiker, die da Zweifel anmelden.

Einige dieser Damen wurden sehr bekannt. Phryne etwa war eine Königin des Jet-Sets. Es war nicht ungewöhnlich, dass die Herren der besseren Gesellschaft am Abend ihren Frauen zuhause den Abwasch überließen, während sie selbst zu Hetären gingen, um sich mit ihnen intellektuell und anders auszutauschen. Da man jetzt auch für den Intellekt der Damen zahlen musste, wurde es richtig teuer! Bis zu einer Mine (das sind hundert Drachmen) sollen die Stars unter den Hetären verlangt haben. Da war es sogar möglich, sich seiner Hetärenbesuche zu rühmen. Sie waren ein Zeichen des Wohlstandes, wie der Luxus-SUV im Car-Port. Manche übernahmen sich dabei und schlitterten in den Privatkonkurs – damals sprang noch keine Europäische Union ein, um den Armen unter die Arme zu greifen (das ist jetzt natürlich gemein, ich weiß). Demosthenes schrieb in einer Rede bei einem Prozess gegen die berühmte Hetäre Neaira (dummerweise schreiben die Philologen heute die Rede nicht mehr Demosthenes zu, aber irgendjemand wird es schon gesagt haben):

> Hetären halten wir uns zum Vergnügen,
> Dirnen zur alltäglichen Pflege des Körpers,
> freigeborene Frauen dagegen heiraten wir,
> um ebenbürtige Kinder zu zeugen und im Haus
> eine treue Wächterin zu besitzen.

Im Haus der Phryne gingen Dichter, Philosophen und Künstler ein und aus. Sie soll bei Praxiteles eine Aphrodite-Statue mit ihren Zügen in Auftrag gegeben haben. Vor der feierlichen Enthüllung wurde die Statue des Nachts im Atelier von religiösen Eiferern zerschlagen und Phryne vor Gericht gezerrt. Dort verteidigte sie sich gegenüber der Anklage ohne viele Worte, die ohnehin nicht ihre Stärke gewesen sein dürften. Sie ließ vor den interessierten Richtern die Hüllen fallen, um zu beweisen, dass sie ihren Körper sehr wohl als Modell für die Göttin zur Verfügung stellen könne. Das Gericht war restlos überzeugt, sie wurde frei gesprochen und Praxiteles machte sich erneut an die Arbeit. Der ganze Auftritt war eine Illustration des Ringens um die Moderne, in der unter anderem die Erotik des weiblichen Körpers entdeckt wurde und man sich nicht mehr mit der Feierlichkeit der Nacktheit von (nur männlichen!) Göttern alleine begnügte, wo freilich auch schon längst das Spiel der Homoerotik nicht zu übersehen war. Die Aphrodite des Praxiteles wurde übrigens zu einer der bedeutendsten Figuren, die wir leider nur in schwachen römischen Kopien erhalten haben. Der Archäologe Richard Neer bringt die Nacktheit der Figur und den Voyeurismus ihrer verspielten Hand vor ihrer Scham auf den Punkt, wenn er schreibt: *Praxiteles war vielleicht der erste in einer langen Reihe von Künstlern, der verstand, dass Sex sich gut verkauft, und dass ein kleiner Skandal gut für das Geschäft ist.*

Man muss sich über dieses neuartige Klima in Athen im Klaren sein, um zu verstehen, warum Platon die Notbremse zog. So – das war wohl seine Meinung – konnte es jedenfalls nicht weitergehen!

Der Sprung von den Generälen und Architekten zu den Prostituierten mag nun holprig erscheinen, aber es ging uns ja nur um die Honorare. Die meisten durchschnittlichen Architekten bekamen kaum mehr als ein Arbeiter, der schwitzend die Säulen kannelierte. Aber es gab eben auch Stars. Einer davon war Euphorbos, der ins vierte Jahrhundert gehört. Wir kennen seine Steuererklärung und wissen, dass er monatlich auf 300 Drachmen kam.

Eine der vielen röm. Kopien der berühmten Aphrodite von Knidos von Praxiteles. Original um 350 v. Chr.
Staatliche Antikensammlungen und Glyptothek, München

Da liegt die Frage nahe: Was kostet ein Platon? Platon wurde am Sklavenmarkt in Ägina freigekauft – für 20 Minen (wie es dazu kam, sage ich Ihnen noch). Dieser Betrag wurde zur Finanzierung seiner Akademie verwendet. Die Mine ist eine alte mesopotamische (der Name kommt aus dem Akkadischen) Gewichtseinheit. Die Umrechnung ist heute nicht leicht zu bewerkstelligen. Beinahe jeder Ort hatte ein wenig abweichende Normen. Aber bei den Griechen wurde die Mine (wie oben schon kurz gesagt) in aller Regel zu hundert Drachmen gerechnet. Das macht also 2000 Drachmen für einen Platon. Und das war ein Wucherpreis, denn ein einfacher Sklave für einen mittleren Bauernhof mit 20 Hektar Grund kostete etwa 200 Drachmen, gleich viel wie ein Ochsengespann. Der gerissene Sklavenhändler schien über die Bedeutung seiner Ware gut unterrichtet gewesen zu sein. Immerhin passt der Preis dazu, dass man damit vermutlich ein kleines Landgut außerhalb Athens bekam. Für die Inneneinrichtung schlachtete Platon noch sein Sparschwein.

Richtig reich waren die Großgrundbesitzer, die ihre Landgüter mit Villa in Attika hatten, dazu ein Stadtpalais in Athen. Sie führten ein schönes Leben. Um Getreide, Weintrauben, Vieh, Oliven und die luxuriöse, als Statussymbol betriebene Pferdezucht kümmerten sich Pächter. Sie verfügten über alle Raffinessen der neuesten Landwirtschaftstechnik wie etwa ein Pfluggespann (arme Bauern mussten mit der Harke den harten trockenen Boden aufreißen). Die Herrschaften gingen daher anderen Steckenpferden nach. Selbstverständlich waren sie in der Politik zugange, denn man musste für vermögensschonende Gesetzgebung sorgen. Sie bekleideten hohe Ränge im Militär oder waren Rhetoren – wir haben ja bereits einige kennen gelernt. Ihr Vermögen wird jeweils auf mehrere Talente geschätzt. Das Talent wurde zu 60 Minen gerechnet. Von diesem Geld der Reichen erwartete allerdings auch Vater Staat einen Zustupf. Man konnte etwa eine Trireme samt Mannschaft für ein Jahr finanzieren, oder aber, wer etwas feineren Geistes war, durfte auch bei einem großen Dichter ein Drama bestellen. Eine solche kulturelle Auftragsarbeit war eine kostspielige Angelegenheit, denn die Aufführung im Staatstheater war na-

Edles Pferdegespann auf einem Krater aus Apulien. Um 330 v. Chr.
Museo Archeologico Nazionale di Taranto

türlich mitgerechnet. Aber für manchen Sponsor war das doch attraktiver als der Betrieb eines Zerstörers.

Wenn wir schon beim Rechnen sind, lassen Sie mich noch eine kleine Überlegung anstellen: Setzen wir das Einkommen eines Professors für klassische Philologie heutzutage mit einem Drittel eines guten Architekten an, also etwa mit 1000 Drachmen im Jahr (acht Jahresgehälter für ein Stadthaus). Demnach könnte man mit zwei Jahresgehältern eines Gräzisten einen Platon kaufen! So gesehen ist Platon dann doch wieder ein Schnäppchen! Freilich käme heute ein Antiquitätenaufschlag dazu. Doch zurück zu Ernsterem:

Wie man weiß, ist es in der Regel nicht so einfach, berühmte Männer zu besuchen. Selbst ein Sokrates musste sich einiges bieten lassen. Als unsere beiden, Sokrates und sein Schüler Hippokrates, das reliefgeschmückte Tor des eindrucksvollen Stadtpalais erreicht hatten, auf dem das Namensschild des Kallias prangte, betätigte Sokrates den bronzenen Türklopfer. Da steckte der Portier, ein Eunuch, seine Nase heraus und herrschte sie an, dass er kein weiteres Sophistengesindel hereinließe und sie verschwinden sollten und überdies sein Hausherr keine Zeit habe und knallte das Tor wieder ins Schloss (diese Ausrede ist wohl die älteste der Welt). Doch Sokrates ließ nicht locker und klopfte noch einmal:

> Leute, habt ihr noch immer nicht kapiert, dass er keine Zeit hat!
> (Protagoras 314d)

Sokrates erklärte ihm, dass sie gar nicht zu Kallias, sondern zu Protagoras wollten und außerdem keine Sophisten seien, wobei er vermutlich seinen Fuß in den Türspalt klemmte. Griesgrämig ließ der Sklave die beiden passieren. Nach wenigen Schritten öffnete sich der Hof – und da war er, leibhaftig: der große Gelehrte, Rhetor, Sophist, Staatsrechtler und Humanist Protagoras aus Abdera! Gerade hatte er seinen Ruhm noch gesteigert, weil er den Auftrag der Ausarbeitung der Verfassung für die athenische Neugründung Thurioi in Unteritalien an Land ziehen konnte. Er war umgeben von einer Wolke von Verehrern, Schülern, Sekretären, Sophistenkollegen aus Athen und einer Anzahl von Journalisten. Beinahe zwei Seiten lang schildert uns Platon die erlauchte Gesellschaft, unter der sich auch zwei Söhne des Perikles befanden. Sokrates und Hippokrates beobachteten vom Eingang aus ein wenig die Szenerie. Sie amüsierten sich über die Gewandtheit der Schüler des Protagoras, die es schafften, bei jeder Wende, die der Meister machte, dafür zu sorgen, dass der Weg vor ihm frei blieb und sie den nötigen Respektabstand einhielten. Dann traten sie auf Protagoras zu und begrüßten ihn. Sokrates stellte seinen Schüler vor, nicht etwa, dass er fleißig und begabt sei – das war nur Nebensache, sondern dass er aus einem vornehmen Haus stamme (*der Sohn des Apollodoros, von einem großen und glänzenden Geschlecht*; Protagoras 316b). Es gibt auch begabte Bauernbuben, zweifellos, aber wer kennt sie schon, jene, bei denen man die Honorarnote an das staatliche Stipendium anpassen musste? Die Nachfahren großer Dynastien hingegen, die Erben der Eigentümer von Handelsfirmen, die Sprösslinge der Verfassungsrichter und Hofräte, wo die Papas aus dem Porsche Cayenne mit der goldenen Kreditkarte winken, das ist doch etwas anderes. Für deren Sohnemänner ist es auch ganz wichtig, welchen Briefkopf das Abschlusszeugnis ziert, Harvard oder Oxford etwa, was gleichbedeutend mit einem Abschluss bei Protagoras oder Gorgias war. Das Antichambrieren des Sokrates verfehlte nicht seine Wirkung. Protagoras war sichtlich interessiert und mit umständlichen Worten legte er nahe, die Diskussion öffentlich zu führen. Er witterte die Publicity. Protagoras im Gespräch mit Sokrates und seinem Schüler aus einem vornehmen Athenischen Haus – das wäre ein Schmankerl für die Presse und es konnte seinen Verkehrswert nur steigern, wenn er hier brillierte. So kam Bewegung in die steife Gruppe. Protagoras akzeptierte den Vorschlag des Sokrates und prompt drängelten weitere Zuhörer in den Hof. Die Jugend war begeistert! Vierbeinige Hocker ohne Lehne (δίφρος/*diphros*), jede Menge von Klappstühlen (ὀκλαδίας/*okladias*), bequemere Stühle mit Rückenlehnen und Armstützen für die ergrauten Häupter (θρόνος/*thronos*) und Kissen wurden herbeigezerrt und in der Runde aufgebaut.

Alles war bereit, die Spannung auf dem Höhepunkt und irgendwann um 400 v. Chr. begann irgendwo in Athen ein faszinierendes Gespräch, an dem wir heute noch Zeuge sein können. Es begann mit der Frage, was denn ein Schüler von einem Sophisten erwarten könne. Die Frage scheint auf den ersten Blick bescheiden. Aber sie umfasst die philosophische und anthropologische Position der Sophisten. Und wie ich eingangs schon sagte, war die Stellung der Sophisten in diesen Zeiten alles eher als unangefochten.

Es ist also eine Frage nach deren Selbstverständnis, nach dem Humanismus und der Moderne und hat von ihrer Brisanz kaum etwas verloren. Mich erinnert dieses Gespräch im Dialog *Protagoras* immer wieder an die harte und intellektuell so eisige Auseinandersetzung zwischen dem italienischen Humanisten Settembrini und dem dogmatischen Jesuiten und Eiferer Leo Naphta in Thomas Manns *Zauberberg*. Freilich ist die geistige Kälte, an der uns Mann Anteil haben lässt, im Athen des vierten Jahrhunderts vor Christus in einem eben von der Morgensonne beschienenen Innenhof eines Hauses aus Marmor undenkbar. Das ist eben der Unterschied zwischen den paar hundert Kilometern, die den Norden vom Süden trennen.

Seinen Auftrag sieht Protagoras darin, seine Schüler täglich besser zu machen. Aber worin? Nun listet der Rhetor alle jene Bereiche auf, derentwegen wir alle die Schulen besuchen. Es geht um die Kompetenz bei der Bewältigung der täglichen Angelegenheiten im privaten und öffentlichen Bereich. Es geht um Kenntnisse der Verwaltung, um das Verstehen der politischen Strukturen, um ökonomische Ausbildung zur Führung des Hauswesens, um rhetorische Schulung, Geschick in der Verhandlungsführung und anwaltlicher Tätigkeiten, also eigentlich um nichts Geringeres als die Gestaltung der Kultur. Auf Sokrates' kurzen Zwischenruf, ob denn dies alles lehrbar sei, holt Protagoras weit aus. Er zieht sämtliche Register seines rhetorischen Könnens.

Das Feuer der Technik

Zur Unterstützung seiner These skizziert er mit lebendiger Gestik einen Mythos über die Entstehung der Kultur. Die Götter beauftragten Epimetheus und Prometheus mit der Erschaffung der Lebewesen. Sie bastelten eifrig und geschickt an den Tieren herum und achteten darauf, dass jede Schwäche durch eine Stärke ausgeglichen wurde, um ihr Überleben zu sichern. Als der Mensch an die Reihe kam, war ihr Vorratslager leer. Er war nackt, unbeschuht, unbedeckt und unbewaffnet. Und nun kommt die große Stunde des Titanen Prometheus, dem Ahnherrn menschlicher Zivilisation. Er stiehlt den Göttern, genauer, dem Hephaistos und der Athene, das Feuer! Das ist eine atemberaubende Schnittstelle. Schon Hephaistos und Athene sind eine merkwürdige Paarung. Hephaistos hatte keinen Vater. Manchmal wird zwar Zeus als solcher genannt, aber ursprünglich wollte die feministische Aktivistin Hera ihrem Gatten und zugleich Bruder Zeus beweisen, dass Frauen alleine für Nachkommenschaft sorgen können und gebar ihren Sohn Hephaistos in einer Jungfrauengeburt.

Athene wiederum hatte keine Mutter, Zeus gebar sie aus seinem Kopf, den Hephaistos mit seiner Axt gespalten hatte und damit zu einem Geburtshelfer wurde – die Geschichte konnten sich die Athener am Ostgiebel des Parthenon ansehen. Vielleicht weil Hera keinen Geburtshelfer hatte, funktionierte es bei ihr nicht ganz so perfekt. Hephaistos wurde zum hässlichsten der Götter, ein hinkender Gnom, der schon mit rußigem Gesicht zur Welt kam und nichts lieber tat, als mit Feuer und Eisen zu spielen. Er symbolisiert das Technische, zugleich war er ein Magier. Vergessen wir nicht, dass die Griechen zur Zeit des Sokrates erst einige Jahrhunderte in der Eisenzeit lebten. Beim Zerfall des Hethiterreiches (sie waren Eisen-Monopolisten) um 1200 unterwarf man am Schwarzen Meer das Volk der Chalyber, die von den Hethitern dort angesiedelt worden waren. Sie waren für ihre Kenntnisse der Eisen- und sogar Stahlgewinnung berühmt. Auf diese Weise kamen die Griechen hinter das sorgfältig gehütete Staatsgeheimnis. Manche Historiker glauben, dass es auch in Griechenland selbst eine Entwicklung des Hüttenwesens gab, das von Zypern ausging. Stimmte das, wäre Griechenland mit seiner Eisenerzeugung in den sogenannten dunklen Jahrhunderten durchaus ein globaler Player gewesen. Das hätte dann auch das Kunsthandwerk stimuliert und brächte viel Licht in diese dunklen Jahrhunderte. Aber das ist sehr umstritten und unsicher. Sicher hingegen ist, dass das Eisen die Rüstung revolutionierte, die von der weichen Bronze umgestellt werden musste. Die Eisenzeit dauerte übrigens bis vorgestern, ich schlage vor bis zu den Privatisierungen der defizitären, Milliarden von Steuergeldern verschlingenden nationalen Stahlindustrien in den vergangenen Jahrzehnten.

Auch das Eisen war umrankt von mythischen Geschichten. Man kannte es ursprünglich ja nur als vom Himmel gefallenes Metall in Meteoriten. Kein Wunder, dass man es für ein Geschenk der Götter hielt, das mit langem Feuerschweif (der Blitz war das Symbol des Zeus!) auf die Erde fiel. Ein ursprüngliches sumerisches Wort für Eisen verbindet die Keilschriftzeichen von Himmel und Feuer. Als man die Erzschmelze und die Härtung des Eisens entdeckte, war auch das mit Mythen verbunden. Die Erze wachsen im Schoß der Erde, in die man in Bergwerkshöhlen vorstieß. Man glaubte, dass man durch die Entnahme der Erze ihren Reifeprozess störte und sie dadurch hinderte, sich zu edleren Metallen zu entwickeln. Diese Vorstellung steht hinter den Alchemistenträumen, aus unedlen Metallen Gold gewinnen zu können. Dabei war damals schon das Eisen ungeheuer wertvoll. Am Beginn der Eisenzeit war es achtmal so kostbar wie Gold. Klar, dass die Bergleute, die in den Schoß der Erdmutter krochen, um ihr die halbfertigen, sozusagen embryonalen Erze zu entreißen, besondere Riten durchführen und Tabus einhalten mussten und dass sie ein angesehener Stand waren, beinahe mit priesterlicher Würde ausgestattet.

Und dann kam schließlich der Vorgang des Schmelzens. Im Feuer wurde das Erz reif, das Feuer ermöglichte den Übergang in einen Zustand des Vollkommenen. Der Schmied hatte den Stellenwert eines Schamanen, eines Mysten und Zauberers (daran sollte man denken, wenn in Wagners *Rheingold* die wunderbare Schmiedeszene stattfindet; Wagner verlegt sie tief in die Erde, aus der Schwefeldämpfe quellen, die Diabolisches und Magisches anzeigen). Meist waren es anfangs Götter oder Halbgötter, die am Amboss standen. So fertigte der Götterschmied Hephaistos auch den Blitz des Zeus, mit dem dieser seine Herrschaft sicherte. Dieser Blitz galt immer als phallisches Symbol des Himmelsgottes, der damit im Zeichen des göttlichen Feuers die weibliche Erde befruchtete. Plötzlich konnte aber auch der Mensch die Zeit in die Hand nehmen und in Kürze das erreichen, wozu die Natur Äonen brauchte. Der Raub oder das Geschenk des Feuers von den Göttern stiftete den *homo faber* und die menschliche Zivilisation.

Homer beschreibt uns in einer schönen Szene in der *Ilias* die Werkstatt des Hephaistos. Thetis bittet den rußigen Meister, für Achill, ihren Sohn, den berühmt gewordenen Schild anzufertigen. Hephaistos setzt seine Maschine in Bewegung und macht sich ans Werk:

> Und die Blasebälge, zwanzig insgesamt, bliesen in die Schmelztiegel und entsandten einen allfälligen, gut anfachenden Zugwind, dem Geschäftigen bald so, bald wieder so zu dienen, wie Hephaistos es wollte und er das Werk zustande brachte. Und Erz warf er ins Feuer, unzerstörbares, und Zinn und Gold, geschätztes, und Silber.
> (18. Gesang, 470)

Voll Stolz kann der Dichter der *Ilias* um 800 v. Chr. bereits vom Eisen erzählen und übersieht dabei, dass es in der mykenischen Zeit, in der seine Geschichte spielt, das Eisen noch gar nicht gab.

Homer. Um 460 v. Chr.
Staatliche Antikensammlungen und Glyptothek, München

Und dieser Hephaistos, der die Götter (nicht nur als Kellner) immer wieder in olympisches Gelächter ausbrechen ließ, hatte eine zarte Verbindung zu Athene. Die Athener haben den beiden um 420 den ersten großen Tempel auf der Agora geweiht. Dieser dorische Tempel aus pentelischem Marmor auf der Westseite der Agora wurde im 7. Jahrhundert n. Chr. zu einer Kirche umfunktioniert und ist deshalb heute noch hervorragend erhalten.

Die Ehefrau des Hephaistos war Aphrodite. Ausgerechnet Aphrodite! Hephaistos machte sich da freilich keine Illusionen. Das war eine Ehe auf dem Papier. Er nahm es als unabwendbares Geschick, dass Aphrodite sich an jeden

Tempel des Hephaistos und der Athene aus pentelischem und parischem Marmor in Athen. Um 420 v. Chr.

heranmachte – und wer konnte schon einer Aphrodite widerstehen? Athene hingegen ist die Göttin der Weisheit, die ewige Jungfrau und die Inspirierte. Sie wurde zur Muse des Hephaistos. Und da paaren sich zwei aufregende Dinge: Es ist das Feuer des Technischen, das in eigenartiger Symbiose sich mit dem Feuer der Weisheit vermengt und zum Symbol menschlicher Leidenschaft wird, sich die Welt zu unterwerfen. Es ist das Feuer der Wissenschaft und das lodernde Feuer der Dialektik, das der Mensch heimlich den Göttern stiehlt, um selbst Gott spielen zu können. Von der Dialektik als *eine Gabe der Götter* (Philebos 16c) spricht Platon in seinem *Philebos*. Wie sinnenfällig ist die Strafe, die Prometheus dafür erhält: Er bleibt an einen Felsen im Kaukasus geschmiedet und täglich riss ihm ein Adler die Leber aus dem Leib, die in der Nacht wieder nachwuchs. Dieses Bild erinnert an unser tägliches Geschick: Unsere Visionen und Träume, die Phantasie und das Kreative wird uns täglich im öden Diktat des Rationalen und Logischen geraubt. Nur in der Nacht, dieser von den Romantikern so verehrten Zeit der Inspiration und des Wunders, kann es wieder nachwachsen.

Es ist aber auch das von den Griechen immer wieder so schrecklich konzipierte Bild der unabschließbaren Aussichtslosigkeit, des reinen Prozesses, der keine Versöhnung mehr findet. Hatten sie recht gehabt damit? Ist der wissenschaftlich-technische Prozess endlos, ohne Hoffnung auf Erfüllung, auf ein Ankommen? Es wäre eine ungemütliche Botschaft, die uns aus früher Zeit entgegenstünde. Im Feuer der Leidenschaften, im technischen Machen, hat sich der Mensch in die größte Nähe der Götter begeben. Aber zugleich hat sich in seiner Hand die Kunst der Götter zum Unglück gewandelt. Platon wird uns später zeigen, dass der Mensch die Botschaft des Feuers und der Weisheit falsch verstanden hat, weil er die Macht des Göttlichen, des Heiligen und Numinosen darüber vergaß. Wir Geschöpfe des Prometheus (frei nach Beethoven) haben das Feuer des Eros selbst zum Götzen gemacht.

Die «dehnende Aphrodite» aus dem 5. Jh. Röm. Kopie aus dem 2. Jh. n. Chr.
Museo Archeologico Nazionale di Napoli

Für Protagoras ist dieser Mythos – bewusst liest er die Frage nach den Göttern als Märchen – ein Beleg dafür, dass es Lehrer für Sittlichkeit und Rechtsgefühl braucht. Das so realistische Menschenbild von Thomas Hobbes, *homo homini lupus est* (*der Mensch ist seinem Mitmenschen ein Wolf*), vorwegnehmend erklärt er den Menschen als schlecht. Es braucht den Staat und den Vertrag, um ein Zusammenleben zu sichern:

> Sobald sie sich gesammelt hatten, beleidigten sie einander,
> weil sie eben die politische Kunst nicht hatten [...].
> (Protagoras 322b)

Und genau da spielen die Sophisten die entscheidende Rolle. Sie vermitteln jene Fertigkeiten und jene Ausbildung, die der Mensch so dringend zu seiner Grundversorgung, ja zum Überleben benötigt. So gesehen gerät die Arbeit der Sophisten gleichsam in den ausgezeichneten Rang einer Zivilisationsstiftung und -sicherung.

Protagoras fixierte seine Zuhörer mit durchdringendem Blick und mit beschwörenden Gesten unterstrich er die Bedeutung seiner Worte. Seine letzten Sätze sprach er langsam und mit ruhiger, aber fester Stimme – im Hof war es mucksmäuschenstill geworden. Da schwieg auch er, senkte seinen Blick bescheiden und ließ ihn bei einer stilisierten Ranke des üppigen Mosaikfußbodens im Atrium der Luxusvilla des Kallias ruhen.

Sokrates gegen Protagoras

Puuuhhh! Halten wir kurz inne und atmen wir einmal durch ...

Keine Hand wagte das andächtige Schweigen zu durchbrechen. Man hätte eine Nadel fallen hören können, als sich die Augen erwartungsvoll auf Sokrates richteten. Wie würde er damit umgehen? Gab es da überhaupt eine Möglichkeit, etwas zu erwidern – gar zu widersprechen? Protagoras hat eine große Rede gehalten, eine Rede, in der man etliche Wegmarken auf dem Weg zu einer offenen liberalen Gesellschaftsordnung abhaken könnte. Er hat die Kulturwerdung der Menschheit angesprochen und seine eigene Aufgabe als Sophist in diesen Kontext gestellt. Er hat ausgeholt bis weit zurück in den Mythos. Er hat aber auch die moderne Zeit auf den Begriff gebracht, die Defizite schonungslos aufgedeckt und die wichtige Rolle der Intellektuellen in dieser Zeit definiert. Und dabei hat er sein Licht keineswegs unter den Scheffel gestellt.

Wie wird Sokrates damit umgehen? Wir werden das gleich verfolgen, bleiben wir aber noch ein wenig bei der Rede des Sophisten, mit der uns Platon ja auch so Einiges mitteilen wollte

Die Erfindung der Demokratie

Was Platon zum Beispiel mit dem gesamten Dialog, der zweifellos in der Rede des Protagoras gipfelt, auch sagen will, ist, dass Demokratie und Sophisten gut zusammenpassen. Die Demokratie war zu dieser Zeit eine ziemlich neue Geschichte. Ursprünglich wurden die Stadtstaaten von Königen regiert, deren Macht angesichts eines starken Adels meist eher schwach war. Zudem mussten sie ihre Herrschaft mit einem Archon, dem höchsten zuerst auf Lebenszeit, dann für zehn Jahre, schließlich ab 682 nur mehr auf ein Jahr gewählten hohen Repräsentanten, und einem Rat, der auf dem 115 Meter hohen Felsen des Ares (Αρειος πάγος/*Areopag*) tagte, teilen. Ares ist ein unsympathischer Gott, auch die Griechen haben ihn nie gemocht. Er steht für die grausamen Seiten des Krieges, das Gemetzel und für die Blutbäder. Neben allen möglichen anderen Göttern für kriegerische Handlungen war Athene die Göttin, die für den «intelligenten» Krieg stand, heute nennt man das die *chirurgische Kriegführung* (*surgical warfare*), damals ging es um die hohe Kunst der Kriegslist.

In dieser unübersichtlichen Machtkonstellation rissen verbreitet Usurpatoren die Macht an sich, die man Tyrannen nannte. Der erste uns bekannte Tyrann war Kypselos von Korinth im 7. Jahrhundert. Sein Nachfolger war sein Sohn Periandros, der als Typus des grausamen und perversen Tyrannen in die Geschichte einging. Aber das ist nicht so ganz klar. Es gibt auch positive Berichte und Periandros war ein angesehener und auch gerne gesehener Gast bei den panhellenischen Zusammentreffen der Adeligen in Olympia. Der berühmteste Tyrann wurde nicht zuletzt durch Schillers Ballade *Der Ring des*

Polykrates (Er stand auf seines Daches Zinnen, Er schaute mit vergnügten Sinnen auf das beherrschte Samos hin [...]) Polykrates von Samos. Er übte zwischen etwa 538 und 522 eine auf Piraterie (seine stolze Flotte von wendigen und schnellen Fünfzigruderern kontrollierte das östliche Mittelmeer) gestützte Herrschaft aus. Die Kehrseite war, dass solche Tyrannen nicht selten eine Polis sehr gut verwalteten und sie – das ist vielleicht der augenscheinlichste Unterschied zu den Tyrannen unserer Zeit – auch kulturell bereicherten. Auch heutige totalitäre Regierungschefs bauen (sich) Paläste und versammeln (sich) Künstler, nur ist das, was da entsteht, eine Ansammlung von Geschmacklosigkeit und Lächerlichkeit. Das war bei den Griechen noch anders. Polykrates führte Samos zu einer kulturellen Hochblüte. Die Tyrannenherrschaft war aus diesen Gründen anfangs durchaus akzeptiert und nicht unbedingt negativ bewertet. Unangenehm war die Lage allenfalls für die Aristokraten (gegen deren Macht die Tyrannis meist gerichtet war) und geistigen Eliten. Diese kehren totalitären Systemen meist frustriert den Rücken. Samos verlor bei seinem *Braindrain* wichtiges Personal, unter ihnen war der berühmte Mathematiker und Philosoph Pythagoras (Sie erinnern sich an die Schule: $a^2+b^2=c^2$!), der nach Kroton in Kalabrien (später nach Metapont) ging und dort eine Schule gründete. Am längsten hielt sich mit Dionysius die Tyrannenherrschaft in Syrakus.

Vermutlich spazierte Pythagoras durch diesen Tempel der Hera aus dem 6. Jh. v. Chr. in Metapont.

In Athen gelangen derweil Anfang des 6. Jahrhunderts dem großen und weisen Solon bahnbrechende Reformen in Richtung einer demokratischen Ordnung. Er war ein *uomo universale*: Dichter, Philosoph, Redner, Staatsmann. Es gibt Berichte, wonach er sich auch im internationalen Handelsgeschäft versuchte. Man zählte ihn in der Antike zu den berühmten Sieben Weisen Griechenlands (die Liste hatte allerdings bei verschiedenen Gewährsleuten eine jeweils andere Zusammensetzung). Sein Leitspruch soll gelautet haben: *Nichts im Übermaß* (Μηδὲν ἄγαν / *meden agan*). Das ist nun wirklich ein zeitloses Lebensmotto! Selbstverständlich hatte Solon die Raffgier der führenden Schichten in Athen im Auge, die ihre Hälse nie voll bekamen. Er hat sie mehrfach in seinen Schriften gegeißelt und auch einige Gesetze erlassen. Zum Beispiel gegen die aufkommende Mode luxuriöser Grabdenkmäler, bei denen die Neureichen zeigten, wozu sie es gebracht hatten. Das klappte zwar, aber es fand sich bald ein neues Feld zur Demonstration des Reichtums: Die Tempel quollen über von Weihegaben für die Götter. Kypselos, der Tyrann von Korinth, spendierte eine riesige Zeus-Statue aus reinem Gold – dass der Name des Spenders nicht unbekannt blieb, dafür sorgte er natürlich auch.

Die berühmtesten Weisheitssprüche (wir kennen bereits das *Erkenne dich selbst*) stammten häufig aus der hochgeachteten Orakelstätte Delphi. Sie hatten dann eine besondere Aura göttlicher Verkündigung. Apropos Delphi! Dort herrschte gerade einige Not, weil die Städte Krissa – es lag ein bisschen nördlich von Galaxidi und Itea, von wo aus man heute mit dem Bus nach Delphi hoch fährt, wenn man mit einer Segelyacht zur Orakelstätte reist – und Kirrha (heute Teil von Itea) an der Küste, sich erdreistet hatten, den Delphipilgern einen Wegezoll abzupressen. Athen schritt ein, erklärte einen Heiligen Krieg und machte die Städte kurzerhand dem Erdboden gleich. Den nachdrücklichen Rat, hart durchzugreifen, gab Solon.

Die Reformen Solons, der selbst von beiden Seiten aris-

Blick auf Itea.

tokratischen Familien entstammte, stießen prompt auf den Widerstand der Adelsfamilien, die weiterhin ihre Kabalen betrieben. Er stärkte unter anderem den Areopag, indem er dort die Führer des Adels abzog und sie durch pensionierte Archonten ersetzte, die jetzt als *elder statesmen* unabhängig und ohne Interessenskonflikte agierten – lauter griechische Helmut Schmidts sozusagen. Das war die Idee! Kein Wunder, dass eine solche aufdringliche Unabhängigkeit viele störte und dass in der folgenden Zeit die Macht des Areopags immer mehr beschnitten wurde. Solon konnte da nicht mehr eingreifen, denn er verließ um 565 die Stadt. Er hatte sein Reformwerk vollendet und wollte nun nicht mehr gefragt werden. Ein weiser Mann dieser Solon fürwahr!

Doch das Ringen um die Macht ging natürlich weiter und es sollte ausgerechnet ein Freund Solons sein, der eine Tyrannis errichtete: Peisistratos (um 600-528). Leider wissen wir wenig bis gar nichts über diese interessante Figur. Die Quellenlage ist miserabel und über die Tyrannis in Athen wird viel spekuliert. Angeblich soll er die solonische Verfassung nicht angetastet, sondern mit starker Hand die Begehren der Adelshäuser zurückgedrängt haben. Besonderes Augenmerk richtete er auf die Förderung des

Athene-Kults. Klar, er wollte in der öffentlichen Aufmerksamkeit möglichst mit der Stadtgöttin identifiziert werden. Ach Gott, es war nicht anders als es die heutigen Autokraten betreiben: zuerst hebeln sie die Opposition und die unabhängige Justiz, dann die freie Presse aus, dann üben sie den Schulterschluss mit den konservativen Kirchenautoritäten und das Triumphgeheul über eine solche «nationale Selbstbestimmung» gegenüber den bösen ausländischen Mächten kommt im Volk auch noch gut an. Es ist ja scheinbar so einfach, einen demokratischen Rechtsstaat zu demolieren!

Auch Peisistratos erfreute sich großer Akzeptanz und er baute das «moderne» Athen mit auf. Aristoteles berichtet, dass man diese Zeit sogar das Goldene Zeitalter Athens genannt habe. Das ist freilich mit Vorsicht zu genießen, denn im Vergleich mit anderen größeren Städten Griechenlands, Sparta eingeschlossen, war Athen im 6. Jahrhundert ein ziemlich konservatives und zurückgebliebenes Provinznest. Peisistratos war immerhin ein gebildeter Mann und muss eine eindrucksvolle Bibliothek besessen haben. Denn kein Geringerer als der persische König Xerxes sammelte die wertvollen Rollen ein und nahm sie 480 mit nach Hause, während er die Akropolis kurzerhand niederbrennen ließ. Nach dem Tod des Peisistratos übernahmen seine Söhne Hipparchos und Hippias ohne Probleme die Macht. Ihre Klugheit konnte sich allerdings nicht mit jener des Vaters messen und bald schlug die Zustimmung in Ablehnung um und die Tyrannis erhielt einen negativen Klang. Mit Hilfe Spartas gelang es der Opposition in Athen 510, den nach der Ermordung von Hipparchos 514 übrig gebliebenen Hippias zu stürzen. Hippias konnte einen freien Abzug aushandeln und wechselte zu den Persern. Wie nennt man solche Dinge heutzutage: Wendehälse – glaube ich! Erwähnenswert ist vielleicht noch, dass die Opposition in Athen einige Schmiergeldkoffer zu den Priestern nach Delphi gekarrt hatte. Die Spartaner wurden daraufhin mit Orakelsprüchen eingedeckt, die zu einem Eingreifen gegen die Peisistratiden rieten.

Die Entwicklung der Demokratie war also ein schweres Stück Arbeit. Der über Hippias siegreiche Oppositionsführer Kleisthenes führte weitere demokratische Reformen der Institutionen durch. Irgendwie könnte man ihn den Vater der athenischen Demokratie nennen (das schließt ja einige Großväter automatisch ein). Ein wichtiger Schritt war, dass er eine Territorialordnung an die Stelle der alten auf Abstammung beruhenden Ordnung setzte. Man sprach damals noch nicht von Demokratie, sondern von einer *Isonomie* (ἰσονομία), von der *gleichmäßigen Zuteilung*. Manche halten Kleisthenes auch für den Vater des Scherbengerichts, des *Ostrakismos* (ὀστρακισμός), das ich hiermit endlich erklären kann. Das war der *shitstorm* der damaligen Zeit. Der Ausdruck leitet sich von *ostrakon* (ὄστρακον), der Tonscherbe, ab. Den athenischen Bürgern wurde mit diesem Scherbengericht die Möglichkeit geboten, unliebsame Mitbürger, also die Mächtigen und Reichen, los zu werden. Man durfte einen Namen auf eine kleine Scherbe schreiben. Entfielen mindestens 6000 Stimmen auf einen Mann, musste er für zehn Jahre ins Exil. Man vermutet, dass dieses Verfahren bis um 417 angewandt wurde. Wir haben heute über 10 000 solche Scherben ausgegraben. Auf vielen haben die «Wutbürger» neben den Namen im Schutz der Anonymität noch so manche Hassbotschaften geritzt. Ob das eine gute Sache war, bin ich mir nicht so sicher. Athen hat einige ehrenwerte Leute verloren, nur weil sich einige Stammtische – befeuert vom Boulevard – durch ihr vermeintlich hedonistisches Leben gestört fühlten. Das mit der direkten Demokratie ist ja bekanntlich immer so eine Sache.

Doch zurück zum Thema. Der konservative Areopag, dem man ohnehin Spartafreundlichkeit nachsagte, wurde auf sakrale Aufgaben reduziert zugunsten einer Volksversammlung und einem Rat der Fünfhundert. Ein Losverfahren und Diäten für die Mitwirkung in diesen Gremien sollte Unabhängigkeit und Gleichheit sichern. Perikles führte dies weiter, der Ausdruck

Demokratie kam auf – es war ein politischer Kampfbegriff. Es ist heute gar nicht mehr einfach, die Stimmung der damaligen Zeit in Athen zu rekonstruieren. Der Historiker Raimund Schulz wirft dazu einen Blick auf die zeitgenössische Dichtung und fand in dem um 460 entstandenen Stück *Hiketiden* des großen Tragödiendichters Aischylos zum ersten Mal die Verbindung der Begriffe *demos* (δῆμος/*Volk*) und *kratein* (κρατεῖν/*herrschen*) und folgert daraus, dass es durchaus eine Bereitschaft gab, dem Volk ein größeres Mitspracherecht einzuräumen. Gehen wir einmal davon aus, dass das so war, dann muss man doch im Auge haben, dass der Begriff der Demokratie gerade einmal drei Jahrzehnte vor Platons Geburt aufkam. Wir reden hier also von einer ziemlich neuen Sache. Aus damaliger Sicht könnte man sie als Modeerscheinung abtun. Ob Demokratie bereits am Anfang mit Freiheit gepaart wurde, ist nochmals eine Frage. Der Freiheitsdiskurs kam auf nach den Siegen der Griechen über die Perser im Osten und über die Karthager im Westen, aber er war nicht unbedingt mit der neuen Regierungsform gekoppelt.

Dieser Übergang in eine ganz neue Form verlief vielleicht ähnlich wie es heute zugeht, wenn sich Völker von Tyrannen befreien, blutig oder unblutig und die Freiheit feiern und Demokratie leben wollen. Wie wir immer wieder schmerzlich sehen, ist das Wort Demokratie schnell in den Mund genommen, aber bei weitem nicht so einfach umzusetzen. Auch eine Volksherrschaft muss sich legitimieren, sie braucht Spielregeln und entsprechende Institutionen sowie Teilung der Gewalten – unabhängige Justiz, freie Presse, Minderheitenschutz – und sie braucht letztlich den berühmten mündigen Bürger, der gelernt hat, Meinungsverschiedenheiten nicht mit der Faust, sondern im Diskurs auszutragen und der bereit ist, sich der Meinung der Mehrheit unterzuordnen, auch wenn er sie für falsch hält. Das alles musste erst mühsam gelernt werden. Darin sahen die Sophisten ihre große Aufgabe. Und es deutet nichts darauf hin, dass Platon diese Rolle nicht anerkannt hätte. Das Problem für Platon war viel eher jenes der Demokratie selbst, denn das war und ist nun wirklich keine Einrichtung, die eine von Zeit und Geschichte unabhängige Wahrheit generiert.

Sokrates – der «bessere» Sophist?

Man sieht also, das Thema des Protagoras hätte kaum größer angerichtet sein können. Es ging schlicht um die Rolle der Sophisten als jene, die in ihrem Selbstverständnis diese neue demokratische Ordnung (und damit die Zukunft Athens) sichern und legitimieren halfen. Von da her erklärt sich die Anwesenheit der (aufgeklärten) *Crème de la Crème* von Athens Gesellschaft im Atrium des Hauses des Kallias.

Um die Stimmung im Hof zu begreifen, muss man wissen, dass die Athener nichts mehr liebten als Reden. Eine große Rede war ein Ereignis, das zum Tagesgespräch wurde. Als Perikles nach seiner Rede auf die ersten Gefallenen des Peloponnesischen Krieges die Tribüne verließ, streuten ihm Frauen Blumen.

Sokrates stand also unter mächtigem Druck. Lassen Sie sich seine Reaktion auf der Zunge zergehen. Er spielte den Beeindruckten und tat so, als könnte er sich der Bewunderung nicht mehr entziehen. Aber seine Worte waren ätzend und verwandelten seine Reaktion in einen abgrundtiefen Zynismus:

> Protagoras nun [...] hörte auf zu reden; ich aber blickte lange Zeit bezaubert auf ihn, als würde er immer noch reden, lüstern danach zuzuhören. Da ich aber merkte, dass er wirklich aufgehört hatte, sammelte ich mich mit Mühe und wendete mich dem Hippokrates zu: «Wie danke ich dir, Sohn des Apollodoros, dass du mich aufgefordert hast, hierher zu gehen! Denn es ist mir viel wert, das gehört zu haben. Bis jetzt nämlich glaubte ich, es seien nicht menschliche Bemühungen, wodurch die Guten gut werden; nun aber bin ich davon überzeugt. Ausgenommen eine Kleinigkeit ist mir im Wege, die Protagoras sicherlich leicht wird ausräumen können [...] solche Reden könnte man auch von Perikles oder einem anderen Meisterredner hören; wenn man diesen aber dar-

überhinaus Fragen stellt, so wissen sie wie die Bücher nichts weiter zu antworten noch selbst zu fragen; aber wenn man auch nur ein weniges von dem Gesagten anspricht, dann dehnen diese Redner bei jeder Kleinigkeit – wie Metall, auf das man geschlagen hat, lange forttönt – ihre Rede meilenweit aus. Auch Protagoras versteht sich auf lange Reden, aber er kann auf eine kurze Frage auch eine kurze Antwort geben.»
(Protagoras 328d-329b)

Diese Reaktion des Sokrates war nicht minder eine Meisterleistung! Man könnte davon eine Verhaltensregel ableiten für Auftritte bei Kongressen und Symposien. Ein berühmter Fachkollege hält einen Vortrag, dessen Inhalt man für blanken Blödsinn hält. Falscher Zugang zum Thema, aufgeplusterte Effekthascherei, aber mit rhetorischem Geschick vorgetragen. Das Auditorium sitzt in andächtiger Verehrung gelähmt da. Was tun? Nehmen wir den von Sokrates vorgezeichneten Weg auf, der von den Sophisten gut gelernt hat. Zunächst beginnen wir *sotto voce*, mit ruhiger Stimme, die die Andacht nicht gleich hart zerreißt, mit einer Verneigung vor den Veranstaltern, die keine organisatorischen (und auch finanziellen, aber darüber spricht man nicht) Mühen scheuten, einen so großartigen Redner in die Stadt gebracht zu haben. Man schwenkt dann mit langsam an Kontur gewinnender Stimme (der Raum gehört einem ja jetzt) zu einem dicken Lob des Redners selbst, schwafelt von tiefer Betroffenheit und bekennt, dass man seine eigene Meinung jetzt, nach diesen Ausführungen, zu ändern gezwungen sei. So ganz beiläufig schweift man ab und erwähnt ominös einige Kleinigkeiten, die es da noch zu klären gäbe… Den Satz sollte man gar nicht beenden, sondern gleich zum Schwenk ansetzen zu den ganz großen Meistern des Fachs, den Trendsettern, den «Denkmälern» (die Statuen von Perikles sind nicht zu zählen und auch von Gorgias existierten schon Standbilder, etwa in Delphi und Olympia; er wird als eitler Geck geschildert, der sich selbst um sein goldenes Standbild – massiv, nicht vergoldet, wie er stets betonte – in Olympia kümmerte), mit denen der Redner jetzt gleich gestellt wird. Nein, mehr noch. Diese ganz Großen sitzen ja nicht im Saal. Das sind diejenigen, die – für viele Jahre im Voraus ausgebucht – nur mehr über Agenturen bestellt werden und gegen fünf- und sechsstellige Beträge auftauchen, eine vorgefertigte, schon mehrmals gehaltene und bewährte Ansprache abliefern und wieder verschwinden. Da kann man sich doch gleich ihre Bücher kaufen! Die Atmosphäre lockert sich, da diese Bemerkung einige mit Lachen quittieren. Jetzt kann man auch dem Redner hinter dem Pult näher treten. Er verstünde zwar auch, auf eine eher einfache Frage eine lange Rede auszudehnen (das ist die erste Unverschämtheit), aber zweifellos könne er auch kurze Antworten geben (das ist die nächste Unverschämtheit). Damit ist das Gesetz des Handelns beim Fragesteller und jetzt muss man den Redner in ein Frage- und-Antwort-Spiel verwickeln, mit dem das von ihm aufgebaute Pathos gleich dahin ist.

Fällt Ihnen auf, was Platon uns hier andeutet? Sokrates, der große Gegner der Sophisten, ist sogar auf ihrem ureigensten Feld, der Rhetorik, der Geschicktere. Er schlägt sie mit ihren eigenen Instrumenten. Jetzt wird auch immer klarer, wie schwierig es war, zu erkennen, dass Sokrates nicht selbst zu ihnen gehörte.

Den Rest mache ich kurz. Die Kleinigkeiten sind natürlich die entscheidenden Einwände. Wiederum gelang es Sokrates, vom Politischen auf die Frage nach der Tugend und dem Wissen zu schwenken. Protagoras merkte, dass er sich ausgeliefert hatte und ärgerte sich über seine taktischen Fehler:

> Und mich dünkte Protagoras schon ganz verdrießlich zu sein und sich gegen die Antworten zu sträuben; und da ich ihn in dieser Verfassung sah, nahm ich mich in Acht und fragte nur ganz bedächtig weiter.
> (Protagoras 333e)

Auch die Anwesenden spürten die Spannung in der Luft und sogleich teilten sich die Lager der beiden Alpha-Tiere. Die Protagorasjünger rumorten hörbar, als Sokrates ihren

Meister in das Eck drängte. Protagoras suchte sein Heil in langen Antworten, um den Raum wieder zu gewinnen. Aber Sokrates legte mit ziemlicher Unverfrorenheit diese Taktik als Hilflosigkeit gegenüber den Argumenten offen, nicht etwa durch einen direkten Hinweis, sondern durch süffisante Ironie, die den Rhetor furchtbar treffen musste:

> O Protagoras, ich bin ein vergesslicher Mensch, und wenn jemand so lange spricht, vergesse ich ganz, wovon eigentlich die Rede ist.
> (Protagoras 334d)

Das war zuviel für den berühmten Mann. Er polterte los gegen diese Arroganz und die Art der Diskussionsführung durch Sokrates. Sokrates seinerseits war auch hier der Schnellere und griff – Protagoras abermals übertreffend – zum schärfsten Mittel der Rhetorik (wird im dritten Abendkurs «Grundbegriffe der Rhetorik» besprochen!), dem Gesprächsabbruch. Er sprang erregt auf, erhob sein Haupt in Positur, schleuderte das Götz von Berlichingen-Zitat in die Runde – und hoffte, dass nun der rettende Arm ihn zurückhielt, denn so stand es in den Rhetorikhandbüchern. Und tatsächlich:

> [...] aber so wie ich aufstand, ergriff mich Kallias mit einer Hand bei der Rechten und mit der andern hielt er mich beim Mantel und sagte: ...
> (Protagoras 335)

Was er sagte? Dass er zu bleiben habe! Nun gab einer nach dem anderen der Anwesenden sein Urteil ab über die weitere Art des Gesprächs. Es kam nichts dabei heraus, wie immer, wenn alle quatschen. Zuletzt kam der Vorschlag auf, einen Gesprächsleiter zu bestimmen, was Sokrates entschieden zurückwies. Die Zermürbungstaktik funktionierte und das Gespräch wurde zu seinen Bedingungen fortgesetzt. Nach langwierigem Hin und Her endete dieses Gespräch ohne Sieger und Besiegte – wie üblich aporetisch.

Es ist schwierig, sich angesichts dieser brillanten Theatralik nicht mitreißen zu lassen. Denn trotz aller Offenheit bietet dieser Dialog ebenso wie der *Gorgias*, der in ähnlicher Manier die Auseinandersetzung des Sokrates mit einem weiteren Sophisten erster Güte, Gorgias (dem «eitlen Geck»!) aus dem sizilianischen Leontinoi, schildert, auch wichtige inhaltliche Aspekte.

Die Fragen nach Tugend und Wissen konnten schon deshalb nicht gelöst werden, weil beide etwas völlig anderes damit verbanden. Protagoras nimmt die Welt so, wie sie tatsächlich ist. Ihn interessiert kein gedankliches Jenseits, ja hält so etwas sogar für kontraproduktiv und gefährlich, weil man sich dann um diese Welt nicht mehr zu kümmern braucht und sie nur mehr negativ zu sehen vermag. Protagoras möchte gerade das Gegenteil, nämlich den Menschen die Instrumente geben, um in *dieser* Welt erfolgreich zu leben. Sokrates hingegen folgt der Vision einer Welt, wie sie sein soll und hält das sophistische Bemühen für kurzsichtig und seinerseits für gefährlich, weil man damit jeden Ausgang zu einer eigentlichen und wahren Welt versiegelt. Es geht darum, Welt und Mensch zu *verändern* – dann wären die Sophisten mit ihren Ratschlägen tatsächlich überflüssig geworden. Also: Für den Sophisten ist die Tugend lehrbar. Er meint damit aber etwas Konkretes und Anwendbares, eine Fähigkeit, ja Fertigkeit zu einem ganz bestimmten Zweck, zum Beispiel eine Lektion über Staatslehre. So wie im *Charmides* für den Sophisten Wissen immer konkretes Wissen war.

Sokrates hingegen schwebt eine andere Dimension des Wissens vor, fern von jeder konkreten Verengung. Aber wie sollte man dazu kommen. Eben dies ist das große Dilemma, das man mit den Instrumenten der Sophisten (sprich: der modernen Welt) nicht lösen kann. Deshalb die Aporie! Sie zeigt, dass die Instrumente der Sophisten für die *wirklichen* Fragen der Welt nicht hinreichen. Wir werden bald sehen, dass wir eine ganz andere Wissensvermittlung benötigen, um diese hohen Ansprüche einlösen zu können. Bereits hier gibt es Hinweise, wie der Weg dahin aussieht: Am Beginn dieses Weges steht die Abwertung des Körpers (sozusagen als das Symbol der diesseitigen Welt). All jene Regungen, die man dem Körper zubilligt, Emotionen und Affekte, müssen ausgeschaltet werden. Die Aufgabe des Wissens muss es – bloßes Sachwissen weit übersteigend – daher auch sein, Emotionen und Affekte zu besiegen. Sokrates nennte das *Zu-schwach-sein-gegen-die-Lust* den *größten Unverstand*. (Protagoras 357e) Im Griechischen steht dafür der Ausdruck αμάθεια (*amathia*). Man muss da genau hinhören, es ist die fehlende μάθησις (*mathesis/Wissenschaft, Kenntnis*), wie es in unserem Wort Mathematik steckt. Ich werde später noch einmal darauf zurückkommen.

Die Freiheit der Leidenschaften

Zu dieser Frage der Emotionen und Leidenschaften gibt es im *Gorgias* eine spannende Auseinandersetzung. Eines muss man Platon jedenfalls zubilligen. Er lässt keinen Einspruch der Intellektuellen gegen eine aus ihrer Sicht dogmatische Systemphilosophie aus. Sokrates diskutierte in diesem Dialog im Haus des Kallikles (biographisch ist über ihn gar nichts bekannt, sodass manche sogar meinen, es sei eine von Platon erfundenen Figur) mit Gorgias und anderen, jüngeren, damit – wie das meist so ist – noch kompromissloseren Sophisten. Da schaltete sich auch der Hausherr selbst ein. Es ging um die Rolle der Emotionen und Gefühle. Kallikles vertrat genau die entgegengesetzte These des Sokrates und hielt in aufklärerischer Manier ein flammendes Plädoyer für die Freiheit der Leidenschaften und gegen die repressive Moral der alten Dogmatiker:

Das ist das von Natur aus Schöne und Rechte – ich sage das ganz offen –, dass, wer richtig leben will, seine Gefühle wachsen lassen und sie nicht unterdrücken soll. Er soll mit ihnen umgehen mit Selbstbewusstsein und Einsicht und dem folgen, worauf seine Begierde zielt. Ich glaube, dass die meisten Menschen dazu gar nicht imstande sind und

> gerade deswegen regen sie sich über solche auf, die so leben, weil sie ihr eigenes Unvermögen verbergen. Sie halten die Freiheit für schändlich [...] weil sie selbst ihre eigenen Bedürfnisse nicht zu befriedigen vermögen. Deshalb beschwören sie Besonnenheit und Gerechtigkeit wegen ihrem eigenen fehlenden Mut. (Gorgias 492a)

Das ist nicht schlecht. Kallikles führte die Moral zurück auf das Ressentiment. Walter Bröcker hat in seinem Kommentar zum *Gorgias* diesen Einwand auf den Punkt gebracht: Kallikles sieht in der Moral *das muffige System des organisierten Neides der Schlechtweggekommenen gegen die Bessergestellten*. In Kallikles hatte sich sichtlich einiges an Aggression aufgestaut gegen die konservativen Ideologen. Und er sprach dabei zweifellos einen bedenkenswerten Zusammenhang an? Steckt nicht häufig genug schlicht und einfach Schwäche hinter den martialisch vorgetragenen Verteidigungen der alten Werte? Schwäche, die sich darin manifestiert, dass man sich an imaginären Stützen anzuhalten versucht, um vom Zeitgeist nicht umgeweht zu werden? Daran hat sich über die Jahrtausende nichts geändert und immer wieder versuchen die sogenannten Modernisierungsverlierer (die es freilich im strengen Sinn gar nicht gibt – in Wirklichkeit profitiert jeder vom Fortschritt und sei es nur von jenem in der Medizin) den Zug aufzuhalten, mit dem sie glauben, nicht mehr mitkommen zu können! Das ist die eine Seite! Für die nächste Stufe intellektueller Reflexion wird die Sache freilich komplizierter. Auch hier wird man die Freizügigkeit verteidigen. Allerdings, was ein gestandener Anhänger der Aufklärung ist, dem ist eine allzu große Gefühlsduselei ebenfalls ein Gräuel. Gefühle und Emotionen haben den Mief des Faschistoiden an sich und das ist keineswegs ein stolzes Erkundungsergebnis der Linksintellektuellen der letzten Jahrzehnte, sondern das empfanden (damals als Mief des unaufgeklärten Mystizismus) bereits die Sophisten so. Werfen wir dazu einen kurzen Blick darauf, wie Thomas Mann diese Frage abhandelte, denn da gibt es Parallelen.

In seinem Bildungsroman *Der Zauberberg* konfrontiert uns Thomas Mann ebenfalls mit Extrempositionen, die in der Weimarer Republik Gesprächsthemen der Intellektuellen waren. Hans Castorp steht vor Settembrini, dem Aufklärer und Humanisten, der sich gerne mit Prometheus vergleicht, beide ausgestattet mit scharfem Intellekt und kranken Körpern, und er fordert den Humanisten heraus, der über diesen Tatbestand des siechenden Körpers klagt: *Sie sind doch Humanist? Wie können Sie schlecht auf den Körper zu sprechen sein?* Settembrini antwortet gereizt:

Humanist, – gewiß, ich bin es. Asketischer Neigungen werden Sie mich niemals überführen. Ich bejahe, ich ehre und liebe den Körper, wie ich die Form, die Schönheit, die Freiheit, die Heiterkeit und den Genuß bejahe, ehre und liebe, – wie ich die ‚Welt', die Interessen des Lebens vertrete gegen sentimentale Weltflucht, – den Classicismo gegen die Romantik. [...] Wie sehr ich es verabscheue, irgendein verdächtiges Mondscheingespinst und -gespenst, das man ‚die Seele' nennt, gegen den Leib ausgespielt zu sehen, – innerhalb der Antithese von Körper *und* Geist bedeutet der Körper das böse, das teuflische Prinzip, denn der Körper ist Natur, und die Natur – innerhalb ihres Gegensatzes zum Geiste, zur Vernunft, ich wiederhole das! – ist böse, – mystisch und böse. ‚Sie sind Humanist!' Allerdings bin ich es, denn ich bin ein Freund des Menschen, wie Prometheus es war, ein Liebhaber der Menschheit und ihres Adels.

Man kann hier sehr schön die Fäden auseinander nehmen, in die wir uns bei der Einschätzung des Sokrates zu verstricken schienen. Aufklärung ist ebenso wie das Gegenteil nicht so glatt auf den Begriff zu bringen. Settembrini will auch nichts wissen von einer repressiven Moral, von der Unterdrückung des Körpers und seiner Leidenschaften. Aber der Verehrer der Klassik und Aufklärung gegenüber der als weltflüchtig eingestuften (damit einseitig gesehenen) Romantik kommt nicht umhin, die Faszination des Geistes als des eigentlich Wertvollen (zum Unterschied des für Emotionen und Gefühle zuständigen Körpers) im Menschen anzusprechen. Hier ist der rationale Geist, die Reflexion gemeint, die mir nach Kant hilft, mich aus meiner selbstverschuldeten Unmündigkeit zu befreien.

Von der Vorläufigkeit des Wissens

Mit diesen Hinweisen bin ich schon etwas vorgeprescht und wir sollten uns langsam den späteren Werken zuwenden. Auf dem Weg dorthin liegt der *Theaitetos*. Dieser Dialog stellt die Platonforscher vor einige Probleme. Formal schließt er an die frühen Dialoge wie *Charmides* oder *Euthyphron* an, inhaltlich führt der Dialog aber wesentlich weiter. Man vermutet, dass die Schrift früh konzipiert und später überarbeitet und veröffentlicht worden ist. Zur schwierigen Datierung passt die merkwürdige literarische Einkleidung. In einem Vorgespräch treffen zwei Schüler des Sokrates, die Herren Eukleides und Terpsion, aufeinander. Bei Eukleides handelt es sich um Euklid aus Megara, von dem man sich erzählte, dass er im Schutz der Dunkelheit als Frau verkleidet durch das Stadttor von Athen schlüpfte, um zu den Gesprächsrunden mit Sokrates zu gelangen. Athen war nämlich infolge eines über das knapp 50 km entfernte Megara verhängten Handelsboykotts für die Bürger der Stadt gesperrt (das war einer der Anlässe für den Ausbruch des Peloponnesischen Krieges). Der Biograph der Philosophen Griechenlands, Diogenes Laertios berichtet, dass Euklid ein Spezialist für das Gute gewesen sein soll. Dieser Euklid erzählt nun, dass er im Hafen den schwer verwundeten und von der Ruhr geplagten (*lebend, aber kaum noch*) Theaitetos auf seiner Rückkehr aus dem Heerlager vor Korinth gesehen hat (Theaitetos ist an dieser Verwundung, die aus einer Schlacht zwischen einer thebanischen Koalition und einem von Sparta geführten Bündnis mit Korinth 369 stammte, gestorben). Beide bekunden ihren großen Respekt vor dem bedeutenden Mathematiker Athens (*welch ein Mann ist da in Gefahr!*), der sich durch theoretische Untersuchungen zu den irrationalen Zahlen sowie zur Stereometrie (pikanterweise zu den Platonischen Körpern!) einen Namen gemacht hat. Er war ein Schüler des legendären Theodoros aus Kyrene, eine Art Nobelpreisträger für Mathematik und übrigens ein Freund unseres inzwischen wohlbekannten Sophisten Protagoras. Eukleides erzählt nun dem Terpsion, dass ihm Sokrates einst ein Gespräch geschildert hat, das dieser kurz vor seinem Tod mit Theaitetos geführt hatte. Eukleides hat den Bericht aufgeschrieben, er läge wohl irgendwo zu Hause in einer Schreibtischlade herum. Wollte Platon uns hier eine Andeutung geben, dass die Schrift schon älteren Datums ist und überarbeitet wurde?

Beide sind müde und staubig und beschließen, den heißen Tag im kühleren Hof bei Eukleides mit dem aufgezeichneten Gespräch und vermutlich einem Campari-Soda mit viel Eis ausklingen zu lassen. Ein Knabe fungierte als Vorleser für die beiden Herren. Was wie ein iPod-Ersatz *avant la lettre* klingt, hat einen Hintergrund: Zur Zeit Platons musste man Texte laut lesen, um sie zu verstehen.

manschriebnämlichdamalsnochinlangenschnürenohnewortzwischenräumeundohneinterpunktionszeichenganzsowiemanesebenhörte

Erst aus Kommentaren zu Homer aus dem zweiten vorchristlichen Jahrhundert kennen wir die «Erfindung» der Wortzwischenräume und der Interpunktionszeichen, die einen Text leserlich strukturieren. Zudem schrieb man auch das Griechische ganz am Anfang von rechts nach links wie heute noch das Arabische und Hebräische. Die Ausrichtung der Buchstaben war ebenfalls noch nicht festgelegt. Die «Bäuche» zeigten meist in die Schreibrichtung (diese Version biete ich Ihnen hier nicht). Um 500 begann sich die griechische Schrift zu wenden. Aus dieser Zeit sind uns ein paar Texte erhalten, die die Schreibrichtung wechselten. Man begann von rechts nach links, in der folgenden Zeile kippte das Ganze von links nach rechts und so fort. Offenbar weil das an das Pflügen von Ochsen erinnerte, spricht man von *boustrophedon* (βουστροφηδόν/*wie der Ochse pflügt*). Im Süden Kretas wurde in Gortyn ein umfangreicher Text in ursprünglich 42 Steinblöcke gemeißelt, von denen noch 12 erhalten sind. Es handelt sich um eine Novellierung eines alten Gesetzestextes in dorischem Dialekt. Die Inschrift, die im Boustrophedon geschrieben ist (wobei einige Buchstaben des späteren Alphabets komplett fehlen), stammt aus der ersten Hälfte des 5. Jahrhunderts.

Das in Stein gemeißelte Stadtrecht von Gortyn in Boustrophedon. Gortyn, Kreta.

Doch zurück in unser kühles Atrium eines athenischen Hauses im Jahr 369, wo sich Eukleides und Terpsion den Dialog *Theaitetos*, der nach Sokrates Auskunft 400 oder 399 stattgefunden haben müsste, vorlesen lassen. Da müssen wir unbedingt dabei sein!

Die Frage des Gesprächs zwischen Sokrates und Theaitetos – später wird noch Theodoros (der «Nobelpreisträger») selbst das Wort ergreifen – richtet sich nun ausdrücklich nach dem Wissen, der ἐπιστήμη (*episteme*). Zuerst erfolgen die üblichen Antworten. Dem verwirrten Sokrates wird eine ganze Reihe von speziellen Wissensgebieten aufgetischt, jenes des Schuhmachers, Tischlers, Töpfers (wir kennen das schon aus dem Dialog *Charmides*). Aber Sokrates insistiert auf dem Wissen schlechthin. Da blickt nun der junge – sagen wir einmal rund sechzehnjährige – Musterschüler Theaitetos ziemlich ratlos in die Runde, denn mit einer solchen Dimension weiß er nichts anzufangen. Anders als in den frühen Dialogen, wo nun gleich ein Frage- und Antwortspiel einsetzte, schiebt Platon eine interessante methodische Bemerkung ein.

> Du hast eben Geburtsschmerzen, lieber Theaitetos, weil du nicht leer bist, sondern schwanger. (Theaitetos 149a)

Die Hebammenkunst des Sokrates

Das Gerede von Geburtsschmerzen legt nahe, dass Sokrates davon ausgeht, dass das Wissen im Menschen bereits vorhanden ist und man es wie in einem Geburtsvorgang zur Welt bringen kann. Genau das ist nun seine Absicht. Wieder wundert sich Theaitetos und Sokrates klärt ihn auf:

> Ja hast du denn niemals gehört, dass ich der Sohn einer berühmten und tatkräftigen Hebamme bin, der Phänarete?
> Doch, davon habe ich gehört!
> Und hast du auch gehört, dass ich dieselbe Kunst ausübe?
> Nein, das ist mir neu!
> So ist das aber! Doch verrate mich nicht, denn es weiß niemand, dass ich diese Kunst beherrsche. Allerdings sagen mir die Leute nach, dass ich ein merkwürdiger Mensch bin und alle zum Grübeln bringe. Davon hast Du sicherlich gehört.
> Jawohl das habe ich schon oft gehört. (Theaitetos 149a)

Sokrates beruhigt den Theaitetos also ein wenig. Dass er sich mit seiner These so schwer tut, ist nichts anderes wie Komplikationen bei einer schwierigen Geburt. Dieser schöne Vergleich mit der Hebammenkunst (*Mäeutik*) macht Platon zu einem großen Pädagogen. Ein kluger Lehrer wirft seinen Schülern nicht einfach das ganze Wissen an den Kopf, sondern versucht, sie aus der Reserve zu locken, um sie selbst auf die Einsichten kommen zu lassen? So schön kann man Platon deuten, wenn man ihn für die Pädagogik ausschlachten möchte – und liegt damit keineswegs falsch. Aber das ist wieder einmal nur die eine Seite der Medaille.

Denn, was uns Platon hier auftischt, ist nun doch eine ganz andere Dimension der Wissensgewinnung als sie bisher geläufig war. In einer aufgeklärten Wissenschaft werden Hypothesen aufgestellt und an der Empirie geprüft. Da spielte Sokrates anfangs in den Streitgesprächen mit den Sophisten stets mit. Dabei löste er mit seinen seltsam anmutenden Fragen nach dem Wissen um eine Wahrheit, die sich nicht mehr an empirischen Fakten ausrichtet, immer Befremden aus und das führte das Gespräch in Sackgassen. Doch jetzt scheint plötzlich eine ganz neue Dimension aufzutauchen. Wir brauchen diese Wahrheiten gar nicht in der empirisch erfassbaren Realität zu suchen, wir tragen sie immer schon in uns. Was wir brauchen, ist jemand, der uns, wie eine Hebamme den Frauen beim Gebären eines Kindes, hilft, diese Wahrheiten zur Welt zu bringen. Da mahnt Sokrates auch schon einmal, Theaitetos möge ihn nicht verraten, denn eine solche Art der Wissenserwerbung könnte doch peinlich erscheinen. Hier schlägt Platon nun unübersehbar den Weg zur Ideenlehre ein. Ideen lassen sich nicht aus der Empirie gewinnen, sondern sie stammen sozusagen aus einer anderen Welt.

In mythischer Einkleidung wird er dies später damit erklären, dass der Mensch vor seiner Geburt alles Wissen in sich aufgenommen hat. In die Welt gekommen, erkennt er die Gegenstände durch die Erinnerung an diese eingeborenen Ideen. Was wir in der Welt erkennen, ist daher eigentlich eine Wiedererinnerung. Jetzt ist die Kunst des Pädagogen gefragt, um dieses verborgene Wissen ans Licht zu bringen, ihm regelrecht zur Geburt zu verhelfen. Der Pädagoge wird nun viel mehr als (nur) ein guter Lehrer. Er wird zum Führer auf einem Initiationsgang, der von der diesseitigen in eine jenseitige Welt führt.

Doch der Reihe nach! Vorläufig geht es um die harmlos klingende Frage, was denn Erkenntnis sei. Sokrates führt den jungen Theaitetos also zu seiner These, die es im Folgenden in bewährter Manier zu prüfen gilt und die da lautet: Erkenntnis ist Wahrnehmung! Im Griechischen: ἐπιστήμη ἡ αἴσθησις (*episteme he aisthesis*). *Episteme* heißt Wissen, aber auch Erkenntnis, und *Aisthesis* ist die Sinneserfahrung. Noch bei Alexander Baumgarten, der um 1750 den Begriff der Ästhetik in die Philosophie eingeführt hat, wird der Begriff in dieser Bedeutung verwendet. Später hat sich die Bedeutung eingeschränkt auf den Aspekt Schönheit. Dass Erkenntnis gleichbedeutend mit Sinneswahrnehmung sei, ist die These des jungen Mathematikers. Eigenartig, denn gerade die Mathematik kommt mit solch empirischen Ansätzen nicht weit. Aber Theaitetos tritt hier als Empiriker auf. Empiriker sind jene, die sich an der Erfahrung orientieren, und ihr Weg ist für Platon die schlimmste Form des Vorgehens, richtet sie sich doch am realen Gegenstand aus. Das hatten wir in den Streitgesprächen mit den Sophisten zur Genüge kennen gelernt.

Aber vorläufig hat Sokrates anderes im Sinn als gleich zu tadeln. Ganz Pädagoge, der zunächst eine positive Stimmung aufbaut, lobt er eifrig: *Gut und wacker, junger Mann!* Aber das Hintertürchen wird auch gleich sichtbar: *Lass uns nun diese These gemeinsam prüfen, ob es eine gute Geburt ist oder ein Windei.* (Theaitetos 151e) Wir verfügen inzwischen über so viel Platonkenntnis, dass wir wissen, dass Sokrates einer dermaßen empirischen Sicht der Dinge niemals zustimmen wird. Er wählt aber diesmal nicht den direkten Weg, die These durch Gegenbeispiele gleich zu widerlegen, sondern er möchte, dass Theaitetos die Falschheit seiner These selbst einsieht und sie dann aufgibt. Dazu treibt er den jungen Mann zur Verschärfung seiner These, sodass sie zu guter Letzt geradezu absurd wird. Dies alles wird in einer Weise konstruiert, dass der Leser den Eindruck gewinnen muss, alle Folgerungen ergäben sich konsequent aus der falschen These. Sokrates baut die ursprüngliche Behauptung also unter ständigem (unaufrichtigen) Lob weiter aus, indem er sie mit dem Protagorassatz, dass der Mensch das Maß aller Dinge sei, in eine ganz subjektivistische Form bringt.

> Nicht wahr, Protagoras meint diesen Satz doch so, dass wie ein jedes Ding mir erscheint, ein solches ist es auch mir, und wie es dir erscheint, ein solches ist es wiederum dir […].
> So meint er es ohne Zweifel.
> Wahrscheinlich wird ein so weiser Mann keine Torheiten reden. Gehen wir dem Gesagten also nach. Wenn ein und derselbe Wind weht, wird dem einen von uns frieren, den anderen nicht?
> Jawohl. (Theaitetos 152a)

Damit hat Erkenntnis keinerlei objektive Basis mehr, sondern sie entspricht ausschließlich der subjektiven Empfindung des einzelnen. Theaitetos stimmt dem zu. Sokrates setzt noch eins drauf. Er verweist auf das fälschlich dem Heraklit zugeschriebene πάντα ῥεῖ (*panta rhei*), das in Wirklichkeit aus seinem (sophistischen) Schülerkreis stammen dürfte. Alles sei im Fluss, es gibt nichts Festes! Sokrates führt berühmte Gewährsleute zur Stützung dieser These an, von frühen Mythen bis zur Gegenwart.

Im Dialog *Kratylos* klingt das freilich ganz anders. Ausgerechnet in dem nach dem Sophisten und Heraklit-Schüler Kratylos – er lebte um die Mitte des 5. Jahrhunderts und war vielleicht der Urheber dieses Spruchs πάντα ῥεῖ war (vielleicht war es auch Hippias aus Elis) – benannten Werk beklagt sich Sokrates darüber, dass die modernen Intellektuellen den Glauben an feste und verbindliche Werte aufgegeben haben und alles auf bloß relative Gültigkeit hin auslegen. Im *Kratylos* ging es also um eine Abweisung eines relativistischen Skeptizismus.

Unser armer Theaitetos muss das jedoch als seine eigene Meinung schlucken – das Ergebnis kann nur die Katastrophe sein. Die Heerschar von Meinungsträgern, die Sokrates aufmarschieren lässt, zeigt, dass der junge Student wieder einmal nur als Mittel zum Zweck posieren muss. Die Kritik des Sokrates richtet sich gegen eine ganze Geistesströmung, die wir heute als Moderne und Aufklärung bezeichnen würden. Da also Theaitetos seine These nicht halten kann, würden nach dem Muster der frühen Werke jetzt noch einige Versuche auf ähnlicher Ebene erfolgen, bis der Dialog schließlich ausweglos endete. Aber im vorliegenden Fall ist die Geschichte diffiziler. Frustriert gibt Theaitetos seine Gleichung von der Erkenntnis als Sinneserfahrung auf, aber jetzt ist es Sokrates selbst, der eine zumindest relative Gültigkeit dieser Gleichung einräumt. Das muss nun doch erstaunen! Bisher sah es so aus, als wäre aus dem Ironiker Sokrates ein überheblicher Zyniker geworden, dem es darum geht, die Studenten der Sophisten für dumm zu verkaufen. Aber jetzt hat es den Anschein als ginge es Sokrates tatsächlich um ein Anliegen, das er zu einem positiven Ende bringen will.

Er sucht offenbar ernsthaft die Auseinandersetzung mit einer aufgeklärten Gesellschaft, die sich nicht mehr mit einer konservativen Ideologie abspeisen lässt und in der der mündige Mensch auch Gründe für die ordnungspolitische Gestaltung seines Lebens verlangt. Platon war das offensichtlich klar. Zur Demonstration dieses Zusammentreffens von nur subjektiver Gültigkeit auf der einen und einem objektiven Maßstab auf der anderen Seite wählt Sokrates ein anschauliches Beispiel. Es sei so ähnlich, sagt er, wie die Tatsache, dass er, Sokrates, zur Zeit größer sei als Theaitetos. Aber viel fehlte offenbar nicht mehr, so dass nach Ablauf des Jahres er kleiner sein werde als der noch kräftig wachsende Junge. Das scheinbar unmögliche Ergebnis: *Ich bin danach, was ich vorher nicht war, ohne es geworden zu sein.* Sokrates schaut in das verdutzte Gesicht des Studenten:

Du kommst doch wohl mit, Theaitetos?
Bei den Göttern, Sokrates, ich wundere mich ungemein, wie dies wohl sein mag; genauer gesagt, schwindelt mir ordentlich.

Da platzt eine saftige Gemeinheit aus Sokrates heraus! Er spottet über die beschränkte Auffassungsgabe des Theaitetos mit dem populären Kalauer, dass Philosophie mit dem Staunen beginne:

> Theodoros, mein Lieber, urteilt ganz richtig über dich. Denn genau das ist der Zustand eines Philosophen, die Verwunderung [...].
> (Theaitetos 155d)

Dieses Staunen ermöglicht Sokrates einen besonderen Einstieg. Denn irgendwann muss er ja mit der Erklärung herausrücken, dass er mit seinem Gegenentwurf gegen die Methode der Moderne die gängigen Bahnen des Argumentierens verlässt. Bewegten wir uns im allgemein akzeptierten Diskurs der Intellektuellen, dann würde die Argumentation an dieser Stelle wiederum in eine Aporie schlittern. Jeder Rettungsversuch für die empiristische These würde eine zerstörende Reaktion des Sokrates zur Folge haben, aber auch er könnte auf dieser Ebene keinen Ausweg zeigen. Aber jetzt geht Sokrates einen wichtigen Schritt weiter. Er nimmt Theaitetos sozusagen bei der Hand und murmelt einige verschwörerische Worte. Und uns, seine Zuhörer, nimmt er dabei mit.

> Sieh dich aber vor, dass uns nicht einer von den Uneingeweihten zuhört. Das sind jene, die nur an das glauben, was sie herzhaft mit beiden Händen anfassen können, die aber das Handeln und Werden und das Unsichtbare nicht als existierend akzeptieren.

Die Reaktion des Theaitetos, der vor einer halben Stunde eine These aufgestellt hat, die genau jener Geisteshaltung entsprang, ist mehr als skurril:

> Das sind ja verstockte und widerspenstige Menschen, Sokrates, von denen du da sprichst. (Theaitetos 155e)

Platons Akademie

Dieses Gerede von den Eingeweihten klingt geheimnisvoller, als es in Wirklichkeit ist. Es ist im Leben doch häufig so, dass manche Wege, die wir gehen, nur dem verständlich werden, der auch die Vorgeschichte kennt, die uns dazu bewogen hat, eine bestimmte Entscheidung zu treffen. So auch hier. Platon hat inzwischen eine eigene Schule, die Akademie. Hier hält er nicht mehr Vorträge für bunt zusammengewürfelte Gäste, die kommen und gehen, nein, er kann mit seinen Schülern über längere Zeit hinweg arbeiten. Das schweißt zusammen und da wagt man schon einmal Thesen, die man einem größeren, kritischeren und unvorbereiteten Publikum nicht vorsetzten würde. So funktioniert geistiges Arbeiten bis heute.

Die Gründung der Akademie war eine abenteuerliche Geschichte und ich bin sie Ihnen noch schuldig. Platon war 389/88 in Syrakus und überwarf sich mit Dionysius I., dem (vermutlich seit 405) amtierenden Tyrannen. Syrakus war der größte Gewinner des Peloponnesischen Krieges. Dionysius baute das Heer gewaltig aus, darunter eine Ehrfurcht gebietende Flotte mit 200 Fünfzigruderern, gewaltigen Schlachtschiffen mit großkalibrigen Katapulten. Der starke Arm von Syrakus reichte weit – durch Koloniegründungen bis

Im griechischen Theater von Syrakus aus dem 6. Jh. v. Chr. dürfte auch Platon gesessen sein. Es bot 15 000 Besuchern Platz.

zur oberen Adria, zudem florierten Handel und Wirtschaft. Dionysius war Politiker, Stratege, Machtmensch, Reformer und Wirtschaftskapitän zugleich und zudem noch ein hochgebildeter Förderer von Kunst und Architektur. Ausgerechnet bei diesem Prototypen eines Politikers, wie ihn sich die Sophisten vorstellten (wenn man einmal vom Tyrannenstatus absieht) wollte Platon seine *Politeia*-Vision verwirklicht sehen. Das war läppisch und Dionysius komplimentierte den Philosophen kurzerhand aus seiner soeben verstärkten Burg. Dass sich die Sache tatsächlich so abgespielt hat, bezweifeln einige Historikerinnen und verweisen auf das beliebte antike Narrativ von der Begegnung von Philosoph und Tyrann.

Das wäre durchaus plausibel. Wir wissen also nicht, was da wirklich vorgefallen ist. Aber der Rest ist uns bekannt: Auf der Heimreise landete das Schiff ganz außerfahrplanmäßig (so glaube ich, nennt man das) in Ägina, dem Kriegsfeind von Athen. Vielleicht hatte Dionysius die Hand im Spiel. Platon wurde kurzerhand festgenommen und auf den Sklavenmarkt gebracht. Ein gewisser Annikeris soll ihn freigekauft haben. Wer kennt heute noch Annikeris? Ohne ihn wäre Platon vielleicht ein Kutscher im unteritalienischen Kroton geworden. Nicht auszudenken! Nun weiß ich natürlich, dass man Annikeris wirklich nicht kennen kann. Es gibt keine historischen Fakten über ihn. Wir kennen nur einen Philosophen Annikeris, der vielleicht am Übergang vom 4. ins 3. Jahrhundert gelebt hat, also viel zu spät für unseren Helden. Zudem hat uns dieser vielleicht der Philosophenschule des Aristippos von Kyrene angehörige Wissenschaftler nichts Schriftliches hinterlassen. Trotzdem, wir wollen unserem Retter Platons, damit einem Retter der abendländischen Kultur, unsere Referenz erweisen und wir nennen ihn eben nach dieser alten unsicheren Überlieferung Annikeris.

Die 20 Minen, über die ich bereits berichtete, wollten Platons Freunde unserem Annikeris zurückerstatten. Doch er verzichtete großmütig (ein echter Mäzen noch vor Maecenas) darauf und stiftete es dem Akademie-Bau- und Betriebsverein. Etwa eineinhalb Kilometer vor dem Dipylontor im Nordwesten Athens gelegen, führte eine Kultstraße, die gesäumt war von monumentalen Grabmälern, darunter viele Prominentengräber (es ging dort das Töpferviertel Kerameikos in den Friedhof über; nach links zweigte der Weg nach Eleusis ab), durch den Demos *Sema* zu dieser Stelle.

Es gab dort auch ein Gymnasium mit Wandelhalle und Hörsaal, wo Platon schon früher Vorträge gehalten hatte (neuere archäologische Befunde legen nahe, dass es sich eher um eine große Bibliothek gehandelt hat). Seit dem Ende des 6. Jahrhunderts galt der Bezirk als heilig, dem alten Heros Akademos geweiht. Dieser Heros hatte in mythischer Vergangenheit Athen vor der Zerstörung bewahrt. Die Geschichte geht so: Dem fünfzigjährigen Haudegen Theseus, der alle möglichen Abenteuer bestand (unter anderem tötete er den Minotaurus) und wahrscheinlich ständig *I'll be back* ausgerufen hat, waren – wie das ja nicht selten bei Männern in diesem Alter vorkommt – noch einmal die Hormone kräftig in Wallung geraten und ihm fiel nichts Besseres ein, als die zwölfjährige Helena – *Esquire* hat sie damals zum *Sexiest Girl Alive* erkoren – zu entführen. Helenas Brüder Kastor und Polydeukes waren außer sich und wollten Athen kurz und klein schlagen und ihre Schwester aus dem Schlafzimmer des alten Lüstlings befreien. Da verriet Akademos ihnen das Versteck. Die Athener waren nicht – wie die Italiener auf ihren Berlusconi – auf Theseus und seine Manneskraft stolz, sondern auf Akademos' Rettung der Stadt. Und die tugendhaften Spartaner sahen darin erst recht ein lobenswertes Tun, denn die Akademie wurde von ihnen im Peloponnesischen Krieg stets verschont.

Es muss ein hübscher Ort gewesen sein mit einem großen Hain um den Tempel. In den *Wolken* des Aristophanes wird er einmal besungen: *Blühend und strotzend in Jugendkraft auf dem Tummelplatz [...] Lustwandeln wirst du im friedlichen Hain Akademos', im Schatten des Ölbaums [...].*

Platon errichtete einen kleinen Altar und weihte die Anlage den Musen. Ob er ins Vereinsregister im Amt einen Kultverein zur Verehrung Apolls und der Musen eintragen ließ (das erste echte *Museion*), ist nicht ganz klar, die Quellen geben das nicht her.

Muse auf dem Musengebirge Helikon. Um 440 v. Chr. *Staatliche Antikensammlungen und Glyptothek, München*

Die Mitglieder wohnten auch dort und mussten sich zu einem asketischen Lebensstil verpflichten. Wenig Schlaf, sexuelle Enthaltsamkeit und vegetarische Ernährung. Platon hat sich das mit Sicherheit von den pythagoreischen Lebensgemeinschaften abgeschaut. Gerne wird berichtet, dass über dem Eingangstor zu lesen stand: *Αγεωμέτρητος μηδείς εἰσίτω (ageometretos medeis eisito/es darf keiner eintreten, der nicht in der Geometrie bewandert ist)*. Das aber wird heute stark bezweifelt. Trotzdem: *se non è vero, è ben trovato!* Denn die Mathematik stand hoch im Kurs und neben angesehenen Philosophen waren auch Mathematiker Mitglieder. Der angesehene Mathematiker und Astronom Eudoxos aus Knidos war Gastdozent. Auch unser Theaitetos gehörte eine Zeitlang dazu. Es gab auch Werkstudenten. Menedemus und Asclepiades verdienten sich Nacht für Nacht in einer Mühle ein paar Drachmen. Die Stadt hat ihnen – gerührt von ihrem Idealismus – später mit einem Stipendium ausgeholfen. Platon verlangte zwar kein Schulgeld, aber ein Studium in der Akademie musste man sich doch leisten können. Hin und wieder wurde in der Akademie kräftig gefeiert (zum Beispiel am «Geburtstag» Apolls) und manche Mitglieder waren erstaunlich trinkfest. So gewann Xenokrates – er wurde nach dem Tod des Speusipp 339 mit knapper Mehrheit von den Mitgliedern der Akademie zum zweiten Direktor nach Platon gewählt – in Syrakus einen Saufwettbewerb gegen immerhin 99 Konkurrenten. In der Akademie wurde auch duftendes Olivenöl gepresst. Es war legendär und wurde den Siegern bei den panathenäischen Spielen in die mit Sportdarstellungen bemalten Siegeramphoren gefüllt.

Seit 387 lebte Platon dort in einem großen Zimmer, das Arbeits-, Wohn- und Schlafraum zugleich war. Zwei Bilder sollen es geschmückt haben: Eines zeigte den Tod des Sokrates, das andere jene köstliche Szene, in der Sokrates mit wehendem Mantel beim Gespräch mit Protagoras Reißaus nehmen wollte. Auf Platons Schreibtisch soll ein Himmelsglobus und ein mechanisches Modell der Planeten und ihrer Bahnen gestanden haben. Aber wer weiß, vielleicht sind diese Berichte ja allzu sehr von der Studierstube des Dr. Faustus in Goethes großartiger Tragödie angeregt.

Statue des Apoll, gefunden in Milet. 2. Jh. v. Chr.
Archäologisches Museum Istanbul

Als Platon 347 im Greisenalter starb, übergab er die Leitung der angesehenen Schule seinem schon 60jährigen und kränklichen Neffen Speusipp und nicht seinem vermeintlichen Lieblingsschüler Aristoteles. Aristoteles hat sich daraufhin schmollend davon gemacht. Er war siebenunddreißig Jahre

Platons Akademie. Mosaik aus der Villa des T. Siminius Stephanus in Pompeji. 1. Jh. v. Chr.
Museo Archeologico Nazionale di Napoli

alt. Zu jung, um das Leben schon abzuschreiben, zu alt, um noch lange auf etwas Bewegendes zu warten. Speusipp schwor die Akademie auf einen spätplatonischen Kurs der Mathematisierung ein. Das war im Sinne Platons. Aristoteles hingegen hatte ganz etwas anderes im Sinn. Platon schien das geahnt zu haben, denn in kleinem Kreis soll er in einer athenischen Taverne einmal gebrummt haben: *Aristoteles schlägt gegen seinen Lehrer aus wie ein Fohlen gegen seine Mutter*, wobei er vielleicht gerade auf die harte Schale seiner frittierten Scampi biss. Es ist immer so, wenn «Denkmäler» in Pension gehen oder sterben und das Gerangel um die Nachfolge ausbricht. Die einen beklatschen die Innovationen, die anderen rufen alarmiert: «Verrat»!

Freilich sind nicht alle Forscher davon überzeugt, dass Aristoteles sich Hoffnung auf die Leitung der Akademie gemacht habe und verweisen auf die antimakedonische

Stimmung in Athen, die für Nicht-Athener wie Aristoteles unangenehm war.

Wie auch immer, Aristoteles hat eine kluge Wahl getroffen. Er wurde freischaffender Publizist und schließlich von König Philipp II., der Makedonien mit enormer Konsequenz und Innovation zur neuen führenden Macht aufgebaut hatte, als Erzieher seines Sohnes engagiert. Und dieser war kein Geringerer als Alexander, den man dann zurecht den Großen nannte, der mit gerade einmal 33 Jahren in Babylon starb (vermutlich an einem Saufgelage), nachdem er im Handstreich die gesamte damalige Welt erobert hatte. Schließlich gründete Aristoteles – nach Athen zurückgekehrt – seine eigene Schule, das Lykeon

Die Akademie wurde zu einer berühmten Bildungsanstalt mit großer Geschichte. Sie blieb zwar nicht immer am gleichen Ort. 86 v. Chr. belagerte Sulla Athen und holzte den romantischen Hain ab, das Personal übersiedelte in die Innenstadt. Die Quellenlage, was Gebäude und Lehre betrifft, ist lückenhaft, aber es schien eher wenig Kontinuität in der Ausrichtung der Lehre gegeben zu haben. Dennoch gab es in Athen immer eine philosophische Beschäftigung mit und im Geiste Platons. Noch in byzantinischer Zeit war «die Akademie» ein Magnet für Intellektuelle. Es gab mehrere Filialen, eine wichtige in Alexandrien. Diese Akademie wurde um 400 n. Chr. von der ersten Frau der Wissenschaftsgeschichte geleitet. Hypatia war Philosophin und Mathematikerin und sowohl für ihre Klugheit als auch für ihre Schönheit legendär. Die Akademien waren in diesen Jahrhunderten – das Christentum war bereits Staatsreligion – wegen dem Festhalten an den heidnischen Kulten unter Druck geraten. Die Vorlesungen der Hypatia, die ein Magnet waren für Studenten aus aller Herren Länder, brachten den Patriarchen von Alexandrien, Kyrill, auf, und er zündelte mit ständiger öffentlicher Kritik an einem Pulverfass. Der Pöbel fing Feuer und ein fanatisierter Mob holte Hypatia aus ihrem Haus, zerrte sie geschmackloserweise bis zum Vorplatz der nächsten Kirche und ermordete sie 415 dort im Namen Gottes – des christlichen wohlgemerkt! Natürlich ist Kyrill ein Mitglied im Kuriositätenkabinett der Heiligen der katholischen Kirche.

Die platonische Akademie verfehlte ihr Tausendjahrjubiläum nur knapp. 529 n. Chr. wurde sie, wie auch die Schule des Aristoteles, das Lykeion, sowie die ägyptischen Tempel mit ihren Theologenschulen, von Kaiser Justinian geschlossen. In einer christlichen Welt – so meinte der Kaiser in Konstantinopel – hätten diese heidnischen Relikte keinen Platz mehr. Schön, wie Justinian sich das so dachte! Pikanterweise war ausgerechnet er es, der als einer der größten Bauherren der Weltgeschichte in der Hauptstadt und in der Peripherie (darunter auch in Ravenna) zahlreiche Kirchen errichten ließ und dabei den Typus der konstantinischen Basilika durch den Zentralbau ersetzte. Dies aber kann man sich eigentlich nur durch die starke Wirkung einer platonisch-neuplatonischen Leitkultur erklären.

529 ist übrigens jenes Jahr, in dem Benedikt von Nursia seine berühmte Abtei an der Stelle der römischen Festung Casinum gegründet haben soll. «Haben soll» deshalb, weil wir die Benediktinerregel historisch erst in karolingischer Zeit so richtig festmachen können. Viele bezweifeln deshalb die Gründungsgeschichte Montecassinos, ja sogar, ob Benedikt überhaupt eine historische Person war.

Das wollen wir hier aber nicht weiter vertiefen, sondern uns über dieses so sinnenfällige Datum am Übergang von der Antike ins Mittelalter freuen! Um 1462 erstand die platonische Akademie wieder. Cosimo de' Medici, genannt *Il Vecchio* (*der Alte*), gründete sie in Careggi in der Nähe von Florenz neu und viele Humanistenstädte folgten dem Beispiel. Eigentlich war es mehr ein Gesprächskreis von Philosophen, Dichtern und Künstlern mit platonischer Ausrichtung, denen Cosimo eine seit längerer Zeit in Familienbesitz befindliche Villa zur

Verfügung stellte. Der byzantinische Gelehrte aus Mistra (auf der Peloponnes) Georgios Gemistos Plethon hatte Cosimo dazu geraten und Cosimo berief den 1433 geborenen Marsilio Ficino, Sohn seines Leibarztes, der nach Plethons Curriculum-Vorschlägen ausgebildet worden war, zum Direktor.

Der Platonismus wurde in der Renaissance zu einem wichtigen Bildungsgut, das bis in unsere humanistischen Gymnasien fortgeführt wurde. Freilich muss man auch dort Platon inzwischen in Französisch oder Englisch oder einer anderen «lebenden Sprache» lesen – anders gesagt: man liest ihn überhaupt nicht mehr! Die platonische Akademie in Form des humanistischen Gymnasiums ist an der Wende ins 3. Jahrtausend wieder gestorben. Und das ist eine sehr traurige Geschichte.

Doch zurück zur Akademie in Athen, wo man noch das sehr lebendige Griechisch gesprochen hat. Wie schon gesagt, verfasste Platon nicht nur etliche seiner Dialoge dort, er arbeitete auch mit einem treuen Schülerkreis. So kann es nicht erstaunen, dass die Lehre des schriftlichen Werks von Berichten über Aussagen in seinen Vorlesungen in manchen Dingen abwich.

Es gibt bei den Platonforschern einige, die einen Unterschied machen zwischen der sogenannten *Geschriebenen Lehre* Platons und der mündlichen, also *Ungeschriebenen Lehre*. Sie sei in seinem engeren Schülerkreis weitergegeben worden und enthalte die eigentlichen und entscheidenden Gedankengänge. Darauf werde ich noch einmal zurückkommen, doch bleiben wir vorläufig noch bei unserem Dialog *Theaitetos*. Ich habe das Thema Akademie bewusst jetzt eingeflochten, weil es jener Ort war, an dem Platon sich mit einem vertrauten Schülerkreis zurückziehen konnte, den er jetzt beschwört. In gewisser Weise war die Akademie der große Gegenentwurf zur demokratischen und aufgeklärten Stadt. Es war die Alternative zu «moderner» Meinungsbildung im offenen Argumentieren und Kommunizieren auf der Agora. Daher ist es auch passend, dass die Akademie nicht etwa in einem schönen Stadtpalais eingerichtet wurde, von dem aus man zwischen den Vorlesungen schnell einen Sprung in die benachbarte Prosecco-Bar machen konnte. Nein, sie musste außerhalb der Stadtmauern liegen in einem heiligen Tempelbezirk, klosterähnlich organisiert. Nur dort konnte die Wahrheit im gemeinsamen Philosophieren entwickelt werden. Die Sophisten waren demgegenüber die modernen Aufklärer, deren «Wahrheit» sich im Gespräch der Menschen in der Stadt entwickelte und die Maß nahmen an der pragmatischen Gebrauchbarkeit.

Nun ist es ja so, dass die Stadt jener Ort ist, in dem kulturelle Erzählungen aller Art entstanden. Darunter waren die Religionen, auch wenn deren Gründungsgeschichte von den romantisch veranlagten Städtern gerne in die Abgeschiedenheit von Wüsten verlegt wurde, denn dort ließ sich die Inspiration glaubwürdiger ansiedeln als an den betriebsamen Verkehrskreuzungen der Stadt. Die Stadt gebar aber nicht nur religiöse Erzählungen, sondern auch deren Gegenteil, die Aufklärung und den Atheismus. Daher war die Stadt immer ein himmlischer und zugleich ein verdorbener Ort. Platon ist einer der ersten großen Kritiker der Stadt. Mehrfach hat er den Auszug aus der Stadt theatralisch inszeniert und seine *Politeia* ist überhaupt ein erschreckendes Kapitel der Polemik gegen die Stadt. Zugleich gab er die Stadt, namentlich Athen, nie auf und setzte auf die innere Kraft der Stiftung der Göttin Athene.

Jetzt saß Platon in seinem Hain des Akademos und spielte mit der göttlichen Inspiration als Grundlage dafür, die mitgeteilte Wahrheit weiter verkünden zu können. Denn die Alternative zur Stadt umfasst auch die Alternative zu den Methoden der städtischen Intellektuellen. Platon hatte noch eine weitgehend einheitliche Stadt vor sich, wenngleich unter den Pflastersteinen seines Athen sich ein älteres Athen und darunter ein nochmals älteres Athen befanden. In einer modernen Großstadt sind die Quartiere aus verschiedenen Zeiten und nicht selten aus verschiedenen kulturellen Kontexten ineinander geschachtelt. Der aufgeklärte Bürger weiß es (hoffentlich!) zu schätzen, wenn er von seinem Büro neben einer antiken Tempelruine durch ein mittelalterliches Quartier mit gotischem Rathaus, am barockisierten romanischen Dom vorbei, zu seiner Penthaus-Wohnung auf dem Top einer von einem renommierten Architekturbüro errichteten Wohnanlage im modernen Teil der Stadt schlendern kann. Jede Stadt ist fürwahr ein Palimpsest, ein vielfach überschriebener Text. Und sie ist eine reizvolle Collage der Geschichte. Aber wir kennen leider auch jene Bilderstürmer, für die ein solcher Kontext ein ärgerliches Dokument der Gleichschaltung und Anhäufung «falscher» Wahrheiten darstellt, die es zu beseitigen gilt.

Sokrates legt nun alles bereit für die Alternative. Sie wird letztlich der große Entwurf der Ideenlehre sein. Dafür ist der *Theaitetos* eine wichtige Station. Es geht immer noch um das eine: der sophistischen Welt des Empirismus, also der Geisteshaltung jener, die alles mit den Händen greifen wollen, der Aufklärung, ja des Relativismus eine nur relative Gültigkeit einzuräumen. Theaitetos ist geistig aus dem Gesprächsverlauf längst ausgestiegen. Er ist kein Gegner mehr und Sokrates würde gerne seinen Lehrer Theodoros ins Gespräch zwingen. Allein dieser hat sich bisher zähneknirschend den Jammer angehört, sich aber wohlweislich gehütet, selbst die Kastanien aus dem Feuer zu holen. So setzt Sokrates seine Provokationen fort. Dabei lässt er wieder eine Armada der berühmtesten Kulturträger aufmarschieren, um den Einsatz möglichst hoch zu schrauben. Und als besondere Pointe stellt er den jungen Theaitetos gleich auf eine Stufe mit diesen großen Namen.

> Vortrefflich hast du gesprochen, dass die Erkenntnis nichts anderes sei als Wahrnehmung; und es fällt in eins zusammen, dass nach dem Homer, Heraklit und ihren Gefolgsleuten sich alles wie in einem Strom bewegt, dass nach dem weisen Protagoras der Mensch das Maß aller Dinge ist und dass nach dem Theaitetos Erkenntnis gleich Wahrnehmung sei. Nicht wahr? Wir sagen doch, dass dies Kindlein dein neugeborenes ist und von mir geholt? Oder nicht?

> Notwendig, Sokrates.
> Nach der Geburt aber müssen wir das Umlaufsfest begehen, sodass sich herausstellt, ob das Geborene, ohne dass wir es ahnten, gar nicht wert ist, aufgezogen zu werden, sondern nur ein leeres Windei. [...] Wirst du es ertragen, wenn du sehen musst, dass es die Prüfung nicht besteht und wirst du nicht allzu verdrießlich werden, wenn es dir, obwohl es deine Erstgeburt ist, jemand wegnimmt?
> (Theaitetos 160d-160e)

Sokrates riskiert einen heiklen Vergleich. Bei der Geburt eines Kindes konnte in Athen der Vater entscheiden (im kollektivistischen Sparta übernahm das der Staat), ob er es aufziehen oder aussetzen wollte. Kranke Kinder und solche, die man sich nicht leisten konnte, oder Kinder, die kein Stammhalter, sondern nur ein Mädchen geworden waren, legte man kurzerhand an öffentlichen Plätzen auf den Boden. Manchmal nahm sie jemand auf und zog sie groß – diese hatten Glück gehabt. Wenn der Vater das Kind annahm, wurde ein Knabe mit einem Olivenzweig, ein Mädchen mit Wollfäden an der Haustür den Nachbarn angekündigt. Am fünften oder zehnten Tag nach der Geburt gab es ein Familienfest, das *Amphidromia*-Fest (ἀμφιδρόμια), bei dem das Kind feierlich um den Herd des Hauses getragen wurde als Zeichen der offiziellen Anerkennung und Aufnahme in die Hausgemeinschaft. Dabei wurde ihm auch der Name gegeben. Verbunden damit war ein großes Festmahl. Falls Sie eine Anregung suchen für die nächste Taufe – ich habe in einem athenischen Kochbuch nachgeschlagen: Oktopus-Geschnetzeltes mit geschmortem Rettich, Lamm und das zarte Fleisch von Drosseln und Finken.

Mit diesem üblen, ziemlich zynischen Trick, den Jungen theatralisch auf die Stufe der großen Schriftsteller und Philosophen zu hieven, gelingt es Sokrates nun doch, Theodoros aus der Reserve zu locken, der mürrisch, aber entschlossen einschreitet:

> Er wird es ertragen, unser Theaitetos, mein Sokrates, denn er ist kein Starrkopf! Also, bei den Göttern, sage endlich, ob es sich wieder nicht so verhält! (Theaitetos 161a)

Dennoch zieht sich Theodoros noch einmal aus der Affäre und sieht missmutig und hilflos zu, wie Theaitetos nichts anderes mehr übrig bleibt, als seine These endgültig zu begraben. Diesen Triumph, den Sokrates gebührend auskosten will, müssen die Gesprächspartner und auch wir als Zuseher abwarten. Erst jetzt kann sich Sokrates als verständnisvoller Gönner gegenüber dem Geschlagenen aufspielen und endlich das durchführen, was ich Ihnen bereits angekündigt habe: Die Rettung des Gesagten als relative Gültigkeit. Denn in der Tat bleiben für unseren alltäglichen Umgang mit den Dingen dieser Welt die Vorschläge der Sophisten richtig und sie helfen uns auch in diesem Umgang. Sokrates schließt bei der subjektivistischen Verschärfung der Theaitetos-These an, wie er sie eingangs vorgestellt hatte. Er nimmt das drastische Beispiel eines Kranken, bei dem sich – wie wir alle wissen – die Wahrnehmung verändert.

> Dem Kranken erscheint bitter, was er zu essen bekommt, dem Gesunden hingegen erscheint das Gegenteil. Weiser ist nun keiner von beiden und man darf auch nicht darüber klagen, dass der Kranke so unverständig sei [...] Aber man muss sehr wohl eine Umwandlung des Kranken auf die andere Seite bewirken, denn die andere Beschaffenheit ist die bessere. (Theaitetos 167a)

Wir sind hier weit von dem kruden Fundamentalismus entfernt, den etwa ein gutes Jahrhundert vorher der große Parmenides noch vertreten hatte. Er hatte die Welt unseres Alltags als bloßen Schein, als ein Nichtsein denunziert und sie schlicht und einfach zugunsten einer von einer Göttin verkündeten Utopie von Wahrheit unter den Teppich gekehrt. Nein, Platon erweist sich auch hier wieder als guter Pädagoge. Er will die Menschen geduldig erziehen, indem er ihnen vorerst ihre Lieblingsspielsachen, das von uns so eifrig betriebene Spiel dieser Welt, nicht wegnimmt. Aber, und jetzt kommt das Wichtige: dabei ist man eben krank. Platon sagt uns durch den Mund des Sokrates, dass die Sophisten tatsächlich eine wichtige Funktion haben. Dass sie genau dort ihre Stärken haben, wo sie Protagoras in seiner großen Rede beanspruchte: in der Lebensertüchtigung von Bürgern in einer aufgeklärten demokratischen Gesellschaft. Aber genau diese Gesellschaftsordnung ist das Problem, sie ist eine Krankheit! Die Botschaft hier ist keine geringere als der geforderte Ausstieg aus dieser Gesellschaft, also letztlich die Zurückdrängung der Moderne. Man könnte in dem langen, vom Leser einige Geduld fordernden Dahinsiechen der von Grund auf falschen These des Theaitetos, Erkenntnis sei Sinneswahrnehmung, eine Metapher für die jetzt in den Fokus getretenen Frage sehen. So wie bei dieser These viele relativierende Rettungsversuche unternommen worden sind, so wird jetzt die Rolle der Sophisten zu retten versucht im Hinblick auf ihre relative Bedeutung. Wir haben jetzt den ganz großen Blick, denn nicht mehr die Sophisten sind das Problem, sondern der ganze Ansatz ist falsch und muss zurechtgerückt werden. Dann wird schließlich auch die Rolle der Sophisten obsolet. Platon hat vorgebaut. Er sprach bereits von den Eingeweihten, was für mich Anlass war, die Akademie als den großen Gegenentwurf der modernen Stadt einzuführen. Und in der Tat lässt er uns jetzt erstaunt zusehen, wie er die Philosophen *vis-à-vis* der Sophisten beschreibt.

Die Weltfremdheit der Philosophen

Die Argumente, wie wir sie bisher kennen lernten und mit Sokrates kritisierten, haben in der Welt, in der wir uns bewegen, Gültigkeit, aber diese Welt ist eben nicht die wahre, sondern eine kranke und vorläufige! Bei solch einer Argumentation fällt einem der am Anfang des Dialogs geschilderte Hinweis auf den Zustand des alten, von Kriegsverletzungen gezeichneten Theaitetos wieder ein: *lebend, aber kaum noch*.

Aber wer kann über die wahre Welt reden und sie uns am ehesten nahe bringen? Jetzt schlägt endlich die Stunde der Philosophen! Sie (und eben nicht die Sophisten) sind für die Wahrheit zuständig. Der Philosoph wird als genaues Gegenbild zum Sophisten entworfen. Sokrates hatte das bereits angedeutet, als er seinen Schüler Hippokrates, der ein Philosophiestudium absolvierte, tröstete. Waren die Sophisten auf Publizität aus – wir erinnern uns an die Szene im Haus des Kallias, wo Protagoras seinen großen Auftritt hatte – leben die Philosophen in der Abgeschiedenheit, als verschworene Gemeinschaft hinter den Mauern der Akademie, den Göttern (an die die Sophisten gar nicht mehr glaubten) nahe. Der Philosoph muss der Welt entsagen und ein Leben in asketischer Abgeschiedenheit um einer höheren Wahrheit willen führen.

> Diejenigen, die sich in rechter Weise mit Philosophie beschäftigen, wissen von Jugend an nicht einmal den Weg auf den Markt, noch wo das Gerichtshaus, noch wo das Versammlungshaus des Rates ist, noch wo irgendeine andere Staatsgewalt ihre Sitzung hält. Gesetze aber und Volksbeschlüsse, geschriebene und ungeschriebene, sehen sie weder noch hören sie. Wahlkampfveranstaltungen für die hohen Staatsämter und Versammlungen, aber auch die Feste und Empfänge, dergleichen zu besuchen, fällt ihnen nicht einmal im Traum ein. Ob ferner jemand aus einem adeligen Haus stammt oder nicht und was alles jemandem von seinen Vorfahren her nachhängt, davon weiß er weniger, wie man so sagt, als wie viel es Sand am Meer gibt. (Theaitetos 173d)

Das ist doch ziemlich starker Tobak! Waren die Sophisten für die Tüchtigkeit in der Welt der Institutionen, welche die moderne Gesellschaft ausmachen und welche die Demokratie ermöglichen, zuständig, wenden sich die Philosophen einer Wahrheit zu, die sozusagen nicht von dieser Welt ist. Die Sophisten vermittelten genau jene Tüchtigkeit, die Platon für die Philosophen so energisch ausschließt.

Der philosophische Geistesadel sollte sich nicht mit dem Getriebe der Politik beschmutzen, es sollte ihn nicht interessieren, wer sich in welcher Koalition um eine politische Funktion bewirbt. Er verkehrt nicht im Supermarkt (das erledigen die Sklaven für ihn), ihn kümmern keine Seitenblickeinformationen und er hat auch keine Ahnung, wer mit wem auf welcher Luxusyacht gerade nach Ägypten zur Bierverkostung gesegelt ist und welcher Lobbyist die Spesen übernimmt. Sokrates unterstreicht, dass dies keine bloße Attitüde eines mit Bescheidenheit kokettierenden Besserwissers sein darf:

> Und von all dem weiß er nicht einmal, dass er es nicht weiß. Denn er enthält sich dessen nicht, etwa um sich einen Ruf damit zu machen, sondern es wohnt nur sein Körper im Staat und hält sich darin auf; seine Seele aber, dieses alles für gering haltend, schweift verachtend umher […] überall die Natur dessen, was ist, im ganzen erforschend, zu nichts aber von dem, was in der Nähe ist, sich herablassend.
> (Theaitetos 173e-174a)

Schon Platon wusste freilich, dass ein solches weltfremdes Leben zwangsläufig den Spott der Zeitgenossen nach sich zieht. Dieser Spott ist alt wie Platons berühmt gewordene Anekdote über den Philosophen Thales zeigt.

> Wie meinst du das, Sokrates?
> Wie auch den Thales, mein lieber Theodoros, als er, den Blick nach oben gerichtet, um die Sterne zu beschauen, in den Brunnen fiel, eine witzige thrakische Magd verspottet haben soll. Das, was am Himmel sei, würde er wohl zu erfahren streben, was ihm aber zu Füßen läge, bliebe ihm unbekannt. In der Tat weiß ein Philosoph nichts von seinem Nächsten und Nachbarn, nicht nur nicht, was er betreibt, sondern nicht einmal, ob er überhaupt ein Mensch ist oder irgendein anderes Geschöpf. (Theaitetos 174a,b)

Platon ging es um ein Bild des Philosophen und er benutzte dafür schamlos den Namen des Thales von Milet. Soweit uns bekannt ist, war der aber keinesfalls so weltfremd. Er kaufte, weil er eine hervorragende Olivenernte erwartete, in einem Jahr alle Ölpressen der Umgebung auf. Die Ernte war tatsächlich gut und Thales machte ein kleines Vermögen – er war wohl der erste, der im Ölgeschäft reich wurde.

Das Bild, das Platon von den Philosophen entwarf, blieb nicht auf diese beschränkt, sondern gilt eigentlich für alle Geisteswissenschaftler, ja für die Wissenschaft schlechthin, der man geradezu religiöse Ansprüche zuschreibt, was früher den sprichwörtlichen elfenbeinernen Turm der Universität legitimierte. Die Metapher stammt aus dem *Hohen Lied* der Bibel (*Dein Hals ist ein Turm von Elfenbein*). Es verweist dort prophetisch auf die Reinheit und Unberührtheit der jungfräulichen Gottesmutter. Im 19. Jahrhundert verwendete man den Ausdruck zur Bezeichnung eines Ortes der Abgeschiedenheit für Literaten und Wissenschaftler, die dort ihrer einzig der Wahrheit verpflichteten Tätigkeit nachgehen. Wahrlich ein würdiger Nachfolger der platonischen Akademie! Heute funktionieren Universitäten freilich anders. Da wünschte man sich zwischen «Bologna-Verschulung» und «Forschungsprojekt-Wahn» ab und zu ein bisschen mehr von diesem alten schönen Material Elfenbein zurück.

Verschlüsselt in eine Anekdote sagt uns Platon, dass die Lösung all unserer, in endlosen Aporien vor uns her geschobenen Probleme auf einer völlig anderen Ebene des Zugangs liegt. Gegen die Sophisten ist mit dem rationalen Diskurs allein letztlich kein Staat zu machen, es geht vielmehr um eine grundsätzlich andere Welt, die der sophistischen Alltagswelt entgegenzustellen ist und in der der rationale Diskurs nicht mehr die leitende Methode ist. Dass dies ein Wagnis ist, weiß auch Platon und nicht von ungefähr häufen sich die Hinweise, dass dies alles letztlich nur für den Eingeweihten schlüssig ist. Daher passt diese Philosophenanekdote haargenau in die differenzierte Auseinandersetzung mit dem sophistischen Bildungsprogramm. Die Sophisten haben Recht auf der unmittelbaren Ebene der Alltagswelt, aber diese Alltagswelt ist eine vorläufige und nur die Philosophie findet über sie hinaus.

Interessant ist, dass sich der wichtigste Schüler Platons, Aristoteles, strikt gegen diese elitäre Sicht der Philosophie und Wissenschaft gestellt hat. Er formulierte dies ebenfalls in einer Anekdote und man tut sich schwer, darin nicht eine Antwort auf Platons Konzeption der Philosophie zu sehen. Die

Geschichte geht so: Aristoteles schildert uns voller Ironie, wie eine Reisegruppe nach Ephesos kam und den gut ausgeschilderten Weg zum Haus des berühmten Philosophen des frühen 5. Jahrhunderts, Heraklit, einschlug. Heraklits heilige Begriffe waren jene des *Feuers* und des *Logos* (λόγος), der Weltvernunft, des Weltgesetzes. Als die neugierigen Touristen andächtig vor dem Tor seines Hauses standen, lugten sie scheu durch das Fenster ins Innere und sahen den großen Philosophen, wie er sich am (heiligen) Feuer des Herdes wärmte. Als er die Gruppe erspähte, rief er ihnen die geflügelten Worte entgegen: *Tretet ein, auch hier wohnen Götter!*

Das ist ein völlig anderer Zugang zum Problem, ein unprätentiöser. Aristoteles machte gegen Platon und seine *Idee* das Konkrete und Einzelne zur eigentlichen Wirklichkeit. Er nahm eine gute Portion sophistischen Geistes in seine Überlegungen auf und hatte für das pseudoreligiöse Getue Platons nur ätzenden Spott übrig. Dabei war Aristoteles keineswegs Atheist. Im Gegenteil, er sah die Gefahr des Gottesverlustes gerade bei Platon gegeben. Diese Einschätzung mag Sie überraschen und ich werde darauf noch einmal zurückkommen. Das *auch hier wohnen Götter* schleuderte er jedenfalls gegen ihn und seine Ideologie des Ausstiegs aus unserer Welt.

Für Platon war der Ausstieg aus der Welt aus religiösen (und in Folge davon aus politischen) Gründen gefordert. Nur so ließ sich das Ziel der Gottähnlichkeit erreichen und nur so ließ sich einer auf Abwege geratenen Gesellschaft und dem Staat wieder die alte Werteordnung verpassen.

> Deshalb muss man auch trachten, schnellstens von hier dorthin zu entfliehen. Der Weg dazu ist die Verähnlichung mit Gott soweit als möglich, dass man gerecht und fromm sei mit Einsicht.
> (Theaitetos 176b)

Diese Zeilen erweisen den *Theaitetos* nun doch als späteres Werk. Es ist schwer zu glauben, dass Platon diese Geschichte in einem frühen Dialog so deutlich angesprochen hätte. Denn das Reden von einem möglichst schnellen Entfliehen von hier nach dorthin erschreckt und man muss sich doch die Frage stellen, was genau Platon damit gemeint hat. Wo landen wir denn, wenn wir dieser Welt entfliehen? Wie muss man sich das mit der Verähnlichung mit Gott vorstellen? Eine Antwort darauf gibt er uns im Dialog *Phaidon*.

Philosophie als Anleitung zum Sterbenlernen

Der Dialog *Phaidon* entfaltet die im *Theaitetos* vorbereitete Ideenlehre. Der *Phaidon* gehört in das Umfeld von *Politeia* und *Symposion*, nicht nur inhaltlich, sondern auch zeitlich. Er dürfte in den späten Achtzigerjahren, kurz nach Gründung der Akademie, geschrieben worden sein. Was wie ein biographischer Bericht aussieht, ist in Wahrheit das Werk über ein ins Grundsätzliche und Typische gehobenes Problem, jenes des Sterbens des Körpers und des Weiterlebens der Seele. Die Handlung, um die Platon das große Thema rankt, ist der Tod des Sokrates.

Wir dürfen davon ausgehen, dass sich die Begegnung zwischen Echekrates und Phaidon, dem Erzähler, wie üblich an einem frühen Abend im Peristyl eines Hauses im vornehmen Villenviertel Athens abspielte. Nähere Angaben werden nicht gemacht. Phaidon dürfte um 417 geboren worden sein und er war ein vornehmer Bürger aus Elis. Bei der Einnahme von Elis durch Sparta um 400 geriet er als noch nicht Zwanzigjähriger (so heißt es in einem Bericht) in Gefangenschaft und wurde als Bordellsklave nach Athen verscherbelt. Athenische Zwischenhändler boten ihn zum Weiterverkauf an. Einem Bordellbesitzer in die Hände zu fallen, war zweifellos übel, aber immerhin hat Phaidon das Glück gehabt, zu überleben. Meist wurden die Männer einer eroberten Stadt kurzerhand niedergemacht und nur Frauen und Kinder verschont und verkauft. Zu den dubiosen Geschäftemachern ging man nicht nur hin, um sich einen Bordellsklaven zu kaufen, sondern auch einen Chauffeur für seinen Vierspänner konnte man erstehen und bisweilen ließ sich mit einem gekauften Sklaven auch eine Professorenstelle nachbesetzen. Das war übrigens später auch in Rom so. Eine ganze Reihe der angesehensten Philologen und Lehrer waren freigelassene Sklaven. Phaidon wurde von Freunden des Sokrates freigekauft und er schloss sich ihnen an. Von dem aus Ägypten stammenden Rhetor und Grammatiker Athenaios existiert ein Bericht, dass das Verhältnis zwischen Phaidon und Platon nicht sehr gut gewesen sein soll. Nach dem Tod des Sokrates verließ Phaidon jedenfalls Athen und gründete in Elis eine eigene Philosophenschule. Athenaios berichtet uns noch etwas: Demnach hätten Phaidon und Gorgias unabhängig voneinander zu Protokoll gegeben, dass in den Schriften Platons kein Wort so berichtet werde, wie es tatsächlich gefallen ist. Nun überrascht es uns nicht wirklich, dass die uns vorliegenden Dialoge keine authentischen historischen Berichte sind, aber es ist schön, wenn das auch tatsächlich irgendwo festgehalten worden ist. Denn das stärkt meine These vom Schriftsteller Platon, der seine Theorie in literarisch frei komponierte Dialoge verpackt, beträchtlich.

Phaidon nun war beim Tod des Sokrates dabei. Das bürgt für Authentizität und so kann er seinem aufmerksamen Zuhörer Echekrates aus erster Hand berichten, wie sich die letzten Stunden des Sokrates abgespielt hatten.

Aufgrund eines Staatsrituals hatte sich der Vollzug des Todesurteils einige Zeit verzögert. Nun war es aber so weit. Exakt nach dem Untergang der Sonne sollte Sokrates durch das Gift des Riesenschierlings sterben. Zunächst listet Phaidon die Anwesenden auf. Es war eine erlauchte Schar von Männern, die da um den großen Philosophen herumstanden: Vertreter verschiedener philosophischer Schulen, darunter Pythagoreer und Orphiker, und seine engsten Freunde und Schüler. Ganz nebenbei wird erwähnt, dass Platon sich hatte entschuldigen lassen. Er war unpässlich. Wollte Platon damit Distanz signalisieren, um seinem Bericht ein höheres Maß an Objektivität zu verleihen? Ich weiß es nicht. Platon konstruiert hier den kleinen Kreis. Indem er dieses intime Gespräch öffentlich macht, erzählt er einerseits den Menschen in Athen, was Sokrates «wirklich» wollte, wie ernst es ihm um das Göttliche und um das Heil des Staates gewesen war. Andererseits wird hier die große Gegenrede zu jener des Sophisten Protagoras entworfen. Aber jetzt mit radikaler Bodenhaftung und Authentizität im Angesicht des unmittelbar bevorstehenden physischen Todes.

Sokrates sitzt auf seiner Pritsche und reibt sich die Schenkel, die man eben von den Fesseln befreit hatte. Kebes macht eine Bemerkung, die ich für erwähnenswert halte. Es hatte sich herumgesprochen, dass Sokrates im Gefängnis begonnen hatte, zu dichten. Das ist ungewöhnlich, denn Zeit seines Lebens hatte er mit rationalen Argumenten Gespräche geführt. Mit dieser Charakterisierung ist er auch in die Philosophielehrbücher eingegangen. Nun darf man nicht vergessen, dass Griechenland nach den sogenannten «dunklen Jahrhunderten» mit Homer, also erst etwa 350 Jahren vor Platon, die Schrift wiederentdeckt hatte. Anfangs war jede schriftliche Abhandlung in Versen abgefasst. Solons Verfassung ebenso wie die Traktate der großen Philosophen, von Thales bis zu Parmenides und Heraklit. Die Dichtung selbst wurde durchaus ambivalent behandelt. Sie stand für inspirierte Wahrheit, aber ebenso für Täuschung und Doppelbödigkeit. *Viel lügen die Dichter* sagte Solon einmal und Platon wird sich in seiner *Politeia* ebenfalls abfällig über die Hirngespinste und Illusionen der Dichter äußern. Sokrates stand für die Prosa des vernünftigen Argumentierens. Das war vielleicht gar nicht seine Ambition, sondern eine zwangsläufige Angleichung an die Methoden der modernen Welt. Nun auf einmal, in der Stunde des Todes (und seines Vermächtnisses) kehrt er zur frühen Form der gebundenen Sprache zurück und macht Gedichte. Es ist nicht das einzige Mal, dass Sokrates bei Themen, die mit der jenseitigen Welt zu tun haben, die Inspiration beschwört. Wir werden noch einige Situationen erleben, wo er plötzlich in Versen spricht. Lässt sich die Wahrheit mit begrifflichem Reden nicht mehr sagen? Benötigt man dafür eine andere Dimension, das gebundene Wort? Friedrich Nietzsche hat das jedenfalls elektrisiert. Für ihn begann ja mit Sokrates der große Abfall vom (dionysischen) Griechentum hin zu Logik und Rationalität. Und jetzt schreibt dieser scheinbar den Begriff so liebende Sokrates plötzlich Gedichte! Erst jetzt sei er – so Nietzsche in seinem dazu wegweisenden Erstlingswerk *Die Geburt der Tragödie aus dem Geiste der Musik* – zur *Bedenklichkeit über die Grenzen der logischen Vernunft gelangt.*

Dies passt auch wunderbar dazu, dass Platon gerade in diesem Dialog, wo es um das Fortleben der Seele nach dem Tod geht, diesem vielleicht ältesten Topos der Kulturgeschichte, mehrmals auf die alte Tradition der Orphiker und Pythagoreer verweist. Platon verbindet dies jetzt mit dem Namen des Sokrates. Er zeigt den Athenern, die Sokrates wegen seiner stadtbekannten Streitgespräche mit den Sophisten selbst für einen Sophisten hielten, eine ganz neue Seite des berühmten Sonderlings.

Es ist ganz erstaunlich, dass oft so getan wird, als sei die Lehre vom Fortleben der Seele eine neue Errungenschaft, die Platon erfunden habe. Aber es ist ein uraltes Gedankengut, das die Beseelung von allem und – daraus folgend – ein Weiterleben nach dem Tod denkt. Die Erfahrung des Menschen, dass sich das Leben in einem Kreis zu bewegen scheint, lässt sich – mit einigem guten Willen – bis in die altsteinzeitlichen Höhlenmalereien verfolgen und im Zuge der neolithischen Revolution wird dies geradezu zum zentralen Thema. In dieser Zeit hoben die großen religiösen Kulte vom Mysterium des Sterbens, das neues Leben bedeutet, an. Es entspricht schließlich einer überzeugenden Beobachtung, dass ein toter Körper, den man der Erde zurückgegeben hat, zum Substrat für neues Leben wird. Dass also zwar die körperliche Hülle, nicht aber die Lebenskraft verloren geht, sondern sich immer wieder eine neue Hülle sucht, um den großen Zyklus von neuem zu beginnen. Sokrates verweist auf alte Weisheiten und er ruft dazu auf, sie in ihrem Inhalt ernst zu nehmen und nicht nur als leeres Ritual.

Jene alten Schätze der frühen Mysterienkulte werden – ich sprach davon bereits bei der Vorstellung des Eros – jetzt gleichsam zum Programm der Philosophie. Die rechte Weise zu philosophieren wird mit einer Einübung in das Sterben gleichgesetzt.

> Diejenigen, die sich auf rechte Art mit der Philosophie beschäftigen, streben, ohne dass es die anderen merken, nach gar nichts anderem als danach, zu sterben und tot zu sein. (Phaidon 64a)

Es liegt mir ganz fern, Sie, die Sie sich gerade mit Philosophie beschäftigen, zu erschrecken und möchte schon gar nicht, dass sie an dieser Stelle das Buch aus der Hand legen! Nicht jeder Philosoph muss gleich sterben sonst gäbe es ja keine mehr. Wir können das Sterben durchaus auch im übertragenen Sinn verstehen, so wie wir das bereits im *Theaitetos* gehört haben – es ist dann der ständige Abschied aus dieser Welt.

Die Befreiung der Seele vom Körper

Wie ist das alles aber nun gemeint? Es geht um die radikalere Form des im *Theaitetos* nur in Worten geschilderten Ausstiegs aus dem Alltagsleben. Hier geht es ganz konkret um die härteste Gegenthese zum Leben schlechthin: um den Tod! Sokrates sieht im Tod die Befreiung der Seele vom Körper. Mehr noch! Hier diskutieren wir den Ausstieg aus dem alten Leben – wir sollten besser sagen: Wir erfahren das Eingangstor in die schon mehrfach angesprochene neue Welt, die sich uns als die große Alternative zur nur vorläufigen Scheinwelt der materiellen

Verfassung auftut. Der Tod als das Verlassen dieser materiellen Welt und die Befreiung, die dieser uns ermöglicht, *das* ist die eigentliche Antwort auf alle unlösbaren Aporien, in die wir uns in den frühen Werken ausweglos verstrickten. Sokrates zeigte uns damals nie einen Ausweg. In dieser Verweigerung ließ er uns ahnen, dass die Lösung der Fragen und die Erfahrung der Wahrheit auf einer anderen Ebene angegangen werden müsse. Er raunte von einem privilegierten Zugang der *Eingeweihten*, ohne dass wir erfuhren, was genau das zu bedeuten hat. Jetzt erläutert er, durch den eigenen Tod beglaubigt, sein Testament einer verschworenen oder zumindest ihm verständnisvoll zugeneigten Gruppe. Trotzdem, und das ist das erfrischende, ist (anders als die *Politeia*) auch der *Phaidon* ein Werk, wo durchaus kritisch diskutiert wird und bis zum unmittelbaren Tod des Sokrates Zweifel bei den Fragestellern bleiben. Umso überzeugender ist diese letzte Nagelprobe, die Sokrates so souverän bestehen wird. Es ist ja nicht schwer, ein Leben lang bei praller Gesundheit über das Paradies nach dem Tode zu predigen, eine ganz andere Sache ist es freilich, wenn dieser Tod, diese vermeintliche Erlösung, tatsächlich unaufschiebbar vor der Türe steht und nicht mehr mit sich handeln lässt!

Sterben ist also die Befreiung aus allen Verstrickungen, in erster Linie aus der Verstrickung der Seele mit dem Körper (wir können auch lesen: der Philosophie mit der alltäglichen Moderne). Es ist eine Befreiung aus dem Diktat reiner Logik und rationaler Diskurse und diese Befreiung mag sich zwar mit vielen Worten beschreiben lassen, aber der Tod selbst bedeutet, dass es nun ernst wird.

Wie muss man sich die Behinderung der Seele an der Schau der Wahrheit durch den Körper vorstellen? Dazu gibt es viele Äußerungen. Letztlich erleben wir jetzt die konsequente Einlösung dessen, was uns an repressiver Verdrängung der Emotionen und Leidenschaften schon mehrmals, etwa im *Gorgias*, untergekommen ist.

> Heißt aber dies nicht Tod, Erlösung und
> Trennung der Seele vom Körper?
> Allerdings!
> Und sie zu trennen streben am meisten die wahrhaft Philosophierenden. Das ist also das Geschäft der Philosophen: Befreiung, Trennung der Seele vom Körper oder nicht?
> Offenbar. (Phaidon 67d)

Wir müssen uns an die Frage nach dem Selbstverständnis der Sophisten erinnern, die Sokrates dem Protagoras gestellt hat, und an das langwierige Hin und Her, an das gegenseitige Missverstehen. Klar, dass Sokrates damals vor den Mikrophonen und Kameras der Rundfunkanstalten, vor seinen Fachkollegen, vor dem großen Publikum, nicht mit solchen Dingen herausrücken wollte. Es genügte ihm, Protagoras vorzuführen und dessen Methode zu desavouieren. Im *Theaitetos* verbarg er die Sache in einer lustigen Anekdote (über die thrakische Magd, die Thales auslachte), die – wie sich herausstellte – durchaus einen ernsten Hintergrund hatte.

Jetzt aber haben wir die Antwort klar und deutlich vor uns: Der Philosoph kümmert sich nicht um die materielle Welt. Dort ist der Sophist der Spezialist. Der Philosoph hingegen ist zuständig für die Seele und er führt die Seele zugleich zur Befreiung. So *en passant* hatte er das auch schon zu Charmides im entsprechenden Dialog gesagt. Damals war das noch nicht aufgefallen, aber jetzt, im Lichte der Entwicklung dessen, was uns Platon sagen will, lesen sich solche scheinbar achtlos dahingestreute Zwischenbemerkungen noch einmal ganz anders. Charmides' Kopfschmerzen würden verschwinden, wenn seine Seele in Ordnung wäre. Erst jetzt wird die ganze Bedeutung dieser Bemerkung klar – der Dialog *Charmides* spielte in einem Gymnasium, wo die jungen Männer gerade ihre Körper trainiert hatten. Und es zeigte sich, dass ein gestählter Körper eben noch lange kein Zeichen eines feinen Geistes, gar einer freien Seele ist. In letzter Konsequenz bedeutet die radikale Befreiung der Seele (vom Körper) den physischen Tod. Aber nicht nur! Hier übersteigt die Geschichte eine bloß biographische Berichterstattung und wird zur Demonstration des Typischen. Sokrates teilt uns mit: Schaut nicht auf mich und meinen individuellen Tod, sondern lernt das tägliche Sterben! Jeder von uns, wenn er Philosoph werden will, muss Tag für Tag Schritte setzen, um die Verstrickungen mit der materiellen Welt zu lösen. Jeder Tag sollte sozusagen ein Stückchen Sterbeübung sein. Ich kann es, nein ich müsste es genau andersherum sagen: Eigentlich sind wir jetzt tot und unsere Aufgabe muss es sein, jeden Tag ein Stückchen mehr vom (wahren) Leben zu gewinnen! Das Geschäft des Philosophierens ist es also, jeden Tag die Absonderung der Seele von den Hemmnissen der materiellen Welt vorwärts zu treiben. Muss ich noch betonen, dass Sokrates darin selbstverständlich auch die Wurzel jeder Freiheit sehen würde?

In der Geschichte der Philosophie, besonders aber in jener der Religionen, wurde die Absonderung der Seele eine ganz wirkmächtige Denkfigur. Alle religiösen Heilslehren haben irgendwie so ähnlich gedacht (einschließlich des Christentums, wenngleich dort – ganz gegen den Platonismus gerichtet – auch dem Körper in der Form des Leibes eine Auferstehung in Aussicht gestellt wird).

Ich erinnere an die Themen, die Platon in den Frühdialogen traktierte! Es waren die Tugenden und das Wissen und nirgends haben wir eine Antwort erhalten, wo diese Tugenden nun wirklich anzusiedeln sind. Jetzt kann es Sokrates klarer sagen. Sie sind Übungen der Reinigung, der κάθαρσις (*katharsis*). Sie sind in Wahrheit gegen die bloß oberflächliche Sicht der Sophisten, die daraus eine Alltagsethik machten, gerichtete Sterbeübungen und Ereignisse radikaler Freiheit.

> Besonnenheit, Gerechtigkeit, Tapferkeit und die Vernünftigkeit selbst sind Reinigungen. Und so können diejenigen, die uns die orphischen Weihen angeordnet haben, keine schlechten Menschen sein, sondern sie teilen uns schon seit langer Zeit etwas mit: Wer ungeweiht und

unheilig in die Unterwelt gelangt, der kommt in der schlammigen Erde zu liegen, der Gereinigte und Geweihte jedoch wohnt bei den Göttern. (Phaidon 69c)

Klar, dass eine solche Definition in den frühen Streitgesprächen mit den Sophisten nicht gegeben werden konnte. Den aufgeklärten Intellektuellen mit den Inhalten der alten Mysterienkulte und Mythen zu kommen, wäre schlicht lächerlich gewesen. Hier sieht man, wie klug Platon sein ganzes Werk angelegt hat. Zunächst ging es um die Unterminierung der Instrumente der Moderne. Das hat ihm auch bei kritischen und aufgeklärten Köpfen ein gewisses Maß an Ansehen eingebracht. Denn eine kritische Reflexion über die Reichweite der eigenen Methode ist immer etwas, das man mit Respekt verfolgen kann. Jetzt aber wird es heikel und man braucht nicht nur vorbereitete Gesprächspartner, sondern auch eine besonders nachhaltig wirkende Legitimation. Zur Zeit Platons verfing keine schöne Erzählung mehr von irgendwelchen Entrückungen zu einer die Wahrheit verkündenden Göttin, wie dies Parmenides noch dramatisch erzählte. Nein, jetzt muss Handfesteres her. Platon versucht es mit dem schwierigsten Problem überhaupt, dem je eigenen Tod. Angesichts eines solchen Unterfangens darf man nun auch die alten Weisheiten der Kulte zitieren, zumal Platon immer wieder vor Entmythologisierungen nicht zurückschreckt, die dazu dienen, den Glauben an die Götter zu stärken.

Platon macht aus seinem Sokrates einen Verteidiger der alten Religiosität, der jetzt Weisheitssprüche von Mysterienkulten zitiert. Das ist nun doch ein kräftiges Stück entfernt von dem angeblich immer so rational argumentierenden Sokrates. Aber auch für die Akzeptanz solcher alten Weisheiten muss argumentiert werden und die Anfragen an Sokrates über die Inhalte der Lehre sind durchaus kritisch. Immerhin geht es darum, auf das Angebot eines Fortlebens nach dem Tod vertrauen zu können. Sokrates sieht sich gar genötigt, mit «Beweisen» für das

Weiterleben der Seele aufzufahren. Er greift dafür zurück auf die Lehre der Mysterienkulte.

> Ein hinreichender Beweis wäre es, wenn offenbar würde, dass die Lebenden nirgends anders herkämen als von den Toten. (Phaidon 70d)

Der Grieche denkt im Zyklus, wie ihn die Natur das seit Jahrtausenden gelehrt hat. Er kann nichts anfangen mit der Vorstellung, dass Zeit ein kontinuierlicher und linearer Ablauf ist.

> Denn wenn nicht dem auf die eine Art Gewordenen immer das auf die andere entspräche und das Werden wie im Kreis herumginge, sondern wenn es ein gerade fortschreitendes Werden gäbe, aus dem einen in das Gegenüberstehende, ohne dass dieses sich wieder wendete und zum anderen zurückkäme, so siehst du wohl, dass am Ende alles einerlei wäre und in einem einheitlichen Zustand sich befände und aufhörte, zu werden. (Phaidon 72b)

Kreis und Dialektik

Platon greift bei seiner Argumentation auf eine archaische Figur zurück. Auf die Vorstellung des in sich geschlossenen Kreises. Die Figur ist uns schon mehrfach untergekommen und wir gelangen mit diesem Stoff zurück zu den Anfängen der Kultur überhaupt. Denn dort war man ganz existentiell mit den Zyklen der Natur konfrontiert. Schon unsere Vorfahren in der Steinzeit beobachteten die Mondphasen, den Lauf der Sonne und das Aufblühen, Reifen und Vergehen der Pflanzen. Richtig ernst wurde es mit diesen Zyklen der Natur, die zugleich die Zyklen des Lebens sind, mit der neolithischen Revolution. Aus den Jägern und Sammlern wurden nomadisierende Viehzüchter und schließlich sesshafte Ackerbauern. Das erhöhte nicht nur den Stressfaktor, denn ein Bauer hat deutlich weniger Zeit als ein Jäger. Es muss zudem ein ungeheurer Schritt gewesen sein, sein Leben, ja das Leben einer ganzen Sippe, der Tatsache anzuvertrauen, dass die in die Erde versenkten Samenkörner Frucht bringen und dass sich dieses Wunder Jahr für Jahr wiederholt. Dass man also beschließt, das Leben der Gruppe von einem kleinen Acker abhängig zu machen. Dass der Zyklus des Lebens ebenso wie die fruchtbare Erde eine religiöse Verehrung erfuhr, kann von da her nicht verwundern. Man erkannte darin einen heiligen Rhythmus, den man rituell unterstützte und als wundervolle Begegnung eines Samen spendenden, befruchtenden Himmelsgottes mit der in ihrem Inneren die Frucht zur Reife bringenden Erdgöttin deutete.

Göttin der Natur auf einem Gefäß aus Böotien mit orientalischen Einflüssen. Um 680 v. Chr.
Archäologisches Nationalmuseum Athen

Aus dieser Zeit stammen mythische Erzählungen über das Verschwinden und Wiederkommen von Göttinnen (wie zum Beispiel der schon erwähnten Vegetationsgöttin Demeter/Gemeter), über die Verbindung und Trennung von Himmelsvater und Erdmutter – alles im Zeichen eines geschlossenen Zyklus. Faszinierend dabei war, dass man die so schwer zu bewältigende lineare Zeitachse der Geschichte in der zyklischen Figur der ewigen Wiederkehr domestizieren (und damit aneignen) konnte. Unsere Geschichte vom Eros spiegelt diese Sache so treffend wider, dass man sich schwer tut, nicht zu vermuten, sie könnte von dort her inspiriert worden sein. Das ziellose Flanieren wird jetzt durch den Rhythmus des Zyklischen entschärft. Die vielen Polaritäten und Ambivalenzen der uns umgebenden Welt lassen sich auf diese Weise als Aspekte ein und desselben zyklischen Geschehens aufheben.

Dieser Gedanke war dermaßen prägend, dass er sich bei den frühen griechischen Philosophen in abstrakter Fassung wiederfindet. Parmenides aus Elea schildert uns am Anfang des 5. Jahrhunderts die Entrückung des Philosophen, der aus der gegenständlichen Alltagswelt herausgerissen wird und in einer Audio-Vision die Wahrheit schauen und hören darf. Diese Wahrheit beschreibt er (nach der ihm zuteil gewordenen Offenbarung) als rund und ebenmäßig wie eine Kugel. Sie ist zeitlos, stets sich selbst gleichend, höchste Vollkommenheit, Harmonie und Gleichklang. Heraklit aus Ephesos, der ungefähr zur gleichen Zeit lebte, formuliert in einem erhalten gebliebenen Fragment denselben Gedanken, wobei er deutlicher als Parmenides die Polarität dieses vollendeten Ganzen anspricht:

> Diesen Kosmos, denselben von allen,
> hat weder ein Gott noch ein Mensch gemacht,
> sondern er war immer und ist immer und wird immer sein:
> das ewig lebende Feuer,
> nach Maßen auflodernd,
> nach Maßen erlöschend.

Relief mit Demeter und ihrer Tochter Persephone mit den Attributen von Fruchtbarkeitsgöttinnen. 5. Jh. v. Chr.
Archaeological Museum of Eleusis

Heraklit erwähnt das göttliche Feuer, das – wenn es sich im kosmischen Takt und Wohlklang befindet – über alle polare Dynamik hinweg zum Symbol heiliger Einheit und Ganzheit wird. Das muss man im Hinterkopf haben, um die böse Ironie des Aristoteles in der zuvor erwähnten Geschichte (*auch hier wohnen Götter*) zu verstehen, wo sich Heraklit am Feuer seinen Allerwertesten wärmt.
Heraklits Einsicht ist ziem-

lich genial. Anders als Parmenides, der jede Bewegung in fundamentalistischer Manier schlicht als Täuschung denunzierte, setzt Heraklit die Bewegung zur Stabilisierung der statischen Einheit ein, um die es auch ihm ging. Der rechte Takt dieses Zyklus der Natur erhält Leben. Wohlgemerkt: der *rechte Takt*, also dann, wenn alles in Verhältnissen der Harmonie abläuft. Dass sich hier alles um das Feuer rankt, ist zusätzlich bemerkenswert. Obwohl man die Beherrschung des Feuers durch den Menschen neuerdings sehr weit, bis zu einer Million Jahre, zurückdatiert, ist es ein starkes Symbol der Sesshaftwerdung. Zur Sesshaftwerdung und ihren Kulturtechniken wie die Getreidebearbeitung gehört das Feuer! Der berühmte römische Baumeister und Architekt Vitruv, der uns den einzigen Architekturtraktat der Antike hinterließ, und der von der Renaissance bis zum 19. Jahrhundert in der Architektur das Maß aller Dinge war, beginnt

Demeter auf dem Thron mit Kornähren im Haar und in der Hand. 4./3. Jh. v. Chr. *Museo Nazionale Romano – Terme di Diocleziano, Rom*

das zweite Buch seines Traktats, in dem es um den Ursprung der Gebäude geht, mit einem Verweis auf das Feuer. Um das Feuer hätten sich die Menschen versammelt, seien sesshaft geworden und begannen, Hütten zu bauen. Das bildet für ihn die Grundlage, von der aus er alle Aspekte der Architektur beschreiben konnte. Vitruv verwendete eine komplizierte Terminologie, weil ihm manche griechische Ausdrücke nicht mehr geläufig waren, aber seine Grundbotschaft ist ebenso einfach wie zeitlos. Was macht gute Architektur aus? Antwort: *Firmitas*, *Utilitas*, *Venustas*! Zu deutsch: Gute Architektur basiert auf Festigkeit der Konstruktion und des Materials, auf einer guten Benützbarkeit und Funktionalität und auf einer künstlerisch anspruchsvollen Form. Mehr ist dazu bis heute nicht zu sagen.

Das Bild vom Feuer, das auflodert und erlöscht – und dies in einem schönen Rhythmus, muss Platon sehr gefallen haben. Warum er in seinen Werken dennoch meist auf Parmenides Bezug nimmt und nicht auf Heraklit, ist nicht leicht zu verstehen. Zumindest dann, wenn es um den Eros geht, ist die Nähe auch zu Heraklit offensichtlich.

Die Sophisten haben die Widersprüche unserer Welt als gegeben genommen und ihr Bemühen war, uns zu lehren, damit umzugehen. Platon hingegen findet sich mit einer solchen Sicht der Welt nicht ab und will uns mit Rückgriff auf eine archaische Weltsicht des Menschen und auf die Einsichten früher Philosophen zeigen, dass diese Widersprüche nur scheinbar existieren und dass sie – in die Harmonie eines göttlichen und kosmischen Taktes gebracht – ambivalente Aspekte eines Ganzen sind. Wiederum könnte man unterscheiden: In einer Welt der Widersprüche haben die Sophisten ihren Platz, aber diese Welt ist als ganze falsch und krank! Die Rückführung solcher Widersprüche auf eine zugrundeliegende Einheit gehört zu einem hochartifiziellen Projekt der Philosophie: der Dialektik. Um dieses Projekt gibt es einige Missverständnisse. Im Mittelalter gehörte die Dialektik neben der Grammatik, der Rhetorik und den mathematischen Fächern (zu denen auch die Musik zählte), zu den sogenannten *Sieben freien Künsten*, damals das grundlegende Lehrprogramm der Schulen, der Klosterschulen genauso wie der im Hochmittelalter entstandenen Universitäten. Anders als wir es hier vor uns haben, war Dialektik im Mittelalter gleich zu setzen mit der Logik, also der Praxis der richtigen Schlussverfahren. Logik war ein ziemlich hochgezüchtetes und artifizielles Geschäft, das sich aus dem Dialogverfahren ableitete. Bei diesem Stichwort kommen einem erst recht wieder Platon und seine Dialoge in den Sinn. Nicht selten wird daher auch bei Platon das Wort Dialektik auf das dialogische Verfahren angewandt, bei dem sich die Gesprächspartner Behauptungen an den Kopf werfen und in einem argumentativen Verfahren eine Lösung suchen. Aber Dialektik meinte ursprünglich viel mehr und an dieser Stelle, an der wir von den archaischen Zyklen der Natur und des Lebens sprechen, ist der richtige Ort, um dies ein wenig zu vertiefen.

Dialektik ist im Kontext Platons ein Seins-veränderndes Prinzip. Sie bedeutet eine (dynamische) Aufhebung scheinbarer Widersprüche in die Statik einer diesen Widersprüchen immer schon vorausgehenden Harmonie (das passierte vordergründig auch im dynamischen Fluss des Gesprächs). Später, bei Hegel, benannte man das als Verlauf von These und Antithese zur Synthese. Dieser Dreischritt stammt aus dem Neuplatonismus. Damit so etwas funktioniert, gibt es eine wichtige (ontologische) Voraussetzung. Nämlich die Annahme, dass es in der Wirklichkeit keine echten Widersprüche gibt, dass solche Widersprüche in Wahrheit nur die äußerliche Hülle einer zugrunde liegenden Einheit sind.

Erst vor einem solchen Hintergrund macht ein Projekt wie jenes des Hegelianers Karl Marx Sinn. Die Widersprüche der Gesellschaft, die Entfremdungen, müssen überwunden werden. «Überwinden» heißt dann aber nichts anderes als «Zerstören» (der bisherigen Ordnung). Wenn ich zerstöre, brauche ich in der Tat ein unerschütterliches Vertrauen (bzw. ein eingebildetes Wissen) darauf, dass sich danach etwas Besseres entbirgt. Die Zerstörung der schlechten, zerrissenen Welt mit ihren Widersprüchen und Entfremdungen durch eine Revolution entbirgt – ratzfatz – eine neue glückliche und harmonische Welt! Sowohl Hegel als auch Marx verwenden immer wieder Metaphern aus der Botanik, an denen sich die Herkunft dieser Dialektik aus dem alten Umgang mit dem Zyklus der Natur verrät. *Durch die Frucht [wird] die Blüte für ein falsches Dasein der Pflanze erklärt, und als ihre Wahrheit tritt jene an die Stelle von dieser*, schwadroniert Hegel am Beginn seiner Phänomenologie des Geistes.

Diese als Kulturtechnik entwickelte Figur der Dialektik geht zurück auf den Zyklus des Aufblühens und Verblühens oder – wie Heraklit gesagt hat – des Aufloderns und Erlöschens. Er erhält das Ganze und Heile am Leben und ist nicht zu durchbrechen. Das steht nicht einmal einem Gott zu. Die Götter in der antiken Vorstellung waren nicht allmächtig, sondern unterstanden einem anonymen Geschick (μοῖρα / *moira*). Wenn dieses Geschick ein gutes ist, klappt es mit der Harmonie und der Befreiung aus den Widersprüchen. Aber die Griechen waren nicht naiv. Sie hatten immer auch die andere Seite im Blick. Ambivalent zum Heil zeigt sich dieses Geschick auch als der furchtbare Ort völliger Ausweglosigkeit. Die Tragödiendichter beschrieben das eindrücklich. Wie immer ich handle, dem Geschick ist nicht auszukommen! Es dürfte einer der Vorteile des Christentums im Wettbewerb der vielen spätantiken Religionen gewesen sein, dass es dort möglich schien, aus dem Diktat dieses Geschicks auszubrechen und dabei die Vision des Heils nicht zu verlieren. Auf diesen Zusammenhängen bauen die neuzeitlichen Gesellschaftsutopien auf.

Wir stießen auf dieses Geschick über den Zyklus der Natur. Den wiederum nannte uns Sokrates als einen «Beweis» für die Unsterblichkeit der Seele (*dass die Lebenden nirgends anders herkämen als von den Toten*). Freilich ist nicht nachvollziehbar, warum sich das nur auf die Seele und nicht auch auf den Körper beziehen sollte. Anders beim nächsten Argument, das die Nähe der Seele zum Unveränderlichen in den Blick rückt.

> Jenes Wesen, dem wir das eigentliche Sein zuschreiben in unseren Fragen und Antworten, verhält sich dies immer gleich oder bald so und bald anders? Das Gleiche selbst, das Schöne selbst, und das, was schlechthin ist, verändert sich das jemals? Oder verhält sich nicht jedes der Genannten als ein Sein an und für sich immer auf gleiche Weise und verändert sich niemals?
> Gleich verhält es sich notwendig, Sokrates, antwortete Kebes. [...] Zu jenen sich gleichen Dingen kannst du nur durch das Denken gelangen, denn sie sind unsichtbar. (Phaidon 78d, 79a)

Die Seele, so das Argument, orientiert sich an dem, was immer gleich bleibt, sich also niemals ändert, nicht in der Zeit und nicht im Raum. Das aber ist nichts anderes als eine Beschreibung der Idee.

Die Ideen

Mit den Ideen haben wir die Welt des Alltäglichen, der Vielheit und Materialität, das stetige Fließen, verlassen und sind nun endlich bei der Formulierung der Wahrheit angelangt, dort, wo Platon uns haben wollte und wir sind auch bei der allgemein akzeptierten Hauptlehre Platons angelangt: der Ideenlehre. Die Wahrheit wird repräsentiert durch die Ideen. Sie sind immer gleich bleibend, also statisch, und nicht mehr dem einzelnen verhaftet, vielmehr ermöglichen sie das einzelne erst. Es ist klar, auf welche Seite die Seele gehört:

> Aus all dem Gesagten geht hervor, dass dem Göttlichen, Unsterblichen, Denkbaren, Eingestaltigen, Unauflöslichen und dem sich selbst gleich Verhaltenden die Seele am ähnlichsten ist, dem Menschlichen, Sterblichen, Nichtdenkbaren, Vielen, dem Auflösenden und dem sich nie selbig und gleich Bleibenden der Körper am ähnlichsten ist. (Phaidon 80a,b)

Hier haben wir die Beschreibung der Idee schön beisammen: Sie verkörpert die Wahrheit. Wahr, das ist nicht der Tisch und der Stuhl und die Blumenvase und Ihr Kater Carlos, Dinge, die Sie vielleicht gerade wahrnehmen, wenn Sie sich umsehen. Das sind alles sehr konkrete Gegenstände, Tiere, oder Menschen, eben materiell und körperhaft und individuell. Die *Wahrheit* von dem allen aber ist ihre *ideale Form* im besten Sinn des Wortes. Also das, was auf die Frage zu antworten wäre, was denn den Tisch *wesentlich* ausmacht. Ich gebe zu, dass das schon wieder eine schwierige und ziemlich abstrakte Frage ist, auch wenn wir häufig, meist gedankenlos so sprechen. Zudem ist das Wesentliche eines Tisches im Zeitalter des Designs nicht so einfach zu bestimmen. Bleiben wir daher für unseren Zweck bei einem Beispiel, das einfacher aussieht. Was ist das Wesenhafte eines Dreiecks? Das lässt sich in einen Satz fassen, den wir in der Schule gelernt haben: Ein Dreieck hat drei Seiten und drei Winkel, deren Summe 180° ausmacht. Natürlich ist auch diese Definition unanschaulich und man braucht ein besonderes Vorstellungsvermögen, um sich darunter ein Dreieck vorstellen zu können. Aber es gibt auch einen großen Reiz solcher Bestimmungen. Wir haben in diesem einen kurzen Satz die Milliarden von realen Dreiecken enthalten, die es auf der Welt, ja im ganzen Kosmos gibt, je gegeben hat und in aller Zukunft geben wird! Keines der jemals in welcher Weise auch immer gebildeten realen Dreiecke erreicht die Vollkommenheit dieser begrifflichen Bestimmung. Ich kann diese Bestimmung zwar nicht betasten, nicht riechen und schmecken, aber allenfalls noch denken und sie galt für die Steinzeitmaler ebenso, wie für den Chef der Europäischen Zentralbank in Frankfurt, der berufsbedingt häufig ein geistiges Dreieck zur amerikanischen und japanischen Notenbank zieht.

Ähnliches gilt nun auch für die Idee einer Katze oder auch von Eigenschaften wie der Schönheit und Gerechtigkeit. Wir geben ständig Urteile ab wie «Michelangelos David ist schön» oder «die Welt ist ungerecht.» Aber eigentlich können wir solche Urteile nur abgeben, wenn wir einen impliziten Maßstab von Schönheit und Gerechtigkeit besitzen. Und dieser Maßstab muss eine absolute Gültigkeit aufweisen. Das scheint nun zwar wieder vertrackt, aber es hilft zu wissen, dass Platon die Ideen keineswegs mit unseren Begriffen gleichsetzen wollte. Platon will die Ideen reicher verstehen. Sie sind eine vollkommene Wirklichkeit, die sich sowohl den Sinnen als auch dem rationalen Denken entzieht, die aber in einer Art denkender, visionärer Schau erfahren werden kann. Aber bei dieser Schau, die nur die Seele leisten kann, gibt es etwas, das sie ständig behindert: den Körper, der uns geradezu in der Welt des Hier und Jetzt verankert!

Das eröffnet einen spannenden Punkt. Die gesamte bisherige Bemühung war darauf ausgerichtet, die Welt der Moderne und der Aufklärung madig zu machen, ja sie als falsch und im Grunde auch als moralisch verfehlt anzusehen. Jetzt dämmert uns natürlich, warum Sokrates bei den diesbezüglichen Streitgesprächen mit den Sophisten nicht die große Alternative, *die Lösung*, aus dem Hut gezaubert hat. Diese ist nämlich eine Zumutung. Vermutlich hätte er bei den aufgeklärten Zeitgenossen einen Lacherfolg gelandet, hätte er das alles brühwarm aufgetischt. Jetzt aber, in der Stunde des Todes, vor einem handverlesenen Kreis seiner Mitstreiter, schaut die Sache anders aus. Und uns hat er ja nur als Lauscher eingeladen. Aber so wie die Umstehenden in der Gefängniszelle in Athen wollen auch wir wissen, was es mit den Erfolgsaussichten einer Schau der Ideen, damit der Wahrheit nun auf sich hat. Wir erwarten daher, dass Platon deutlich sagt, dass jedenfalls die Seele diese Ideen, damit die Wahrheit, erfolgreich erkennen kann.

Das ist nun in der Tat die Absicht dieses Werks, das die Trennung, besser: die Befreiung der Seele vom Körper zum Thema hat. Das wiederum ist die vornehmste Aufgabe des Philosophen, der sozusagen der Meister des täglichen Sterbenlernens ist. Wir erinnern uns an das verbale Geplänkel mit Sokrates' Schüler Hippokrates auf dem Weg zu Protagoras, wo es um die Unterscheidung von Sophisten und Philosophen ging. Diese seien für die Wahrheit zuständig, hieß es da. Aber wie genau? Das erfahren wir jetzt. Philosophie heißt Sich-Aufmachen zur Schau der Ideen, was nur der vom Körper befreiten Seele gelingt.

Diese Überlegungen werden unumstößlich begründet durch das physische Sterben des Sokrates. Befreiung der Seele vom Körper bedeutet konsequent die Abwertung des Körpers. Das war bereits der Inhalt der seltsamen Rolle, die er dem Philosophen im öffentlichen Leben zugedacht hat und die er ironisch mit dem Spott der thrakischen Magd über Thales skizzierte. Nun geht es direkt gegen den Körper.

Platon erzählt uns von der Seele, die sich nach einem gelungenen Leben vom Körper und von den mit dem Körper verbundenen Emotionen *und allen anderen menschlichen Übeln befreit und, wie es bei den Eingeweihten heißt, die übrige Zeit bei den Göttern lebt.* (Phaidon 81a) Wenn Sie zu jenen Menschen gehören, die für die Pflege ihres Körpers Mühe, Zeit und Geld aufwenden, dann habe ich eine schlechte Botschaft für Sie:

> Wenn die Seele aber befleckt und unrein vom Körper scheidet, weil sie immer mit ihm verkehrt und ihn gepflegt und geliebt hat und von ihm bezaubert gewesen ist und von den Lüsten und Begierden, sodass sie auch glaubte, es sei überhaupt gar nichts anderes wahr als das Körperliche, was man betastet und sieht, isst und trinkt und zur Liebe gebraucht und weil sie das für die Augen Dunkle und Unsichtbare, der Vernunft hingegen Fassliche und mit der Philosophie zu Ergreifende gewöhnlich gehasst, gescheut und gefürchtet hat, meinst du, eine so beschaffene Seele werde sich rein für sich absondern können?
> Wohl nicht im mindesten, sprach er.
> Sondern durchzogen vom Körperlichen, womit sie durch den Umgang und Verkehr mit dem Körper, wegen des ununterbrochenen Zusammenseins und der vielen Sorge um ihn, gleichsam zusammengewachsen ist.
> Freilich. (Phaidon 81a-c)

Mit anderen Worten: Wer der These des Theaitetos folgt (und diese These fasst ja nur kompakt die Weltsicht der Sophisten zusammen), ist verloren. Er wird nie zur Schau der Wahrheit gelangen.

Zumindest eine der Voraussetzungen für eine mögliche Schau der Wahrheit ist – aus einer solchen Sicht konsequent – die Ausschaltung des Körpers. Wer sich der Bildung der Seele verschreiben möchte – und wer möchte denn das nicht!

– muss sich vor den Nachstellungen des Körpers geradezu in Acht nehmen. Es gab schon zu Platons Zeiten originelle und harte Kritik an dieser Abweisung und Sublimierung des Körperlichen. Sie kennen den Kritiker! Es war der berühmte, aus Sinope am Schwarzen Meer stammende Diogenes, der in einem ausgedienten Tonfass gehaust haben soll. Ja, es ist derselbe Diogenes, der in Korinth zum größten Feldherrn aller Zeiten, Alexander, als dieser dem bekannten Stadtstreicher einen Wunsch freistellte, gesagt haben soll: *Geh' mir einfach nur ein wenig aus der Sonne!* Das ist schön, da haben die heutigen Zeitgenossen doch einige Ansprüche mehr an die Politiker unserer Länder. Freilich, die Ironie ist bissiger. Die Könige des Alten Orients haben sich mit der Sonne gleich gesetzt und sind auch nicht wie die gewöhnlichen Leute gestorben, sondern in den Himmel aufgefahren, wo sie ihrer Meinung nach hingehörten. Diogenes hat Alexander also gesagt, dass er Schatten verbreite. Wenn der Wortwechsel historisch ist, wird Alexander ein sehr säuerliches Gesicht gemacht und kaum das zur Antwort gegeben haben, was man weiter berichtet, nämlich: *Wäre ich nicht Alexander, wollte ich Diogenes sein.* Ähnlich legendär in Athen waren die launigen Wortgefechte mit Platon:

> Was mich anlangt, Platon, sehe ich wohl einen Tisch und einen Becher, aber eine Tischheit und Becherheit sehe ich nicht!
> Sehr begreiflich, denn Augen, mit denen man Becher und Tisch sieht, hast du, aber einen Verstand, mit dem man Tischheit und Becherheit schaut, hast du nicht!

Und ein heutiger Performance-Künstler muss doch vor Neid erblassen, wenn er erfährt wie Diogenes reagierte als sich eine angeblich von Platon formulierte Definition des Menschen in Athen verbreitete: der Mensch sei ein zweifüßiges, federloses Tier. Diogenes rupfte einem Hahn die Federn aus und schubste das arme Tier mit entsprechender Kommentierung über die Mauer der Akademie.

Nun war das noch eine harmlosere Aktion. Es ging auch zupackender. Diogenes stellte sich auf die Agora und onanierte in aller Öffentlichkeit. Ich weiß nicht, ob man ihn damals verhaftet und auf die Polizeiwache gebracht hat oder ob seine Handlung als Kunst-Performance toleriert wurde. Denn als solche war sie gewiss gedacht. Er wies in der ihm eigenen Kompromisslosigkeit auf die Einseitigkeit von Platons Ideenkonzept hin, auf seine Geringschätzung des einzelnen mit seinem Körper und seinen Emotionen und Bedürfnissen. Einmal soll er mitten am Tag mit einer brennenden Laterne und dem Ruf ἄνθρωπον ζητῶ (*anthropon zeto / ich suche den Menschen*) über den Marktplatz gegangen sein. Was er suchte, war die *Idee* Mensch, aber er fand trotz seiner Öllampe in der Hand immer nur ganz konkrete Menschen aus Fleisch und Blut, weit von der erträumten Vollkommenheit entfernt.

Diogenes spottete über das artifizielle Gebäude der Ideenlehre und ergriff vehement Partei für das Hier und Jetzt, für den konkreten Körper, den er als Protest gegen Platons Abstraktionen und Verdrängungen einsetzte. Dabei meinte er keineswegs den verhätschelten Luxuskörper. Er war Kyniker (κὐνος / *kynos / Hund*) und lebte ein Leben radikaler Bedürfnislosigkeit – also durchaus wieder sympathisch für Platon. Auch wenn sich – wie bis heute üblich – niemand für Diogenes' Eskapaden öffentlich einsetzte (ich tue das hiermit), seine heftige Kritik an Platons Ideenkonzept fand verbreitet klammheimliche Sympathie. Auch bei Aristoteles verfing das alles und es ist keine Frage, dass diese Einsprüche in der Akademie ernst genommen wurden. Vielleicht ist der *Timaios*, wo es um die Natur ging, von da her mitinitiiert.

Viel von dem körperfeindlichen Gestus der platonischen Philosophie ist über den Neuplatonismus der Spätantike auch in das Christentum eingeflossen und hat sich dort bis heute gehalten. Paradoxerweise konterkariert diese Körperfeindlichkeit geradewegs die christliche Botschaft der Auferstehung des Leibes, was bei den Griechen, wie in Apostelgeschichte 17,32 nachzulesen ist, Gelächter auslöste (*Als sie von der Auferstehung der Toten hörten, spotteten die einen* [...]). Bei den Mönchen der ersten nachchristlichen Jahrhunderte galt ein schmutziges Äußeres als Zeichen einer reinen Seele. Gregor von Nazianz zählte zu den Anzeichen von Heiligkeit *das struppige ungepflegte Haar und die bloßen Füße.* Und der große Kirchenvater Hieronymus, der selbst als Eremit in der syrischen Wüste lebte, schrieb an Heliodor: *Erfasst dich Grausen ob des ungepflegten Haares und des schmutzigen Hauptes? Dein Haupt ist ja Christus!* Je unappetitlicher und stinkender solch ein Mönch daherkam, umso größere Verehrung wurde ihm nicht selten zuteil. Weil man hierbei die Körperfeindlichkeit Platons mit der Vernachlässigung des Körpers bei Diogenes kurz schloss, diente Diogenes auch noch als Vorlage für frühe Christusbilder. Es dauerte eine ganze Weile bis man sich dazu durchrang, Christus darzustellen. Diogenes verkörperte die Bedürfnislosigkeit des Kynikers und bot ein ideales Muster für die Darstellung Jesu, der ein Heiland für die Randgruppen der Gesellschaft sein sollte. Und weil *kynos* eben Hund heißt, konnte der Alttestamentler Bernhard Lang einen schönen Buchtitel formulieren: *Christus, der Hund.*

Und wie steht es mit Platon selbst? Er, der Spross einer adeligen Familie – er trug zum Zeichen dafür einen Ring im linken Ohr! – legte bei seinen Studenten in der Akademie viel Wert auf ein tadelloses Äußeres. Niemand ist da mit fettigen Haaren und schmutzigen Jeans in den Hörsaal gekommen.

Man muss nun zur Ehrenrettung des christlichen Mönchtums sagen, dass es andererseits auch unzählige Vorschriften zur Sauberkeit gab. Und es gibt eine schöne Spiritualität des Sinnlichen. Die Firmlinge werden bei den Katholiken mit Chrisam gesalbt, dem *guten Duft Christi,* wie es im Korintherbrief heißt. Und ein erlesenes Wort lädt zum Tisch des Herrn: *Kommt und seht, wie gut der Herr schmeckt!*

Das Christentum ist nicht die einzige kulturelle Erzählung, in der sich eine Abwertung des Körpers breit gemacht hat. Eine unterschwellige Körperfeindlichkeit durchzieht unsere gesamte europäische Kulturgeschichte. Alle philosophischen Erzählungen, die eine rationalistische oder idealistische Ausrichtung haben, blieben dem Körperlichen gegenüber zutiefst skeptisch. Als Descartes sein berühmtes Wort *cogito, ergo sum* nachbereitete und in seiner dritten Meditation in seinem Werk *Meditationen über die Erste Philosophie* zum «Beweis» des Daseins Gottes schritt, musste er sich von jeder Körperhaftung verabschieden:

> Nun will ich meine Augen schließen, meine Ohren verstopfen, alle meine Sinne will ich abwenden, sogar die Bilder von körperlichen Dingen will ich allesamt aus meinem Bewußtsein tilgen […] Zu mir allein will ich reden und tiefer in mein Inneres blicken […].

Auch die Romantiker waren begierig darauf aus, die Sehnsucht nach dem verlorenen Paradies einzulösen, das nun bestimmt nicht im Körperlichen liegen kann. Diese Stimmung reichte bis zu den zweifelhaften Visionen vieler Künstler der Moderne. Franz Marc hätte mit manchen seiner Äußerungen besser in den Kreis der Jünger Platons im Athen des 5. vorchristlichen Jahrhunderts gepasst als an den Kochelsee des frühen 20. Jahrhunderts. Er schrieb über die Aufgabe der Kunst:

> Mit dem Tode beginnt das eigentliche Sein, das wir Lebende unruhvoll umschwärmen wie der Falter das Licht. Die Sehnsucht nach dem unteilbaren Sein, nach Befreiung von den Sinnestäuschungen unseres ephemeren Lebens ist die Grundstimmung aller Kunst. Ihr großes Ziel ist, das ganze System unserer Teilempfindungen aufzulösen, ein unirdisches Sein zu zeigen, das hinter allem wohnt, den Spiegel des Lebens zu zerbrechen, daß wir in das Sein schauen.

Die Tragödie des Lebens wollte es, dass der mit großer Begeisterung in den ersten Weltkrieg gezogene Marc (*Mein Herz ist dem Krieg nicht böse […] das alte Europa konnte nur so gereinigt werden*) sein Ziel schneller und existenzieller erreichte als er es sich wohl wünschte. Er fiel 1916 als Sechsunddreißigjähriger bei der Schlacht um Verdun. Franz Marc sprach jedoch bloß aus einer damals verbreiteten Einstellung. Nach einer Forderung, die er zusammen mit Wassily Kandinsky im Almanach *Der Blaue Reiter* erhoben hatte, sollte die Kunst der Zukunft eine geistige, symbolische Kunst sein, ohne den faden Beigeschmack des Materiellen. Das war einer von mehreren Auslösern der Abstraktion in der Kunst.

Das ist alles ganz nahe an den Gedanken Platons. Wer das Philosophieren nicht als Sterbenlernen versteht, der bleibt im Materiellen hängen. Bei dem fällt die Seele wieder in einen erdigen Körper, er ist gezwungen, in ständig wechselnden körperlichen Gestalten auf der Erde umherzuirren, ohne Erlösung – der Kreis hier als schrecklicher Fluch des Geschicks.

> Die Seelen der Schlechten sind gezwungen, herumzuirren. Sie leiden Strafe für ihre frühere schlechte Lebensweise. Sie irren so lange, bis sie durch die Begierde des sie noch begleitenden Körperlichen wieder gebunden werden in einen Körper […] Solche, die sich ohne alle Scheu der Fresserei und Sauferei und des Übermuts befleißigen, gehen in Esel und ähnliche Tiere ein. Oder meinst du nicht?
> Das ist ganz wahrscheinlich.
> Die aber Ungerechtigkeit, Herrschsucht und Raub vorzogen, in Wölfe, Habichte und Geier? (Phaidon 81d-82a)

Die Seele, die sich Körper webt

Der Sinn der Seelenwanderung, die nie zur Ruhe kommt, ist eine Bestrafung jener Menschen, die sich nicht beizeiten um die Bildung ihrer Seele kümmern. Es ist – gemessen an unseren heutigen Standards – ein erschreckendes Menschenbild, das Platon hier zeichnet und es wird nur noch überboten von den unsäglichen Vorstellungen in der *Politeia*. Alles, was unsere Individualität ausmacht, all das, wo wir uns vom anderen unterscheiden, wo jeder von uns ganz er selbst ist, wird negativ gesehen. Wir dürfen nur mehr als exemplarische Gattungswesen existieren. Es ist gerade die

Apathie, die völlige Emotionslosigkeit, die uns näher zu dieser Exemplarhaftigkeit – die möglichst reale Umsetzung der Idee des Menschen – bringt. Zum wiederholten Mal unterstreicht Sokrates, wie verkehrt emotionale Regungen sind. Seine eigene Frau Xanthippe, die mit dem jüngsten Sohn, noch ein Baby, weinend am Lager weilte, ließ er kurzerhand vor Beginn dieses Männergesprächs hinausbringen. Das ist nun die große Gegenthese gegen Kallikles, der – wir erinnern uns – für die Freiheit der Leidenschaften eingetreten ist. Jetzt legt Sokrates die ganze Autorität eines angesichts des Todes inspirierten, die Wahrheit sprechenden Propheten auf die Waagschale. Die Leidenschaften sind geradezu das, was die Seele an einen Körper heftet.

> Jedes Menschen Seele, wenn sie über irgendetwas heftig erfreut oder traurig ist, muss geradezu glauben, dass dies, was diese Reaktionen ausgelöst hat, das Wirksamste und Wahrste sei, obwohl das gerade nicht so ist. Dies sind doch in erster Linie die sichtbaren Dinge oder nicht?
> Freilich.
> In diesem Zustand wird die Seele am meisten an den Körper gebunden.
> Warum?
> Weil jede Lust und Unlust gleichsam einen Nagel hat und sie an den Körper nagelt und anheftet und sie körperlich macht, wenn sie doch glaubt, dass das, was der Körper aussagt, wahr sei.
> (Phaidon 83d)

Albrecht Dürer hat in seinem Kupferstich *Adam und Eva* (1504) das erste Menschenpaar noch in einem Zustand der Emotionslosigkeit dargestellt, aber zu Füßen Evas lauern schon die vier Tiere, welche die vier Temperamente, sanguinisch, cholerisch, phlegmatisch, melancholisch, symbolisieren und die sich nach dem Sündenfall der Menschen bemächtigen.

Die Stimmung in der Runde war betreten. Jeder betrieb ein wenig Gewissenserforschung und überschlug kurz, wie die Chancen für den direkten Weg zu den Göttern in der Stunde des Scheidens von dieser Welt stehen. Nur Kebes und Simmias murmelten halblaut miteinander. Sie suchten ihr Heil darin, das Gesagte nicht ganz zum Nennwert zu nehmen. Immerhin, selbst an diesem Ort wagten sie noch Einsprüche und kritische Anfragen. Sokrates nahm es gelassen, reklamierte aber auch gleich die Nähe zu Apoll für sich. Je näher sein eigener Tod rückte, umso mehr Gültigkeit beanspruchte er für seine Aussagen. Er unterstrich das Gesagte mehrmals und verwendete dabei ein schönes Bild: Die Seele webt sich viele Körper, in denen sie sich manifestiert, denn *jede Seele verbraucht viele Körper, wenn sie viele Jahre lebt.* (Phaidon 87e) Das ist ein starker Vergleich! Was Platon vorschwebt, ist eine universale Weltseele, an der wir alle partizipieren. Und diese Weltseele benötigt viele Körper für ihre lange Reise bis zur endgültigen Erlösung. Hier klingt das nach einer Selbstversorgung der Seele, im *Timaios* ist es eine göttliche Autorität, die für die unsterbliche Seele etwas Sterbliches, nämlich den Körper, *webt.* (Timaios 41d)

Ich gäbe dem Ganzen gerne noch eine zusätzliche Pointe. Was dieses Bild so stark macht, ist die beklemmende Vision für unsere Tage: Einerseits kommt darin ein Ingredienz jeder Utopie zur Sprache. Es braucht zahlreiche Körper, um das verheißene Paradies (bei Platon im Ideenhimmel, bei Marx im Diesseits) zu erreichen. Andererseits webt sich auch der globalisierte technisch-wirtschaftliche Fortschritt unendlich viele Körper, in denen er sich materiell manifestiert und mit deren Hilfe er weitergetrieben wird. Und dazu verspricht uns die Medizin mit ihrer Stammzellenforschung rosige Aussichten. Unser (wissenschaftlicher) Geist webt eines nicht mehr allzu fernen Tages vielleicht ständig am Körper, den er zum Überleben braucht.

Was dieser gegenwärtige Prozess uns bieten kann, ist die Aussicht auf ein nahezu ewiges Leben. Das hätte Platon nun freilich für ein Missverständnis gehalten. Ihm ging es ja nicht um ein Leben, zu dem man ständig einen Körper braucht als eine Vermittlungsinstanz für Annehmlichkeiten und Lusterfahrungen, ihm ging es um ein Ankommen im Reich der reinen geistigen Wahrheit. Aber nur sehr zögernd tastet sich Sokrates näher an die Sache heran. Er vermittelt den Eindruck eines Suchenden, der sich schwer tut, verbindlich anzugeben, wie das alles genau zu verstehen ist. Diese bemerkenswert offen zur Schau gestellte Mühe ist letztlich dem Anspruch einer rationalen Verbindlichkeit geschuldet. Es geht eben nicht nur um ein esoterisches Happening, sondern Sokrates will mit nachvollziehbaren Argumenten *überzeugen*.

Noch einmal wiederholt er Kebes gegenüber, der immer noch Schwierigkeiten mit dem Verständnis hat, das Konzept seiner Ideenlehre.

> Ich meine gar nichts Neues, sondern das, was ich immer schon gesagt habe. Ich will nämlich versuchen, die Gestalt (εἶδος/*eidos*) der Ursache aufzuzeigen, womit ich mich beschäftigt habe, und komme wieder auf das schon mehrmals Gesagte zurück, dass ich voraussetze, es gäbe ein Schönes an und für sich und ein Gutes und Großes und so alles andere, woraus, wenn du mir das alles zugibst, ich dir hoffentlich die Ursache zeige und belegen kann, dass die Seele unsterblich ist. (Phaidon 100b)

Die Ideenlehre ist die große Innovation, die Platon gegen jene Welt setzt, gegen die er polemisiert. Was wir in der Auseinandersetzung mit den Sophisten verfolgen konnten, war so etwas wie die ständige Relativierung der Relativität. Wer wie der Sophist Kratylos behauptet, dass alles im Fluss sei und es nichts Festes gäbe, der beansprucht, dass er selbst diesem Fluss enthoben ist. Und wer wie Gorgias behauptet, dass es keine Wahrheit gäbe, beansprucht, dass zumindest der Satz «Es gibt keine Wahrheit» wahr sei. Mit solchen formalen Tricks, die man mit einem monströsen Fachwort «transzendental» nennen kann, versucht Platon, die Gültigkeit der modernen, sophistischen Weltsicht aus den Angeln zu heben. Transzendentalphilosophie bedeutet in diesem Zusammenhang die Rückwendung zu jenen absoluten, nicht-relativen Ursprüngen (eben zu den Ideen), die relative Alltäglichkeit im Grunde erst ermöglichen. Sokrates hatte in den aporetisch endenden Gesprächen die Brüchigkeit und Relativität der sophistischen Begründungen offengelegt. Jetzt aber wollen wir «die Wahrheit selbst» in den Blick rücken.

Er setzt für das, was wir Idee nennen, die griechischen Ausdrücke εἶδος (*eidos*) oder ἰδέα (*idea*). Und weil die Ideen nicht einfach Begriffe sind, die man immerhin noch denken kann, sondern Wirklichkeiten anderer Art, bringt sie Platon in diesem Dialog zur Geltung, der vom Sterben handelt als jenem radikal-existenziellen Übergang von der vorläufigen materiellen Welt in die Welt des Wahren. Und er deutet vorsichtig ihre Erkennbarkeit durch die reine, vom Körper getrennte Seele an, die sich in ihrem irdischen Leben leidenschaftslos und asketisch darauf vorbereitet. Freilich, auch Platons Sokrates *spricht* und *diskutiert* über diese neue Welt. Wir kommen aus unserem alltäglichen sprachlichen Verfahren nicht heraus. Das ist ein Problem.

Was wir transzendentale Voraussetzung genannt haben, muss eine wesentliche Eigenschaft haben: Nämlich dass über diese Voraussetzung selbst keine Aussage mehr möglich ist. Denn sonst brächten wir diese Voraussetzung wieder in die Gestalt der Sprache und des Begriffs und mit Recht könnte, ja müsste man eine weitere Voraussetzung einfordern, die nun ihrerseits die Ideen begründet. Genau das ist das Dilemma der Ideenlehre und dieses Dilemma wird Platon zu korrigieren versuchen, zunächst in der *Politeia*, dann in den Spätdialogen auf eine andere Art und Weise. Interessant ist, dass er dieses Problem bereits im vorliegenden Werk anspricht. Sokrates sinniert vor sich hin, wie man denn auf diese Voraussetzungen käme und was passierte, wenn man diese Voraussetzung selbst kritisch befragte:

> Und solltest du dann von jener Voraussetzung selbst Rechenschaft ablegen, würdest du sie nicht auf die gleiche Weise geben, nämlich eine andere Voraussetzung wieder voraussetzend, welche dir eben von den höherliegenden die beste vorkäme, bis du auf etwas Befriedigendes

stießest, nicht aber untereinander mischend, wie die Sophisten bald von einem ersten Grund reden und bald von dem daraus Abgeleiteten, wenn du nämlich irgend etwas finden wolltest, wie es wirklich ist.
(Phaidon 101d,e)

Das Argument bedeutet, dass wir auf diese Art und Weise nie an ein Ende, also nie zu eine endgültigen Begründung gelangten. Würde aber Platon plötzlich selbst in eine Aporie schlittern, dann hätten die Sophisten Recht, die jede voraussetzungslose Gültigkeit und Wahrheit bestreiten. Dieses Problem kann hier keine Lösung mehr erfahren. Es gibt nämlich auf der Ebene des Sprachlichen keine! Die Lösung ist allenfalls eine ganz andere Methode als die sprachliche, die *Schau* der Ideen und auf diese bereitet sich Sokrates soeben vor. Sein Tod wird ihn, sprich: seine Seele zu dieser Schau befreien und in dieser Erfahrung der Wahrheit gipfelt auch der Sinn des Philosophierens. Philosoph sein heißt, nach dem Sterben trachten und damit zur Schau der Ideen gelangen.

Sokrates beschließt sein Leben mit einer Erzählung vom Weg, den die Seelen nach dem Tod in die Unterwelt antreten, wo sie in gute und schlechte geschieden werden. Denn – so sagte er schon am Beginn der Zusammenkunft im Gefängnis – *es sei wohl am besten, dass der, der im Begriffe ist, von hier nach dorthin zu gehen, nachsinne und sich Bilder mache über die Wanderung dorthin.* (Phaidon 61d,e)

Genau das, dieses Sich-ein-Bild-Machen über die Möglichkeit, die Wahrheit zu schauen, ist der Stoff, der dieses Gespräch zur großen Rede des Sokrates macht, zur Gegenrede zur Rhetorik der Sophisten. Diese Rede unterscheidet sich grundlegend von jener des Protagoras. Gegen die Publizitätssucht des Sophisten steht der vertraute, kleine Kreis. Der eitle, rhetorisch brillante Vortrag im vornehmen Haus eines Athener Millionärs wird durch ein gemeinsames Lehrgespräch im «Nicht-Ort» (wohl ein Hetero-Topos im Sinne Foucaults) eines Gefängnisses konterkariert. Am Ende des Gesprächs steht nicht der durch die Presse verbreitete Ruhm, sondern die Hinrichtung mit einem Giftbecher. Die Rede des Sokrates ist, anders als jene des Protagoras, existentiell bis zur äußersten Radikalität grundiert. Es geht um das ganz reale Sterben und nicht um ein gelungenes Leben im Scheinwerferlicht der Moderne und Aufklärung. Wo die Sophisten das Leben sehen, sieht Platon den Tod und wo für die Sophisten das Leben unabwendbar zu Ende ist, sieht Platon den Anfang eines Lebens in der Wahrheit. Sokrates beendet mit seinem Sterben die Ebene des Diskurses. Er zieht die radikale Konsequenz aus der grundlegenden Aporie, in die jedes *Diskutieren* und *Argumentieren* über die Wahrheit letztlich schlittert.

Das ist großes Kino, was Platon uns hier vorführt und man merkt, welch ein geistiger Aufwand nötig war, um die Geschichte des zum Tode verurteilten Sokrates auf eine solche philosophische Dimension zu heben.

Andererseits: Wie würden die Sophisten das kommentieren, wenn sie in dieser Runde anwesend wären? Sie wendeten sicherlich ein, dass die ganze Inszenierung, selbst der Tod des Sokrates, ein überflüssiges Spektakel sei. Denn jenseits des Diskurses gibt es keine Wahrheit, keine Realität, die irgendetwas, und sei es der physische Tod, aus einem imaginären Hut zaubern könnte. Sie würden Sokrates den Rat geben, doch zum Piräus zu eilen und mit dem Segelschoner nach Kleinasien zu fahren und dort noch ein gemütliches Leben zu führen.

Vielleicht würden sie noch schärfer formulieren. Denn was in dieser Inszenierung erstmals in der Geschichte auftaucht, ist die Verbindung von Wahrheit, Religion und Tod. Erstmals wirbt ein Intellektueller, ein Philosoph, dafür, dass die eigentliche Wahrheit erst mit Zerstörung und mit dem Tod zu haben ist. Und das ist zweifellos eine Ungeheuerlichkeit. Die darin ausgedrückte Körperfeindlichkeit mag ja noch hingehen, aber dass die Wahrheit, die gleichsam in die Dimension einer Erlösung zukommt, nur im Tod zu haben ist, ist ein zweifelhafter Gedanke, der in die Kultur gekommen ist. Er hat manches Unkraut wuchern lassen, auf das wir gerne verzichten hätten können.

Der Tod des Sokrates

Und nun kommt er also, der große Augenblick des Todes des Sokrates. Er wird von Platon selbstverständlich in romantischer Überhöhung dargestellt. Es handelt sich ja jetzt sozusagen um einen philosophischen Tod. Das Gift des Schierlings führt normalerweise zu Übelkeit, Krämpfen und Erbrechen. Davon findet sich hier keine Spur. Sokrates stirbt wie ein Verklärter. Ich erzähle Ihnen die Geschichte, wie sie Phaidon dem Echekrates erzählt hat. Und seien sie auf Überraschungen gefasst, denn es kommt zu einer Wendung, die all das, was in diesem stundenlangen Gespräch erreicht worden zu sein scheint, wieder über den Haufen wirft.

Sokrates findet, dass es Zeit geworden sei, zu scheiden, und verlangt nach dem Giftbecher. Sokrates' langjähriger (und wohlhabender) Freund Kriton, der ihn ja auch zur Flucht aus dem Gefängnis überreden wollte (wir werden später hören, dass das vielleicht gar nicht stimmte), lotet Verzögerungstaktiken aus. Die Sonne sei noch nicht untergegangen und überhaupt – und jetzt kommt der Knalleffekt: andere hätten sich noch ein gutes Essen bestellt und gar mit ihrer letzten Drachme noch eine Hetäre bezahlt für ein letztes lustvolles Stündchen.

Wir müssen bei dieser Ungeheuerlichkeit, die sich da mit zwei Sätzen in die weihevolle Andacht drängt, unbedingt anhalten. Gerade haben wir eine lange gemeinsame Überlegung in kleinem Kreis der Schüler und Gefolgsleute des Sokrates hinter uns, wo es darum ging, den Körper und all seine Bedürfnisse schlecht zu reden und den Tod zu verherrlichen als Befreiung der Seele zur Schau der Wahrheit. Und nun fällt einem der Sokrates am nächsten stehenden Männern nichts Besseres ein, als ihn in der entscheidenden Stunde, da, wo seine gesamte Lehre einem existentiell gegründeten Höhepunkt zustrebt, mit der körperlichen Lust einer Prostituierten zu konfrontieren. Dazu kam dann auch noch, dass diese handverlesenen Herren Athens, die ja wussten, worum es in diesen letzten Stunden des Sokrates geht, hoch emotional in Tränen ausbrachen, als Sokrates den Becher austrank. Wir erinnern uns, dass er am Anfang der Szene seine weinende Gattin weggeschickt hatte, weil solche emotionalen Ausbrüche im Kontext des jetzt zu Besprechenden keinen Platz haben.

Da muss man sich doch fragen, was uns Platon mit dieser Volte des Gesprächsverlaufs sagen wollte. Ich mag es drehen und wenden wie ich will und kann mir nur den Reim machen, dass Sokrates letztlich diesen gesamten Anlauf, durch einen persönlichen Einsatz zur Schau der Idee zu gelangen, scheitern lässt. Vielleicht nicht, was den Einzelnen betrifft. Sokrates ist ja der Fall eines wahren Philosophen, der den Weg bis zum Ende geht, aber schon seine engsten Schüler kommen da nicht mehr mit. Als universelle Möglichkeit, zur Schau der Idee zu kommen, taugt dieser Weg offenbar nicht. Es ist unrealistisch zu glauben, aus allen Menschen Philosophen und Asketen in dem hier gemeinten Sinn zu machen, sie zum täglichen Sterben zu bringen, nur weil einer das exemplarisch vorgemacht hat. Dazu ist diese Welt, das sagt uns Platon unterschwellig, doch viel zu reizvoll als dass wir auf all diese Annehmlichkeiten verzichten nur wegen einer vagen Aussicht, zu einer jenseitigen Wahrheit zu gelangen.

Sokrates seufzt also tief über diese angesichts des Gesprächs der letzten Stunden völlig deplazierte Bemerkung. Nein, nein, wiegelt er ab, holt mir endlich den Mann mit dem Becher! Ich lasse Sie mit der rührenden Geschichte des Todes von Sokrates, der uns schon so lange begleitet, nun allein:

> Darauf winkte Kriton einem Knaben neben ihm. Dieser ging hinaus und holte den herein, der Sokrates den Trank reichen sollte. Er brachte ihn bereits zubereitet im Becher mit. Als Sokrates ihn sah, fragte er:

«Wohl, Bester, wie muss man das jetzt machen? Du verstehst das ja!»
«Du musst nichts weiter tun als nach dem Trank herumgehen, bis dir die
Schenkel schwer werden, und dich dann wieder niederlegen, dann wirkt
es.» Damit reichte er Sokrates den Trank. Dieser nahm ihn und ohne zu
zittern oder auch nur Farbe und Gesichtszüge zu ändern, frage er ihn:
«Darf man den Göttern etwas spenden?»
«Wir bereiten nur so viel, als wir für hinreichend halten.»
«Ich verstehe! Beten aber darf man doch zu den Göttern, damit die
Wanderung von hier dorthin glücklich sein möge. Darum also bitte ich
jetzt. So möge es geschehen.»
 Und als er dies gesagt hatte, setzte er den Becher an und trank ihn
unverdrossen aus. Und von uns waren die meisten bis dahin so ziemlich
imstande gewesen, sich zu halten, als wir das aber sahen, nicht mehr.
Auch mir flossen Tränen mit Gewalt, sodass ich mich verhüllen musste,
nicht so sehr über ihn, sondern über mein eigenes Schicksal, was für
eines Freundes ich nun sollte beraubt werden […] Er aber ging umher
und als er merkte, dass ihm die Schenkel schwer wurden, legte er sich
gerade hin auf den Rücken. Darauf berührte ihn der, der ihm das Gift
gegeben hatte, von Zeit zu Zeit und untersuchte seine Füße und Schenkel. Er drückte den Fuß und fragte, ob er es spüre. Sokrates sagte nein.
Darauf die Knie und so ging er immer höher hinauf und zeigte uns,
wie er erkaltete und erstarrte. Wenn ihm das bis ans Herz käme, würde
der Tod eintreten. Als nun schon fast der gesamte Unterleib kalt war,
da enthüllte er sich und sagte – und das waren seine letzten Worte: «O
Kriton, wir sind dem Asklepios einen Hahn schuldig, entrichte ihm den
und vergiss es ja nicht!»
«Das soll geschehen» sagte Kriton, «sieh aber zu, ob du sonst noch
etwas zu sagen hast.» Aber er antwortete nicht mehr, sondern bald darauf zuckte er und seine Augen waren gebrochen. Kriton schloss ihm
Mund und Augen. (Phaidon 117a-118a)

Staatsutopie

Was uns Platon im *Phaidon* vorführte, ist eine Anleitung für
jeden einzelnen von uns, zur Schau der Wahrheit zu gelangen. Die Radikalität dieses Ansatzes hat viele Menschen über
die Jahrhunderte beeindruckt. Alle, die sich von der Welt
des Luxus und des billigen Vergnügens angewidert fühlen,
die sich davor zurückziehen und ein einfaches Leben führen
und zu den «eigentlichen Dingen des Lebens» gelangen wol-

len, sind irgendwie und im weitesten Sinne Platoniker. Noch mehr von dieser Lehre haben jene in sich aufgesogen, die an die Sache noch kompromissloser herangehen und diesen Rückzug und die Askese mit großem Körpereinsatz zelebrieren. Dazu gehören unter anderem die sich von Syrien oder Ägypten (es ist immer noch umstritten, in welchen Wüsten die ersten Einsiedlermönche hausten) ausbreitenden Mönche, die in diesem lebensfeindlichen Klima gleichsam die Abtötung des Körperlichen betreiben. Peter Sloterdijk nennt sie *weltlich Dienstuntaugliche*, was Platon vermutlich gefallen hätte und den Gegensatz zu den weltlich diensttauglichen Sophisten klar ausspricht. Und auch dieser Bemerkung über den Säulenheiligen Simeon (*Stylites*) von Sloterdijk hätte Platon sicherlich zugestimmt: *Wer den entrückten Mann auf der Säule über einige Tage beobachtete, konnte sich davon überzeugen, daß es im Menschenmöglichen liegt, noch in dieser Welt zu weilen und zugleich schon anderswo zu sein.* Was ich bereits bei der Methode der Dialektik erwähnte, trifft Sloterdijk zielsicher wenn er von der *anachoretischen Revolution* spricht, *die das orientalische Vorspiel zur Revolutionsgeschichte des Westens verbirgt.*

Nun, wir sprechen hier von einer doch verschwindend kleinen Gruppe. Die meisten von uns freuen sich am diesseitigen Leben und haben es gar nicht eilig, *von hier nach dorthin zu entschwinden*. Ich gebe zu, dass auch ich mich meist ganz wohl fühle in meiner Haut und Platons *Phaidon* nach anregender Lektüre wieder gerne auf das Bücherbord meiner Bibliothek zurückschiebe.

Genau das aber ist das Problem! Platon wollte ja einen verbindlichen Weg aufzeigen, einen, den *alle* gehen *wollen*. Nun halte ich Platon nicht für einen Phantasten und kann es bei bestem Willen nicht glauben, dass er geglaubt hat, dass seine triefende Geschichte des sterbenden Sokrates gegen die aufgeklärte Moderne der Sophisten reüssieren könne. Hat er ja auch nicht – wie wir sahen. Aber, so würde ich das einschätzen, es musste einmal gesagt und groß angerichtet worden sein. Und in der Geschichte hat seine Idee – wie gesagt – tiefe Spuren gezogen, ohne die das Abendland ärmer wäre.

Dennoch: Es bleibt ein krachendes Scheitern und das ermöglicht Platon nun den zweiten Anlauf: Wenn es mit einem persönlichen, individuellen Weg nicht klappt, dann muss der Staat die Sache übernehmen. Die *Politeia*, Platons Staatsutopie, folgt dem Scheitern der Utopie von der individuellen Befreiung aus dem Körper völlig konsequent.

Da kommt jetzt freilich Heftiges auf uns zu. Selbst wenn Sie als aufgeklärter Zeitgenosse und als aufgeklärte Zeitgenossin des einundzwanzigsten Jahrhunderts genommen werden wollen und wenn somit Ihr Verstand eher für die Sache der Sophisten Partei ergreift, könnte es doch sein, dass Ihr Herz ein wenig für die Utopie des Sokrates zu schlagen begonnen hat. Für seinen sprühenden Charme, für seine Einwände gegen die erzwungene Eindimensionalität einer nur mehr rationalen, auf bloße Vernutzung und Pfennigfuchserei ausgerichteten Welt, in der wir so Vieles auf der Strecke lassen müssen. Vielleicht auch für seinen so abgeklärten und doch so spirituellen Umgang mit dem Tod. Sokrates ermuntert uns dazu, den Glauben nicht aufzugeben, dass da zwischen Himmel und Erde noch Vieles steht, das wir nicht dem Getriebe dieser Welt opfern sollten.

Wenn Sie das auch so ähnlich sehen, dann folgt jetzt eine herbe Enttäuschung. Es ist, wie wenn einem das entspannte Lächeln gefriert, weil man plötzlich einsehen muss, dass Platon all seine Visionen verbissen und kompromisslos ernst meint. Sokrates' launiger und anzüglicher Blick auf das Geschlecht des Charmides, mit dem ich dieses Buch eröffnet habe, entpuppt sich auf einmal als böse Ironie, die auf das Gegenteil verweist. Dass wir aus der seelischen Verfangenheit mit dem Schmutzigen und dem Kot des Körperlichen emporstreben müssen zu lichten Höhen des Heiligen und Geistigen. Und dies nicht mehr als persönliche Option, sondern als Zwang, der für alle verbindlich gemacht werden muss.

Man hat oft die Vorstellungen der *Politeia* zu retten versucht, indem man sie als spirituelle Botschaft deutet oder als ein Bemühen um radikale Gerechtigkeit. Platons Kritiker wären reine Pragmatiker und Opportunisten gewesen, die einen philosophischen Ernst ablehnten. Demgegenüber habe Platon in prophetischer Vision die Reinheit des Staates gegen Gewalt, Pornographie und Seichtigkeit, gegen Luxus und falsches Flitterwerk verteidigt. Gewiss ist das so gemeint, aber alle diese hehren Ideale erübrigen nicht die Frage nach dem wirklichen Wesen des Menschen und vor allem die Frage, wie denn eine diktatorische und allgemeinverbindliche Implementierung solcher Vorstellungen durch einen Staat zu legitimieren ist. Wer die Verdrängung des Körpers als *restlos ethisierte Erotik* bezeichnet und den kruden Kollektivismus als *ungleichheitspräventive Wirtschaftspolitik* beschönigt, der könnte doch auch die Unterdrückung der Menschenrechte in heutigen Mullah- oder Putinregimes als *Kompensation der Defizite, die sich tugendpädagogischem Versagen verdanken* rechtfertigen und die Diktatoren als tragische Philosophenkönige titulieren, die *die Rationalitätsstandards ihres eigenen Wissens grundsätzlich unterbieten müssen* (alle Zitate stammen von einem *Politeia*-Interpreten unserer Tage). Nein, so kann man das nicht sehen!

Die *Politeia* ist das Werk eines Staatsterrorismus, einer Diktatur, die den Menschen unbarmherzig vernichtet, die allen Humanismus mit Füßen tritt. Platon ruft nun, nach dem Scheitern des im *Phaidon* vorgezeichneten Weges, nach der Institution. Er beschwört den starken Staat, der all die Visionen mit harter Hand umsetzt. Was er uns nun auftischt, ist allerdings so abwegig, dass man sich ernsthaft die Frage stellen muss, das überhaupt ernst gemeint sein kann! Platon dürfte wohl schon als er den Dialog zu schreiben begann, gewusst haben, dass er auch diese Option scheitern lassen würde.

Vielleicht – das glaube ich jedenfalls – wollte er uns zeigen, zu welch extremen Positionen man sich versteigen *müsste*, um das Ziel zu erreichen – nur, um dann klar zu stellen, dass das nicht geht.

Schon von der Form her unterscheidet sich die *Politeia* von allen anderen Dialogen. Sie ist kein Dialog im eigentlichen Sinn des Wortes mehr, sondern ein riesiger Monolog des Sokrates, der nur von Jasagern unterbrochen wird.

Das Äußerste, was Glaukon und Adeimantos, den beiden Gesprächspartnern, zugestanden wird, ist, eine Frage zu formulieren, wenn sie etwas nicht verstanden. Sokrates referiert zielbewusst und mit unmissverständlichen Worten einen ungeheuerlichen Anspruch. Der Stil ist humorlos und eisig. Es gibt keinen Funken mehr von jenem zähen, aber eben auch so kunstvollen, stilistisch so brillanten Ringen mit seinen Gegnern, wie wir das aus den Frühdialogen kennen. Es fehlen aber auch die sprühende Begeisterung und das Augenzwinkern der späten Dialoge. Es ist schwer zu sagen, warum das so ist. Zeigt Platon hier sein wahres Gesicht? War das Gesicht, das wir bisher kennen lernten, das des Sokrates? Hat Platon diesen Stilbruch bewusst vollzogen, um etwas (aber was?) damit auszudrücken? Fragen über Fragen und es ist erstaunlich, warum man sich in der wissenschaftlichen Literatur darüber nicht mehr den Kopf zerbrochen hat. Ganz offensichtlich hat man die *Politeia* innerlich bereits so untrennbar mit Platon verbunden, dass diese Fragen gar nicht mehr auftauchen. Die großen Kritiker Platons, Karl Popper oder Hans Blumenberg, haben sich in die *Politeia* verbissen, sie zu Recht als totalitäre Anleitung einer Staatsorganisation zerzaust. Ihnen entging dabei aber, dass Platon selbst seine Utopie platzen ließ und dass er in seiner Spätphilosophie eine viel aufregendere, vielleicht auch noch bedrückendere Beschreibung des Staates, die noch dazu mit dem modernen liberalen Staat nun wirklich viel zu tun hat, formulierte.

Es ist wohl am besten, wenn wir uns die Sache einmal näher ansehen. Die *Politeia* ist in zehn Bücher eingeteilt. Es fällt auf, dass das erste Buch noch am ehesten im Stil einer frühen Schrift formuliert ist. Es gibt dort auch noch so etwas wie eine echte Diskussion. Man nimmt daher auch an, dass dieses Buch früher geschrieben worden ist. Die Szenerie spielt im Piräus. Sokrates spaziert mit Glaukon, dem Bruder Platons (wir haben ihn bereits als Möchtegern-Politiker kennen gelernt), dorthin, um Festfeiern, Prozessionen und Fackelzüge zu Ehren der thrakischen Göttin Bendis zu begehen. Bendis war eine Jagd- und Fruchtbarkeitsgöttin. Die phrygische Mütze, mit der sie meist dargestellt wurde, galt einerseits als Kopfbedeckung von Barbaren, sie war zugleich aber ein Symbol der Fruchtbarkeit. Diese Mütze hatte eine große Karriere vor sich. Sie tauchte als Jakobinermütze in der französischen Revolution wieder auf, wo sie als Symbol für die Freiheit missverstanden wurde. Man hielt sie für die Mütze freigelassener Sklaven (eigentlich der Pileus). Heute firmiert sie unter anderem im Siegel des US-amerikanischen Senats und steht dort wohl auch für Freiheit – oder doch für die Fruchtbarkeit der Senatoren – in ihren politischen Initiativen, versteht sich!

Prozession zu einem Grab. Korinth um 540 v. Chr.
Archäologisches Nationalmuseum Athen

Das Bendisfest am Tempel der Göttin im Piräus, das Anfang Juni gefeiert wurde, war inzwischen ein großes Volksfest geworden. Die Athener waren große Festbesucher. Vermutlich hat man in keiner griechischen Stadt so viele Feste gefeiert wie in Athen. Bei dieser Kommerzfolklore wurde getanzt, gesungen und gegessen, es gab Sportwettbewerbe und natürlich Prozessionen und hymnische lautstarke Gebete (stille Gebete kamen erst in der Spätantike auf). Sokrates unterstreicht, dass er auch hin ging, um zur Göttin zu beten!

Vergessen wir nicht, dass Platons Text in einer Zeit spielt, wo die Intellektuellen weitgehend agnostisch waren und der Glaube der Massen an Tiefe verloren hatte. Eine Zeit, wo sich die Menschen zwar über jedes religiöse Fest freuten, weil es einen arbeitsfreien Tag bedeutete – die Griechen kannten keine Sonntage –, wo sie auch gerne bei den Ritualen mitmachten, von den Inhalten der Feste jedoch hielten sie nur mehr wenig. Das war eben die moderne Zeit und sie unterschied sich kaum von *unserer* modernen Zeit. Jährlich erschrecken die Umfragen nach dem Wissen um die religiöse Bedeutung jener Feste, die den Menschen die langen Urlaubswochenenden bescheren: Weihnachten, Ostern, Pfingsten, Fronleichnam. Da muss man nun keineswegs ein religiöser Aktivist sein, um das zu bedauern. Denn es geht hier schlicht auch um den Verlust eines kulturellen Wissens.

Für Platon war das religiöse Fest noch in seiner ursprünglichen Funktion wichtig. Diese lag in der Unterbrechung des Alltags. Mit dem Ausstieg aus dem Alltag sollte die Chance aufrecht erhalten werden, den Einbruch des ganz Anderen, des Heiligen, erleben zu können.

Sokrates und Glaukon werden nun am Rande des Festes in das Haus des Polemarchos und dessen Vater Kephalos eingeladen und in einer größeren Gruppe beginnt eine Diskussion um die Gerechtigkeit, die dann in ein Gespräch um das Göttliche mündet. Nun mag es ja sein, dass dieses erste Buch früher geschrieben worden ist, das Thema des Gesprächs freilich passt ausgezeichnet zur Problematik der *Politeia* (ich meine also, Platon hat den früher verfassten Text aus der Schublade gezogen und in den Korpus der *Politeia* eingepasst). Es geht in diesem großen Werk zwar vordergründig um die Verfassung eines Staates, aber das zentrale Thema wird die Frage nach dem Göttlichen als letzte Legitimation für ein Staatswesen.

Angesichts der festlichen Umzüge liegt die Frage nach dem Göttlichen nahe. Es gab darüber viel Erklärungsbedarf, denn in diesen modernen Zeiten war es nicht mehr einfach, zwischen dem rechten Kult und den vielen Sekten und Scharlatanen zu unterscheiden. Dazu kam, dass die Menschen, die eine Welle ökonomischer Globalisierung erlebten, wo Aktienkurse wichtiger waren als Nachbarschaftshilfe, ein großes Bedürfnis nach Spiritualität hatten und danach, dass man ihnen die Sache um das Göttliche erklärte. Auf ihren homerischen Kinderglauben mochten sie sich nämlich gar nicht mehr gerne verlassen. Es wirft ein bezeichnendes Licht auf die moderne Zeit Athens und ihrer *Do-it-yourself-Religion*, wenn wir folgendes hören:

> Gaukler und Wahrsager kommen vor die Haustüren der Reichen und versuchen sie zu überzeugen, dass sie sich von den Göttern durch Opfer und Rituale die Kraft erwirkt hätten, sollten sie selbst oder ihre Eltern eine Schuld auf sich geladen haben, sie zu heilen. Mehr noch: Sollte jemand einem Feinde etwas antun wollen, so ließe sich für geringe Kosten sowohl einem Gerechten als auch einem Ungerechten durch Zauber und magische Handlungen Schaden zufügen [...] Und sie besitzen viele Bücher des Musaios und Orpheus, nach denen sie ihre Gebräuche verrichten und nicht nur einzelne Menschen, sondern ganze Städte überreden, dass es Lösungen und Reinigungen von Verbrechen durch Opfer und Spiele gebe, und zwar für Lebende und Verstorbene.
> (Politeia 364b-e)

Schon damals waren die Besitzenden bei den Scharlatanen als Klientel höchst beliebt. Man löste die Familien von unangenehmer Vergangenheit und kassierte dafür kräftig ab. Das späte zwanzigste Jahrhundert wäre für diese Leute ein herrlicher Markt gewesen. Man sieht hier schön, wie Sokrates das Problem der Moderne als Gesamtkomplex sieht. Soll das Religiöse in dieser Moderne nicht einfach das sein, was in den alten Mysterienbüchern, deren Inhalt zu Platons Zeit als «New-Age-Spiritualität» vermarktet wurde, steht, dann muss es neu formuliert werden. Das ist jene feine Differenzierung, die bei der Verurteilung des Sokrates unterging. Sokrates entmythologisierte und klärte auf, aber nicht um einer agnostischen Aufklärung willen, sondern um die wahre Dimension des Göttlichen zu retten. Die Moderne kann zwar nichts mehr mit den tradierten Formen der Amtskirche anfangen, aber das Bedürfnis nach Spirituellem und Transzendenz ist keineswegs verloren. Es muss nur in glaubwürdiger Weise beantwortet werden.

Von der Gerechtigkeit im Einzelnen ist man im Gespräch bald bei der Gerechtigkeit im Rahmen des Staates und das ist für Sokrates der Auslöser für die Präsentation seiner Staatsutopie. Es beginnt gleich mit einer kalten Dusche für die anwesenden Zuhörer, allesamt gebildete Bürger mit Niveau und einer Vorliebe für geistige und materielle Delikatesse. Sokrates fackelt nicht lange herum, sondern stellt seinen idealen Staat als asketische Lebensgemeinschaft vor, deren einziger Zweck es ist, das Allernötigste für das Leben bereitzustellen, Kinder groß

Kabarettist verulkt einen Gott oder einen Sieger bei Sportwettkämpfen. Weinkanne um 360 v. Chr.
Museo Archeologico Nazionale di Taranto

zu ziehen und dann durch karge fettarme und faser-, vitamin- und mineralstoffreiche Nahrung in Gesundheit alt zu werden, um schließlich betagt zu sterben. (372c) Die Beschreibung des Sokrates erinnert an das asketische Leben in Mönchsgemeinschaften oder in idealen kommunistischen Basisgemeinden. Natürlich sollten die Bewohner dieses Staats lauter kleine Philosophen im Sinne des *Phaidon*-Dialogs werden. Glaukon ist schockiert und – es wird eine seiner letzten aufmüpfigen Bemerkungen bleiben – nennt einen solchen Staat eine Gemeinschaft von Schweinen. (372d) Er möchte über den kultivierten Staat reden. Zum Leben gehört doch mehr als tägliche Fütterung und das Aufziehen der Nachkommenschaft. Die so emotional klingende Bemerkung ist nicht von schlechten Eltern. Was Sokrates mit viel Empathie entwarf, ist das, was im 19. Jahrhundert Karl Marx als Utopie einer autarken ur-kommunistischen Gesellschaft imaginierte. Ob man in solchem Kontext nun notwendigerweise letzte Wahrheiten braucht, das bleibe einmal dahin gestellt. Aber solche Vorstellungen sind ohnehin nur Imaginationen, niemals haben Menschen so gelebt. Sie waren immer bestrebt, sich das Leben angenehmer zu machen und erfanden in einem sportlichen Wettbewerb technische Hilfsmittel. Sie gestalteten von Anfang an ihre Umgebung künstlerisch – aus Freude oder als Verehrung göttlicher Mächte. Mit dem Menschen kam die Kultur und mit ihr die Erzählungen der Religion, Moral und der Unterscheidung von Wahrheit und Falschheit. Platon Stadt-Utopie verweist unausgedrückt auf ein hohes kulturelles Niveau. Insofern ist der Entwurf dieses reinen Reproduktionsstaates von Anfang an ein Widerspruch. Ich kann nicht glauben, dass Platon das nicht bewusst gewesen wäre, zumal seine übrigen Dialoge ja genau in dieser Kulturgesellschaft spielen.

Was also wie eine schallende Ohrfeige aussieht, wird jetzt für Sokrates zu einem Sprungbrett, um mit heftiger Kulturkritik loszulegen.

Der Untergang des Abendlandes – um 400 vor Christus

Klar, es geht um unseren so gerühmter Kultur- und Wohlfahrtsstaat! Da gab es teure Designermode in Athen und unzählige Luxusartikel. Die Konditoreien waren prall gefüllt mit ebenso kunstvollen wie sündigen Naschereien, von Dekorateuren in den Auslagen gekonnt auf Baumblätter drapiert. Die Weinkeller quollen über von edlen Tropfen (sind das nicht auch kulturelle Errungenschaften?), Architekten übertrafen sich in der Planung ausgefallener Häuser. Die *Home-and-Garden*-Kataloge priesen aufwendige Fauteuils und Ausstattungen für das Peristyl an. Moderne Zeiten bringen auch einen Schub an Körperhygiene – wenn Aufbauzeiten vorüber sind, riecht man nicht mehr nach Schweiß –, begleitet mit einem gerüttelt Maß an Eitelkeit. In die Jahre gekommene Männer begannen, sich die Haare zu färben. Der Trend war nicht aufzuhalten. Ja, und die käuflichen Damen, die man sich für verschiedene Lustbarkeiten ins Haus bestellen konnte – darunter gab es damals, ich sagte es schon, solche mit feiner Bildung und guten Manieren –, sie waren ein höchst lebendiger Reiz, der vielen lieber war als die Kunstgegenstände, die man sorgfältig in Galerien aussuchte. Die Kunst – inzwischen war man ein Banause, wenn man nicht hin und wieder in den Ateliers einige Malereien, schön gewirkte Wandteppiche oder Elfenbeinarbeiten erstand und bei diversen Vernissagen im neuen Abendkleid unter dem schimmernden Sternenhimmel Athens erstrahlte. Noch bis vor kurzem waren die Künstler einfache Handwerker. Doch die Erzeuger der Kunstwerke

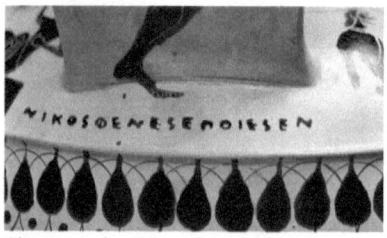

Signatur des Künstlers Nikosthenes (um 520 Athen) auf seinem schwarzfigurigen Werk (nikosthenes epoiesen/Nikosthenes hat es gemacht). *Staatliche Antikensammlungen und Glyptothek, München*

mauserten sich zu angesehenen Leuten. Anders als aus dem antiken Rom (wo die meiste Kunst auch von Griechen stammte) kennen wir viele griechische Künstler und Architekten beim Namen.

Dennoch, die großen Ausgaben des Staates für Kunst und Kultur schienen auch ihre Kritiker zu haben, denn – man höre und staune – Sokrates erwähnt das Argument der Umwegrentabilität, das von den Anhängern des Wohlfahrtsstaates zu allen Zeiten ins Treffen geführt wurde. Die Kunst erzeuge eine Reihe von weiterer Beschäftigung: Um die Theater beleben und Spielpläne gestalten zu können, braucht man Dichter, Komponisten, Schauspieler, Sänger und Tänzer. Daran hängen wieder Bühnenarbeiter, Beleuchter und Techniker. (373b) Sokrates hat die Gewerkschafter und Betriebsräte vergessen, die dafür sorgen, dass sich die Darsteller nicht übernehmen und selbst möglichst schnell in das wohl dotierte Rentnerdasein verduften. Auch das private Leben wird erst schön mit Dienern, Köchen, Pförtnern, Gärtnern für das Atrium, Raumpflegerinnen, Kindermädchen (aber auch Kinderwärtern!) oder persönlichen Parfümberatern (Alkibiades soll einen solchen gehabt haben) und so weiter und so weiter. Auch in Athen wurden die meisten Arbeitsplätze inzwischen im Dienstleistungssektor geschaffen.

Bekommen Sie Lust auf eine kleine kulinarische Griechenlandreise? Seien Sie froh, dass Sokrates sich nicht durchgesetzt hat, denn zum Unterschied von Ihren angenehmen Gefühlen spricht Sokrates voller Abscheu von einer solch – wie er es nennt – hypertrophen (τρυφῶσαν πόλιν / *tryphosan polin*), ja aufgeschwemmten und entzündeten (φλεγμαίνουσαν πόλιν / *phlegmainousan polin*) Stadt. Daher braucht diese Stadt – wie Sokrates seinen Gesprächspartnern, die vermutlich auch bereits unter hohem Blutdruck und Übergewicht litten, unter die Nase reibt – auch viele Ärzte. Es klingt paradox, aber die *Politeia* ist ein Werk *gegen* die Stadt. Sie richtet sich gegen das, was die Stadt am besten kann: die Produktion von Kultur! Platon schwebt ein ganz anderes Konzept von Stadt vor, eines, das man eher mit einem großen Kloster vergleichen könnte, oder eben mit dem großen Gegenentwurf: der Akademie *vor* der Stadt. Augustinus nannte seine im Geist Platons geschriebene Stadtutopie eine göttliche Stadt (*Civitas Dei*).

Die Stadt expandiert. Man wird also früher oder später mit seiner Nachbarstadt ins Gehege kommen. Daher braucht man Militär. Dies sollte kein Milizheer sein, sondern ähnlich wie bei anderen Berufen vertraut Sokrates hier den gut ausgebildeten Spezialisten. Er schlägt ein Berufsheer vor. Die Soldaten oder, wie sie auch heißen, Wächter (φύλαξ/*phylax*), werden eine ganz wichtige Gruppe in Platons Idealstaat und er widmet ihrer Erziehung und Ausbildung eine ganze Menge Raum.

Platon teilt den Staat nämlich in drei Stände ein. Da sind die Bauern. Sie bilden die unterste Gruppe und sind für die Herbeischaffung der Nahrung zuständig. Sie halten unseren Körper am Leben. Dem geringen Stellenwert, den der Körper im System Platons einnimmt, entspricht auch der Stellenwert der Bauern. Der Körper hat Wert nur als Träger des Geistes (der Geist webt sich Körper).

An höchster Stelle stehen die Philosophen. Wie wir wissen, leben sie in der Schau der Wahrheit. Man hat immer wieder vor den grauslichen Tatsachen der *Politeia* die Augen verschlossen und sie verklärt. So wurzelt hier beispielsweise die Mär von den allwissenden gütigen Philosophenkönigen in Platons Staat, die immer gegen unsere pragmatisch verwaltenden Politiker ausgespielt werden. Wir wissen nun aber eine Menge über das Bild der Philosophen und aus der Sicht einer liberalen Staatsverfassung kann es nur abschreckend sein. Ich werde darauf zwangsläufig noch einmal zurückkommen.

Die Wächter sind die interessanteste Gruppe. Sie stehen dazwischen und sollen einerseits weisheitsliebend (φιλόσοφος/ *philosophos*) sein, nach außen jedoch wild und tapfer auftreten.

Sie müssen unterscheiden können zwischen gut und böse, wahr und falsch. Das erfordert eine außerordentliche Erziehung und Ausbildung dieses Standes. Denn die Wächter sind die universellen Regulatoren im Staat und es gibt praktisch nichts, worüber der Staat nicht Aufsicht zu führen hat. Die Dichter von Märchen und Sagen sind zu beaufsichtigen. Nur gute Dichtungen sind den Kindergärtnerinnen und Müttern (so die Reihenfolge!) für die Kinder in die Hand zu geben. Sokrates greift frontal Homer und Hesiod an. Ihre Erzählungen seien nichts weiter als ein einziges Lügengewebe. Adeimantos tut sich schwer mit dem Verständnis:

> Welche Erzählungen aber meinst du und was tadelst du daran? Wenn jemand in seiner Rede Götter und Heroen unrichtig darstellt, so ist das ebenso, wie wenn das, was ein Maler malt, dem überhaupt nicht gleicht, dem er sein Gemälde doch ähnlich machen wollte. Gewiss ist es richtig, das zu tadeln, aber wovon genau sprichst du?
> (Politeia 377e)

Sokrates listet die Vergehen der Dichter auf. Etwa dass sie die Götter als eine streitsüchtige Bande beschreiben, mit all den schlechten Eigenschaften, die wir von den Menschen kennen. Die Götter sind bloße Projektionen der Menschen, ein Bild, das niemals mit dem übereinstimmen kann, wie die Götter «wirklich» sind (*Wie Gott seinem Wesen nach ist, so muss er immer dargestellt werden*).

Das ist ein schönes Dokument eines aufklärerischen Gedankens, das Platon uns hier anbietet. Auch er ist der Meinung, dass die alten Götterbilder der Volksschule, die schönen Märchen vom olympischen Himmel, nicht stimmen können, schlimmer noch, dass sie für den Unglauben der Zeit mitverantwortlich sind. Um das Gottesbild zu erneuern, muss man zuerst Entmythologisierung betreiben und den naiven Kinderglauben beseitigen, der den kritischen Anfragen des Erwachsenen nicht mehr standhält. Andererseits haben viele Menschen damit Probleme. Man zieht ihnen den Boden unter den Füßen weg, man reißt sie aus der Geborgenheit ihrer einfachen Weltbilder.

Die Handgreiflichkeit der Gottesvorstellung übt immer eine große Faszination aus im Gegensatz zu abstrakten Ideen, wie sie Sokrates anbietet. Gott als *Ursache von allem Guten* und: *in jeder Hinsicht ist das Dämonische* (δαιμόνιον/*daimonion*) *und Göttliche* (θεῖον/*theion*) *ohne Falsch*. (379c/382e) Wer kann sich darunter schon etwas vorstellen? Das sind die abstrakten Gottesbilder der Theologen, die sich mitunter weit von den Bedürfnissen der Menschen auf der Strasse entfernt haben.

Man sieht, worauf es Platon ankommt. Sokrates wird als derjenige dargestellt, der – ganz im Gegensatz zur Meinung seiner Ankläger, die im *Daimonion* einen sophistischen Atheismus vermuteten – das Göttliche in seiner Würde retten wollte. So ließe sich diese Klage Platons über die Dichter positiv deuten. Es wäre dann eine Klage über den billigen Boulevard, es wäre eine Klage gleichsam zur höheren Ehre Gottes. Aber die Sache hat einen Haken! Die Klage kommt nun nicht von einem Dekan einer Theologischen Fakultät oder von einem fortschrittlichen Bischof, der gegen den Aberglauben seiner Schäfchen etwas unternehmen möchte, die Klage kommt von jemandem, der ein Staatswesen entwirft. Und hier wird klar, dass der Staat die Religion für seine Zwecke instrumentalisiert. Wenn man Sokrates zuhört, ist nicht zu übersehen, dass es weniger um Theologie als viel mehr um den starken Staat geht.

Er listet minutiös auf, welche Stellen von der staatlichen Zensur gestrichen werden müssen: Die Darstellungen der Unterwelt (die Wächter dürfen keine Angst vor dem Tod haben!), alle emotionalen Äußerungen der Götter, wie ihr Lachen (die griechischen Götter konnten noch schallend lachen, aber wie wir wissen, gehört zur Wahrheit die Emotionslosigkeit), ihr Klagen, gar ihre sexuellen Eskapaden. Die Wächter müssen – ganz im Sinne dessen, was wir im *Phaidon* gehört haben – regelrecht aseptisch Herren über ihre Gefühle sein.

Das mit dem Lachen ist so eine Sache! Diktatoren haben dafür wenig Verständnis. Schallendes Gelächter und beißende Karikatur versetzen sie in heftige Unruhe. Charlie Chaplin brach seinerzeit, am 15. Oktober 1940 mit der Uraufführung seiner Hitler- und NS-Persiflage *Der große Diktator* einen Bann. Der Film rief in gleichem Maß Lachen und Entsetzen hervor. Chaplin selbst räumte später in seiner Autobiographie ein, dass der Film wohl nicht zustande gekommen wäre, hätte er das ganze Ausmaß des Verbrechens bereits gekannt. Es war vermutlich gut, dass er es dennoch getan hat. Der Film verweist auf eine schwache Seite von Diktatoren: den Humor, den Spott und das Lachen.

Noch etwas Interessantes zeigt uns dieser Text. Autokraten und Diktatoren brauchen für ihre Instrumentalisierung sämtlicher kultureller Erzählungen ein ungebildetes Volk. Sie haben vor nichts mehr Angst als vor der Bildung der Untergebenen. Das untergräbt ihre Autorität. Bildung ist das beste Mittel gegen autoritäre Regime ebenso wie gegen Fundamentalismus, den jedes autoritäre Regime ebenfalls benötigt. Das gäbe eigentlich Politikern einen wichtigen Hebel in die Hand. Kaum je vermag eine Boykottpolitik Diktatoren in die Knie zu zwingen. Im Gegenteil: Sie leben gut auf Kosten des darbenden Volkes. Viel empfindlicher würde sie eine Politik treffen, die es schaffte, einem unterdrückten Volk Bildungseinrichtungen zur Verfügung zu stellen und ihm den Zugang zu Informationen zu ermöglichen. Die blanke Hysterie der Taliban und der IS-Terroristen über Bildungseinrichtungen, noch dazu solche für Frauen, zeigt, auf welch empfindlichen Nerv man hier trifft. Daher schaut auch Platon ganz genau hin, wenn es um die Bildung geht und funktionalisiert sie ganz auf das von ihm gewünschte System.

In ähnlicher Weise wie die Dichtkunst nimmt sich Sokrates die Musik vor, verwirft Tonarten, normiert den erlaubten Rhythmus, ja die erlaubten Instrumente. Die Flöte, das Instrument des

Dionysos und des Pan, gar die Doppelflöte, gehören in den Waffenschrank. Erlaubt sind die Saiteninstrumente, die Lyra (λύρα) und die Kithara (κιθάρα). Sollten Sie sich mit den antiken Instrumenten auskennen, kommt jetzt vielleicht der Einwand, dass eine Art der Leier, die Barbitos (βάρβιτος) auch von Satyrn gespielt wurde. Richtig! Aber diese war auch nicht gemeint, sondern die Chelys (χέλυς), die Schildkrötenleier, die weniger anzüglich war. Vor allem die Kithara, ein ganz vornehmes bis zu zwölfsaitiges Instrument, wurde von Apoll und den Musen gespielt. Aus ihr leitet sich die Harfe ab, die ja auch wegen ihrer himmlischen Sphärenklänge geliebt wird. Noch der christliche Kirchenlehrer Basilius der Große zitiert die Kraft der Musik und beschreibt wie Pythagoras, als er betrunkene Zecher sah, befahl, die Melodie auf eine dorische Weise zu ändern – und siehe da: *sie haben bei jenen eine solche Ernüchterung bewirkt, dass sie die Kränze wegwarfen und beschämt nach Hause gingen.* Schade, dass Pythagoras keinen Nachahmer gefunden hat. Ein gut bezahlter Job bei unzähligen Festen wäre ihm sicher. Aber Sie können die Anregung aufnehmen und sollten stets eine CD mit dorischen Weisen im Handschuhfach Ihres Auto bereithalten für die Heimfahrt nach diversen Restaurantbesuchen (schon für diesen Tipp hat sich die Ausgabe für dieses Buch gelohnt!).

Der neue Staat wird gut auf Mediziner und Juristen, beides Zeichen der Verdorbenheit des Staates, verzichten können. An ihre Stelle tritt regelmäßige Musikgymnastik. Die Zusammenstellung der Übungen und die passende Musik sind selbstverständlich vom Staat geregelt. So gesehen hat die heutige Musiktherapie eine lange Geschichte. Der Neuplatoniker Jamblichos berichtet über solche Bemühungen:

> Die Pythagoreer sollen sich auch bei einigen Krankheiten der Zauberlieder bedient haben. Sie nahmen nämlich an, dass auch die Musik viel zur Genesung beitragen könne.

Im Überschwang dieser klaren Distinktionen kann sich offenbar keiner der Gesprächspartner der Überzeugungskraft der Argumente entziehen. Eines folgt mit logischer Notwendigkeit auf das andere, sodass Sokrates zwischendurch die Bemerkung einstreut:

> Beim Hunde, ohne es gemerkt zu haben, reinigen wir wieder die Stadt, von der wir vorher sagten, sie schwelge. (Politeia 399e)

Und ausgerechnet Glaukon, der vorher noch von einer Stadt der Schweine gesprochen hatte, findet das jetzt ganz vorzüglich: *Daran tun wir ja sehr weise!* Kein Widerspruch mehr, sondern im Gegenteil: Das alles ist sehr weise!

Zur Entschlackung eines aufgeschwemmten Staates gehört auch die Beherrschung des Sexualtriebes. Die Leidenschaft dieses Triebes ist auszuschalten:

> Die Art der wahren Liebe aber ist es, einen Sittsamen und Schönen auch besonnen und musikalisch zu lieben.
> Allerdings.
> Die wahre Liebe darf nichts mit Zügellosigkeit und Wollust zu tun haben.
> Nein. (Politeia 403b)

Wir erinnern uns an die Szene im *Charmides*, als Sokrates den Chiton von Platons jungem Onkel lüftete! Und was ist jetzt? Jetzt singen die beiden fromme Choräle? Jetzt muss man beim Geschlechtsakt die Augen schließen und nur an den Zweck der Erzeugung von Nachkommenschaft denken. Die Beherrschung des Eros wird in der späteren Zeit bei den Eros-Dialogen zu einem zentralen Thema. Was im *Phaidon* noch wie eine persönliche Askese und Katharsis erschien, wird jetzt universell verbindlich und zur staatlichen Vorschrift. Es sollte uns diese Volte aber auch nicht allzu sehr überraschen, denn schließlich steuern wir schon lange und bei allen möglichen Themen auf die Ausschaltung der Leidenschaften hin. Leidenschaften sind nicht beherrschbar, ein totalitärer Staat kann sie nicht gebrauchen. Daher ist alles, was Leidenschaften anzeigt oder auslöst, kurzerhand verboten. Und was löst bei männlichen Hormonträgern besonders Leidenschaft aus? Eine schöne Frau! Also wird sie bis zur Unkenntlichkeit verpackt. Nun lehrt die Erfahrung, dass solche Strategien meist ins Leere laufen, denn Frauen in solchen Verpackungsländern verstehen es, zum Ärger der allgegenwärtigen Sittenwächter mit ihrer Verhüllung erotisch zu spielen. Ein Blick im Hochsommer auf das Publikum *unserer* Städte (Frauen wie Männer) zeigt das krasse Gegenteil der Verhüllung, und das bringt nicht selten jede Leidenschaft viel schneller und gründlicher zum Erliegen.

Der algerische Autor Kamel Daoud hat neulich starke Zeilen in der *Neuen Zürcher Zeitung* über den Frauenhass der Islamisten verfasst. Er schrieb: *Der Islamist liebt es, seinen Körper zu vergessen, ihn bis zur Auflösung zu waschen, unter ihm zu seufzen wie unter einer schweren Last* [...]. Diese Haltung führe dazu, *dass sich der Instinkt umso rabiater zurückmeldet, und die Frau trägt mithin nicht nur die Schuld, selbst einen Körper zu haben: Sie hat auch zu verantworten, dass der Islamist den seinen spürt und gezwungen ist, ihm nachzugeben* [...]. Daher möchte er die Frau *verhüllen, um sie zu vergessen, zu negieren, ihre Körperlichkeit zu tilgen* [...]. Das ist brillant und diese Zeilen passen genau auf das, was uns Platon entwirft.

Wenn schon noch Reste von Leidenschaften kursieren, dann müssen sie kollektiviert sein. Dem Einheitswahn verfallen, hält Sokrates vor seinen Jasagern fest:

> Nun bindet die Gemeinschaft der Lust und Unlust zusammen, wenn soweit wie möglich alle Bürger, sooft etwas entsteht und vergeht, sich auf gleiche Weise freuen und betrüben?
> (Politeia 462b)

Das klingt alles ziemlich absurd, aber wir kennen die kuriosen Bilder aus Diktaturen wie Nordkorea, wo Menschen in einem kollektiven Ausbruch der Trauer ihre Tränen über einen verstorbenen Führer vergießen, der sie hungern und darben lässt und dafür Atomraketen baut.

Auch abseits solch verrückter Szenarien holen einen diese Vorstellung Platons beklemmend oft ein. Gellt nicht ein kollektiver Torschrei über unseren Planeten, wenn beim Finale einer Fußball-Weltmeisterschaft ein Tor fällt und jeder zweite Erdenbürger daran live teilnimmt? Die *Hypes*, dieses in dieser Dimension neue Phänomen unseres globalisierten digitalen Medien-Zeitalters, egal, ob es um einen neugeborenen Prinzen geht oder um einen Sprung eines tollkühnen Abenteurers aus dem Weltraum, sind nichts anderes, als ein medial gesteuertes kollektives Spiel mit der Emotion. Und alle machen da gerne mit, sei es, weil sich (für die Medien) Geld verdienen lässt oder sei es, weil man glaubt, dazugehören zu müssen!

Hat uns Platon mit seiner *Politeia* doch ein ironisches Zerrbild der Gesellschaft hinterlassen und ihr gegen die Entrüstung, die sich an seinen totalitären Anmaßungen entzündet, die unbequeme Wahrheit vor Augen geführt? Doch bleiben wir bei dem, was fassbar ist.

Ich möchte die Sache jetzt kurz machen, denn Sokrates lässt auch nicht das kleinste Detail menschlichen Zusammenlebens aus. Er verpasst dem Staat die Oberaufsicht über die Speisen. Fleisch darf nicht fein zubereitet und gekocht, sondern muss ohne Gewürze am Grill gebraten werden. Es ist ohne Umstände, die einen gepflegten Tisch ausmachen, um der reinen Sättigung willen zu vertilgen. (404c) Selbstredend sind Süßigkeiten oder gar sizilianische Spezialitäten als Nachspeise verboten. Ganz vorne auf der Bestsellerliste in Athen stand gerade das Kochbuch eines Drei-Sterne-Kochs aus Syrakus. Ich erzählte schon, dass die Städte in «Westgriechenland», also in Sizilien und Unteritalien, als besonders luxuriös galten. Man hielt sich Fischteiche, zog Schwäne und Singvögel, die man kunstvoll in kulinarische Spezialitäten verwandelte. Im unteritalienischen Sybaris (das freilich schon 510 zerstört wurde) war sogar ein *Gault Millau*-Führer im Umlauf. Und in Kroton prägte man selbstbewusst einen Dreifuß auf die Münzen, das wertvollste Geschenk überhaupt, das man vor dem Münzwesen im Tauschgeschäft verwenden konnte.

Der Brauch, sich bei diversen Agenturen die berühmten Hetären aus Korinth – der dortige Aphroditetempel war der größte Magnet des hellenischen Sex-Tourismus – zu bestellen, wird ausdrücklich abscheulich genannt.

Fein gestalteter Fischteller aus der gehobenen Tafelkeramik Unteritaliens.
Um 360 v. Chr.
Museo Nazionale Etrusco di Villa Giulia, Rom

In einem seltenen Aufbegehren wagt Adeimantos einen Einwand und diesen sollten wir uns auf der Zunge zergehen lassen! Er fragt kritisch, ob Männer denn auf diese Art wirklich glücklich sein könnten, wenn sie in einer Lebensgemeinschaft lebten, wo ihnen nur ihre notwendigsten Bedürfnisse zugeteilt würden, ohne jeden Luxus, ohne Reisefreiheit, ohne Erlaubnis, Fremde zu empfangen, ja nicht einmal mit der Möglichkeit, mit der Kassiererin im Supermarkt ein wenig zu flirten (*dass ihnen nicht einmal, wenn sie für sich zu verreisen Lust hätten, ihnen dieses freistehen wird, noch Mädchen zu beschenken* [...]). Zwar gehört ihnen allen gemeinsam die Stadt, aber sie haben nichts davon (*denen zwar die Stadt gehört, sie haben aber nicht das mindeste von dem Guten der Stadt zu genießen*). (419a/420a) Sokrates gibt die Standardantwort aller Diktatoren:

> Wir sehen bei der Einrichtung unseres Staates nicht darauf, dass irgendein Stamm glücklich sei, sondern der ganze Staat muss es sein, soweit als nur möglich. (Politeia 420b)

Wenn dies zentrale Aussagen wären und die *Politeia* Platons

Hauptwerk, dann trüge seine Philosophie in der Tat einen massiven kollektivistischen Zug. Dieser träte an die Stelle des sophistischen Individualismus, der wiederum das Zeichen der Zeit war. Es geht um eine Orchestrierung der Massen, denn das größte Übel der Polis sei der Fall in die Vielheit. (462b)

Und als Adeimantos noch weiter bohrt und zu bedenken gibt, dass man zumindest zum Kriegführen Geld braucht und woher denn dieses in einer Tauschgesellschaft kommen sollte, erhält er die verlogene Antwort, mit der bis herauf in die Gegenwart abertausende Menschen als Kanonenfutter für Machtgier und Ideologien einzelner Verbrecher herhalten mussten. Im Golfkrieg soll Saddam Hussein seinen angesichts der waffenstarrenden westlichen Allianz skeptischen Offizieren gesagt haben, wenn man nur ein paar Hände voll Wüstensand auf die amerikanischen Flugzeuge schleudere, würden die fetten Wohlstandskrieger samt ihrer empfindlichen Elektronik vom Himmel fallen wie tote Spatzen. Zweieinhalbtausend Jahre vorher diktiert Platon seinem Schreiber in die Papyrusrolle:

> Wie nun, o Adeimantos? Ein Faustkämpfer, der vollkommen in dieser Disziplin ausgebildet wurde, meinst du nicht, dass der mit zweien, die keine Faustkämpfer sind, aber reich und fett, leicht fertig würde?
> (Politeia 422b)

Es muss also eine verschworene Gesellschaft sein, in der die alten Werte der Tapferkeit, Weisheit, Besonnenheit und Gerechtigkeit gelten. Aber wohlgemerkt: Das ist jetzt eine Sache der Erziehung und Regulierung durch den Staat. Im *Phaidon* waren wir eigentlich schon weiter, als jeder einzelne zumindest prinzipiell die Chance hatte, in der Schau Zutritt zu diesen Tugenden zu haben und sie damit als Wahrheit selbst erkennen zu können.

Mit der Vision des *Phaidon* haben wir uns von der falschen Welt verabschiedet – aber immerhin einigermaßen freiwillig. Jetzt wird uns diese «falsche Welt» mit Gewalt verboten. Weil das Übel schlechthin der Fall in die Vielheit ist, fordert er die

Kollektivierung sämtlicher Lebensbereiche. Frauen werden zu Allgemeingut ebenso wie die Kinder, *sodass weder ein Vater sein Kind kenne, noch auch ein Kind seinen Vater.* (457d) Es ist konsequent, wenn die geschlechtlichen Vereinigungen, die ohnehin nur mehr zur Zeugung von Nachkommen erlaubt sind, überwacht werden. Neue Festtage müssten eingeführt werden, bei denen eine jeweils festzulegende Zahl (je nach Notwendigkeit, Kriege oder Seuchen auszugleichen, damit der Staat *weder zu groß noch zu klein werde* (460a)) von ausgewählten edlen Paaren zu Hochzeiten zusammengeführt werden (*wenn uns die Herde recht edel bleiben soll*).

Platon hätte sich vermutlich gefreut über die heutigen Möglichkeiten der Abkoppelung der Zeugung von der Sexualität. Die Kinder werden dann dem Staat übertragen und in seinen Einrichtungen erzogen und ausgebildet (*die jedesmal geborenen Kinder nehmen die dazu bestellten Obrigkeiten an sich*). (460b)

Um diese Utopie nun umzusetzen, bedarf es oberster Leiter. Das waren jene, die sich in der reinen Wahrheit bewegen, die also wissen, wie dieser Staat zu organisieren ist. Und das sind – wir wissen es bereits – die Philosophen! Wieder kann Platon die Figur des Philosophen gegen jene des Sophisten stellen. Der Philosoph als höchste Autorität einer Wahrheit, der Sophist als technokratischer Pragmatiker der Macht – das ist zugespitzt die große Konfrontation, die Platon seit den Frühschriften verfolgt und nun in erstaunlich klaren Konturen beschreibt. Die Herrschaft der Philosophen ist also keineswegs eine schöne Idee, etwa in dem Sinne, dass hier der Politik der Primat im Staat (vor der Ökonomie zum Beispiel also den heutigen Universalsündenböcken: den «Märkten») gesichert und der weise Staatslenker gegen den Technokraten (wie er oder sie uns nur allzu geläufig ist) ausgespielt werden sollte. Der Preis einer solchen Idealisierung scheint mir nun denn allzu hoch zu sein.

Die Philosophen werden aus den besten Wächtern ausgewählt. Das schafft ein kleines Problem. Denn wie fatal, wenn man einräumen muss, dass sie womöglich durch schlichten Mehrheitsentscheid in ihre sakral anmutende Stellung gelangt sind. Ein wenig entschärft wird die Sache allenfalls, wenn die Entscheidungen einstimmig sind. In Diktaturen werden die Staatsführer auf den Staats-Parteitagen daher mit 99,9% der Stimmen gewählt. Die 0,1% Gegenstimmen sind wichtig, demonstrieren sie doch eine demokratische Legitimation, was Platon nun freilich wenig interessiert hätte. Am besten wäre es natürlich, wenn der Himmel selbst – bei wichtigen kirchlichen Entscheidungen ist dafür der «Heilige Geist» zuständig – das entsprechende Zeichen gäbe.

Auch Platon stand vor diesem Problem und Sokrates erzählt uns nun eine atemberaubende Legitimationsgeschichte.

> [...] ich weiß noch nicht recht, wie ich Archonten und Strategen und die gesamte Stadt überreden soll, dass das, was wir ihnen anerzogen und woraufhin wir sie gebildet haben, ihnen nur wie ein Traum vorgekommen sei. In Wirklichkeit wären sie damals aber unter der Erde gewesen und seien dort gebildet und aufgezogen und auch ihre Waffen und andere Geräte seien dort hergestellt worden. Nach ihrer Vervollkommnung hätte sie die Erde als ihre Mutter heraufgeschickt und sie müssten nun für das Land sorgen und sie müssten gegenüber ihren Mitbürgern als Brüder und ebenfalls Erderzeugte gesinnt sein. (Politeia 414e)

Mehrmals verteidigt Platon die Lüge *zum Nutzen der Stadt*. (389b) Diese spezielle Lüge bezieht sich auf eine Geschichte, nach der die Athener Erdgeborene sind, ich werde sie später erzählen. Unabhängig davon, ist die Lüge zu einem üblichen Werkzeug der internationalen Diplomaten geworden. Die Philosophen treten als jene (im *Theaitetos* dargestellten) weltfremden Phantasten auf, die – nicht einmal den Weg zum Parlament kennend! – mittels totalitärer Gewalt diesem Asketenstaat vorstehen. Die Philosophen als Gegenfiguren zu den von den Sophisten ausgebildeten Pragmatikern sind Ideologen und Visionäre, *Schaulustige nach der Wahrheit*. (475d) Sie sind die Antwort auf die Ausweglosigkeit der frühen Dialoge. Denn sie bewegen sich im Sein, *das immer ist und kein*

Werden und Vergehen in sich hat. (485b) Die Philosophen sind damit endgültig der adäquate Ausdruck der Ideenlehre.

Der Historiker Heinrich August Winkler hat in seinem schönen Buch über die Geschichte des Westens im Hinblick auf die Schreckensherrschaft der Jakobiner, dem *Grande Terreur* des Maximilien de Robespierre, auf Seite 364 folgende Bemerkung zu Papier gebracht:

> Wenn sich das Gemeinwohl nicht aus dem Ausgleich auseinanderstrebender Interessen ergab, sondern aus der überlegenen Einsicht eines obersten Gesetzgebers, dann durfte dieser auch dem Volk vorschreiben, was es vernünftigerweise wollen müßte.

Dass das in nicht wenigen Regimen der Fall ist, wo ein oberster geistlicher Führer den kurzen Draht zu Gott für sich reklamiert und die Tugendwächter diese Vorgaben umsetzen, zeigt, welche Wirkungsmacht Platon hatte. Leider! Die Beispiele sind Legion, die man jetzt auffahren könnte. Es ging in der Geschichte ja meist um Revolutionäre, profane und religiöse, welche die bestehende Ordnung zerstören sollten. Ein Beispiel sei an dieser Stelle doch erzählt. An einem Tag des Jahres 1497 zog eine Horde vom Dominikanermönch Girolamo Savonarola aufgehetzter Jugendlicher durch Florenz, die Blüte der Renaissance, und plünderte im Namen Christi alles, was ihnen als anrüchig galt: «heidnische» Schriften, Luxusgegenstände aller Art, Spielkarten, Musikinstrumente, «pornographische» Bilder und Statuen (der großen Renaissance-Künstler, welche die Italiener in ihren wunderbaren Museen bergen und sie schnell verpacken, wenn der oberste geistliche Führer aus dem Iran mit der prallen Scheckkarte in der Hand durch das Land reist) und sie zündeten den riesigen Haufen Kultur auf der *Piazza della Signoria* an. Dabei belästigten sie die Frauen und rieten ihnen mit drohender Gebärde, sich wie die «Weiber der Muslime» zu verhüllen.

Die Idee des Guten

Mit der Bestimmung der Rolle der Philosophen in diesem schauerlichen Werk sind wir an einen Punkt gelangt, wo sich Platon nun deutlicher zu seiner Ideenkonzeption äußern muss. Bei aller Fremdheit, die uns die *Politeia* bietet, darf nicht übersehen werden, dass sich die Tendenz der platonischen Philosophie hier nicht nur durchhält, sondern dass sie hier als Ausdruck der Ideenlehre sogar kulminiert. Die Philosophen leiten aus der Schau der Ideen ihr Handeln ab.

Die Ideen wiederum sind jene absoluten und unbedingten Größen, die durch Rückfrage auf die Bedingungen jeder Relativität denkerisch bestimmt werden können – so hatten wir gesehen. Die Ideen sind statisch und jeder Geschichte enthoben. Sie sind universeller Ausdruck der Wahrheit. Dem Zugang zu ihnen, der weder empirisch noch im strengen Sinn durch geistiges Begreifen gelingt, versuchte Platon im *Phaidon* näher zu kommen. Dort lernten wir einen spirituellen Weg zur Schau dieser Ideen kennen und man kann eine gewisse Faszination anerkennen, die sein Aufruf zum täglichen Sterbenlernen – modern gesprochen: zur täglichen Sinnaquirierung durch Konsumreduktion – besitzt.

Diese Faszination verflüchtigt sich freilich schnell, wenn man dieselbe Sache auf die Politik überträgt. Wenn also diese vorgegebene Ideenwelt zum Maßstab einer sich in höherem Bewusstsein dünkenden Elite genommen wird, die den Bürgern eine bestimmte Ordnungspolitik aufzwingt.

Das Aufregende an Platons Œuvre ist nun freilich, dass er selbst das Dilemma, in das er mit der Ideenlehre geschlittert ist, erkannte und es schonungslos aufdeckte. Es besteht einmal aus dem Grundproblem jeder Diktatur. Es ist die Legitimation dieser Vorstellungen, die eine kleine Elite der Gesellschaft aufoktroyiert. Sie basiert nicht auf freier Wahl, sondern auf einem Diktat von oben. Hier stoßen wir auf eine eigenwillige und für Autokraten so unverständliche Eigenart des Menschen, der, undankbar wie er nun einmal ist, eine solche Zwangsbeglückung nicht möchte. Das modische Kopftuch, das eine Spur zu weit nach hinten gerutscht ist, die hochhackigen Schuhe, der grelle Lippenstift sind in Ländern mit Verhüllungsgebot (das – wohlgemerkt – der Staat als Unterdrückungsinstrument benützt, nicht die Religion) die subversiven Instrumente des Protests. Das heißt: Jede Diktatur hat ein massives Problem des «Ungehorsams», mit Korruption und Bestechung (ich weiß schon: nicht nur die Diktatur, aber die Diktatur jedenfalls). Die Konsequenzen sind sattsam bekannt: An mehreren Stellen (wir hatten eine solche Bemerkung im *Phaidon* und werden auf eine ähnliche im *Parmenides* stoßen) spricht Platon den drohenden Regress beim Verfahren der Letztbegründung an. Umgelegt auf den Staat heißt das, dass hinter jedem Bewohner der Polis ein Wächter stehen muss und hinter diesem Wächter wieder ein Wächter und so weiter. Vermutlich wäre Platon nicht überrascht gewesen zu sehen, dass eine Diktatur nicht ohne eine Vielzahl von Geheimdiensten auskommt, die sich gegenseitig bespitzeln, dass Schwarzmarkt und Korruption jede totalitäre Gesellschaftsordnung unterminieren und dass der Diktator sich nur unter Einsatz von Gewalt (und letztlich durch großzügige und teure Alimentierung seiner Claqueure) an der Macht halten kann.

So etwas hat Platon mit Sicherheit nicht angestrebt! Aber es ist eine Konsequenz aus dem unbereinigten Problem der Ideenlehre. Denn durch sie haben wir den Kosmos nicht geheilt und damit keinen einheitlichen, von allen akzeptierten Ordnungsrahmen geschaffen, sondern ihn in zwei Teile geteilt: In einen Bereich der Sinnendinge und Täuschungen und in eine wahre Welt der Ideen. Zudem gibt es *viele* Ideen. Die Vielheit der sinnlichen Welt ist nicht wirklich beseitigt, sondern sie ist nur auf ihren wahren Archetyp hin transferiert. Der Dialog *Parmenides* steht ganz im Zeichen dieser unangenehmen Probleme mit den Ideen. Wie steht es etwa mit so negativen Dingen wie Schlamm, Schmutz, Kot? *Zweifelst du, ob es dazu Ideen geben soll?* (Parmenides 130c) Und zudem: Wie steht es mit dem unangenehmen Dilemma, dass sich Ideen nicht als Einheiten stabilisieren lassen, sondern dass die Frage immer weitergehen muss, woher denn die Idee ihrerseits die Begründung hat, also das soeben angesprochene Problem.

> Noch eine andere Idee von Größe wird dir zum Vorschein kommen außer jener ersten Größe und den Gegenständen, die diese an sich haben. Über all diesen wird noch eine andere Idee sein, wodurch wieder diese alle groß sind und so wird plötzlich jede Idee nicht mehr eine sein, sondern eine Vielheit.
> (Parmenides 132b)

Dieser Satz drückt geradezu eine Katastrophe aus, in die Platon mit seiner Philosophie zu schlittern droht. Seine Reaktion gegenüber dem Pragmatismus und Relativismus der Sophisten war (irgendwie nachvollziehbar) der Versuch, eine Wahrheit zu formulieren, der jenseits dieses Relativismus Gültigkeit zukommt. Die Ideen mussten sich konsequenterweise jeder nur empirischen Zugangsart genauso entziehen wie einer rationalen, wie sie für Begriffe gilt. Am ehesten eröffnet die mystische Schau Gültigkeit, und in letzter Konsequenz war der Tod der rechte Ort, eine reine Seele in Übereinstimmung mit dieser Wahrheit zu bringen.

Sollte Platon erst jetzt, beim Schreiben seiner *Politeia* gemerkt haben, in welche Probleme er mit diesem Konzept schlittert? Ist ihm erst jetzt klar geworden, wie starr die Institution, die er beschreibt, ausfällt – als Erbe der (statischen) Ideenlehre? Ist ihm erst jetzt aufgefallen, dass seine *Politeia* letztlich daran scheitert, dass es keine statische Welt gibt? Gewiss, es gab den großen Parmenides, der stur eine solch statische Welt vertrat und jede Dynamik als Schein disqualifizierte. Aber das lag nun doch schon eine ganze Weile zurück.

Nein, es fiele mir sehr schwer, an eine solche Naivität des großen Philosophen zu glauben. Plausibler scheint mir, dass er diese Abfolge in der Darstellung bewusst so gewählt hat. Und eben deshalb stellt sich die brisante Frage, was uns Platon mit dem Werk sagen wollte, wenn er womöglich selbst schon bei der Arbeit daran nicht mehr an das Ergebnis geglaubt hat. Nochmals daher mein Vorschlag, die *Politeia* als Negativgeschichte zu lesen, die uns zeigen sollte, welch ungewünschte Konsequenzen wir akzeptieren *müssten*, wollten wir diese Vision umsetzen. Wäre es so, dann ginge die Kritik Karl Poppers oder Hans Blumenbergs ins Leere. Platon hat das bereits viel früher dargestellt und auf eine Alternative verwiesen. Man müsste demnach diese mittlere Phase auch so lesen wie die frühe. Platon arbeitet die Sachen ab und zeigt uns ihre Unzulänglichkeit auf. Auch hier macht er Terrain frei, um für seine späte Eros-Philosophie Platz zu schaffen.

Freilich ist zweifellos richtig, dass er auch in der Korrektur der Ideenlehre nicht ganz von ihr abrückt und die Wahrheit in einem jeder Relativität enthobenen Ort ansiedelt, sodass sie weder mit den menschlichen Sinnen, noch mit der Vernunft erreicht werden kann.

Was Platon jetzt benötigt, um die Risse zu kitten, ist etwas, womit er die beiden Welten und die Vielheit der Ideen vermittelnd versöhnen kann. Wie könnte eine solche Lösung aussehen? Diese vermittelnde Größe dürfte sich weder empirisch noch begrifflich fassen lassen, damit eben nicht eine weitere Idee den ohnehin schon vielen hinzugefügt wird. Er breitet alle diese Überlegungen vor seinen Gesprächspartnern aus und versetzt sie damit in große Unruhe. Denn alles hat doch so schön ausgesehen: *Daran tun wir weise!* war das erstaunliche Resümee. Und nun stellt Sokrates selbst wieder alles in Frage.

Der Druck der Gesprächspartner, die *Letztbegründung* anzugehen, wird daher stark. Doch nun wird der so eloquente und offensive Sokrates plötzlich zwar wortreich in der Form, aber in der Substanz einsilbig und versucht, Zeit zu gewinnen, indem er weit ausholt. Er erzählt die drei berühmten

Gleichnisse, das Sonnen-, Höhlen- und Liniengleichnis. Das Sonnengleichnis beginnt mit der drängenden Frage, Sokrates möge etwas über «die Idee des Guten» sagen. Der aber redet lange um den heißen Brei herum und gibt zu bedenken, dass er darüber keine brauchbare Auskunft geben könne. Die Freunde lassen jedoch nicht locker. Sokrates ziert sich. Es sei doch töricht, über etwas zu reden, wovon man selbst nichts Genaues wisse, womöglich müsse sich ein Sokrates dann auch noch auslachen lassen! Es wird sich bald herausstellen, dass «das Gute» nicht eine Idee wie jede andere ist (in diesem Falle könnte man ohne Probleme eine Diskussion darüber führen), sondern dass dieses Gute genau jene geforderte Rolle der Letztbegründung und Vermittlung erfüllen soll. Wie aber darüber noch sprechen, ohne dass man dadurch die letzte Begründung wiederum verspielt.

> Allein, ihr Herrlichen, was das Gute selbst sei, wollen wir für jetzt bleiben lassen; denn es scheint mir für unseren jetzigen Anlauf viel zu weit, auch nur bis zu dem zu kommen, was ich jetzt darüber denke. Was mir aber als ein Sohn, und zwar als ein sehr ähnlicher, des Guten erscheint, will ich euch sagen, wenn es euch recht ist. Sonst lassen wir es halt. Nein, nein, sprich nur darüber, die Beschreibung des Vaters kannst du uns auch ein anderes Mal entrichten. (Politeia 506e)

Sokrates will nicht über das Gute selbst reden, sondern nur über dessen *Sohn*, also davon, wie das Gute *erscheint*, wie es sich *zeigt*, was es *leistet*. Doch auch das ist kryptisch. Sokrates muss das weiter erläutern. Er erinnert an den Zusammenhang beim Sehen. Dass unser Auge etwas sehen kann, hat mehr zur Voraussetzung als das Auge und das Sichtbare. Sie wundern sich? Warum sehen wir in der Nacht nichts, obwohl sowohl das Auge als auch das Sichtbare gegeben ist? Eben deshalb, weil das beide Verbindende fehlt: das Licht! Man kann auch sagen: die Sonne!

> Das Gesicht ist nicht die Sonne, weder es selbst noch auch das, worin es sich befindet und was wir Auge nennen.

> Freilich nicht.
> Aber das sonnenähnlichste, denke ich, ist es doch unter allen Werkzeugen der Wahrnehmung.
> Bei weitem.
> So ist auch die Sonne nicht das Gesicht, aber als die Ursache davon wird sie von demselben gesehen.
> So ist es.
> Und dies nun verstehe ich unter jenem Sprössling des Guten, welchen das Gute nach der Ähnlichkeit mit sich gezeugt hat.
> (Politeia 507a,b)

Der Vergleich ist gut gewählt. Es ist das Licht, die Sonne, die das Sichtbare mit dem Auge verbindet. Über dieses Licht selbst kann man nichts Genaueres mehr sagen. Denn dann wäre man ja gezwungen, über die Herkunft der Sonne, über ihre Beschaffenheit und Ursache Auskunft zu geben. Das Problem würde sich verschieben. Nehmen wir die sichtbare Welt als Schatten und die Ideen als reale Gegenstände. Dann können wir diese zwei Welten nur wieder verbinden, wenn wir als drittes die Sonne einführen. Mit ihr wird plausibel, dass die eine Welt nur die Schattenwelt der anderen ist, dass damit die Zweiheit nur scheinbar ist. Sie ist in Wahrheit immer schon durch die Sonne überbrückt.

Was Platon hier in ein Gleichnis kleidet, ist genau das Problem der Begründung der Ideenlehre. Um die sichtbaren Dinge und die Ideen verbinden zu können, anders gesagt, um die Ideen, die die relative Welt der Sinnlichkeit erst ermöglichen, ihrerseits wieder zu begründen, brauche ich etwas Drittes, das beide Welten übersteigt. Damit wird auch verständlich, warum Sokrates sich so ziert, etwas über dieses Dritte zu *sagen*. Er müsste nämlich dieses Dritte wieder begründen und das ginge so fort bis ins Unendliche. Er greift daher jetzt eine Idee, nämlich jene des Guten, heraus und nobilitiert sie in besonderer Weise. Sie hat selbstverständlich keine sinnliche Qualität, aber sie ist auch nicht geistig zu schauen, so wie wir das von den üblichen Ideen annehmen. Was ist sie aber dann? Jetzt sind wir dort, wo Sokrates auch schon war. Sie ist eine reine, ihrerseits unbedingte Bedingung, als solche nicht mehr fassbar. So wie die Sonne, die selbst nicht geschaut werden kann, weil sie uns blendet. Wir *wissen* von der Sonne nur durch ihre *Tätigkeit*, also dadurch, dass sie das Erkennen von Sichtbarem *ermöglicht*. Das meint das Bild des *Sohnes*. Wir können nichts über das Gute selbst sagen, wohl aber darüber, was das Gute leistet, wie es erscheint. Die zentrale Stelle dazu ist folgende:

> Ebenso sage, dass dem Erkennbaren nicht nur das Erkanntwerden von dem Guten komme, sondern auch das Sein und Wesen habe es von ihm, weil das Gute selbst keine Seiendheit hat, sondern an Würde und Kraft jenseits des Seiendseins ist.
> Da sagte Glaukon überrascht: Apoll, das ist ein wundervoller Zufall!
> (Politeia 509b)

Dieser Gedanke Platons ist nicht ganz einfach. Unser Trost ist, dass auch die Zeitgenossen ihn nur schwer verstanden haben. Glaukon hatte immerhin einen Geistesblitz. Den hätte jeder gehabt, der ebenso gut Griechisch kann wie Glaukon es konnte. Apoll (Α-πόλλων) bedeutet nämlich wörtlich übersetzt: das Nicht-Viele, also das Eine! Platon betätigt sich als Etymologe und bringt zu den bis heute zahllosen Versuchen, den Namen Apoll zu erklären, einen dazu. Zum Unterschied von Platon sind sich heute nahezu alle Gräzisten einig, dass der Lichtgott einem außergriechischen Stratum entstammt. Aber wichtig ist die Botschaft: Mit dem Guten soll die Einheit wieder gerettet werden. Das Gute ist keine Idee im üblichen Sinn und sie hat auch keine ethische oder moralische Bedeutung. Ihr kommt nur die Funktion der Einheitsstiftung und Begründung zu. Warum Platon dafür ausgerechnet auf das Gute kommt, ist schwer zu sagen.

Dass Sokrates nichts mehr über das Gute sagen kann, liegt nicht daran, dass er nicht weiter weiß oder dass er erschöpft war (Erschöpfung kam bei Sokrates auch nach stundenlangen Diskussionen nicht vor!), sondern daran, dass man über das

Gute nichts mehr sagen kann und darf. Metaphysisch ausgedrückt: weil das Gute eigentlich ein *Nicht-Sein* ist. Das mag nun endgültig verrückt erscheinen. Andererseits ist es denkerisch ganz konsequent, irgendwann zu sagen: Punkt! Bis daher gibt es eine Begründung, der Rest ist nicht mehr einholbar, sonst wird das ein Spiel bis in alle Ewigkeit und so viel Zeit haben wir nicht. Dass es dazu einer anderen Ebene als jener des rationalen Diskurses bedarf, ist inzwischen klargestellt. Sokrates unterstreicht dies zusätzlich in seinem Liniengleichnis. Es ist sehr kompliziert und vielschichtig, ich übergehe die Details und teile nur die Botschaft mit, die darin formuliert wird. Das Liniengleichnis bestätigt, dass die Idee nicht mit dem Begriff gleichzusetzen ist!

Wesentlich anschaulicher ist das berühmt gewordene Höhlengleichnis. Ich will es kurz erzählen: In einer Höhle sitzen Menschen und blicken wie in einem Kinosaal auf eine Wand. Hinter ihrem Rücken flackert ein Feuer und zwischen Feuer und den Sitzenden werden auf einem *Catwalk* Gegenstände vorbei getragen. Die Menschen sehen folglich die Schattenbilder dieser Gegenstände auf der Wand. Da sie auf ihren Sitzen angebunden sind, können sie nicht nach hinten schauen und halten die Schattenwelt für die wirkliche und wahre Welt. Platon demonstriert uns hier die zwei Welten, jene der sichtbaren Dinge (hier: die Schattenwelt, also unsere Welt des Alltags) und jene der Ideen (das sind in diesem Gleichnis die realen Gegenstände, die die Menschen freilich nicht sehen). Und nun wird es spannend. Denn jetzt wird einer der Höhlenbewohner losgebunden und steigt den Gang der Höhle nach oben, bis er ans Tageslicht kommt. Zunächst blendet ihn die gleißende Helle. Wenn sich seine Augen daran gewöhnt haben, erkennt er die Gegenstände, die er bislang nur als Schattenbilder kannte, wie sie «wirklich», also im hellen Licht der Sonne sind. Er blickt dann übrigens an dieser Stelle auch in die Sonne, was zusätzlich verwirrt, weil die Erkenntnis der

Sonne aus den erwähnten Gründen gerade ausgeschlossen ist. Das Beispiel symbolisiert uns die Schau eines Auserwählten, eines Mysten, der durch gnadenhafte Inspiration die wahre Welt schaut. Oder es symbolisiert die Schau der Seele nach dem Tod des Körpers. In weiterer Folge handelt es sich um die privilegierte Stellung der Philosophen.

Platon verweilt einige Zeit bei der eigenartigen Tatsache, dass der Auserwählte zunächst eine ganze Weile nichts sehen kann, weil ihn die Sonne blendet. Offenbar ist der Weg der Aufklärung, das Erreichen der Schau des Wahren, mit Mühe verbunden! Jede Vision reißt uns aus unserer vertrauten Welt heraus und wir wissen nicht, ob das Neue, das uns da geboten wird, überhaupt einen Wert hat. Im Grunde muss man froh sein, wenn man von Offenbarungen verschont bleibt. Nicht umsonst beginnen praktisch alle einschlägigen Geschichten mit dem Ruf: *Fürchte dich nicht!* Die Göttin beruhigte Parmenides, als sie ihm die Wahrheit verkündete. Ein gutes Geschick habe ihn hierhergeführt! Zacharias erschrak, als ihm ein Engel des Herrn die Botschaft von der Geburt des Johannes überbrachte: *Fürchte dich nicht, Zacharias, denn dein Gebet ist erhört worden!* Und auch Maria erschrak, als ihr in Nazareth der Engel Gabriel erschien: *Fürchte dich nicht, Maria, denn du hast Gnade gefunden bei Gott!*

Und Mohammed, der Prophet des Islam, fühlte sich von Dämonen verfolgt und in heftigen Fieberanfällen erschien auch ihm der Engel Gabriel (er war für mehrere Religionen zuständig) und diktierte dem Analphabeten ein hartes: *Lies!* Er hatte kein Einsehen, als Mohammed beteuerte, weder lesen noch schreiben zu können: *Lies im Namen deines Herrn, der den Gebrauch der Feder lehrte!* Und siehe da, Mohammed konnte plötzlich lesen und schreiben. Vermutlich hat er diese Geschichte (sie ist in Sure 96, eigentlich die erste im Koran, nachzulesen) nur durchgestanden, weil ihm seine innig geliebte, um fünfundzwanzig Jahre ältere Frau Chadidscha zur Seite stand und zur ersten glühenden Anhängerin der neuen Religion wurde.

Wer – herausgerissen aus dem Alltag – eine Erfahrung der Offenbarung macht, fürchtet sich. Was aber passiert, wenn ein solch Inspirierter, einer der im Wissen um die Wahrheit steht (also im strengen Sinn der Philosoph, der als Staatslenker fungiert), nach seiner Vision wieder zurück muss in die alltägliche Welt und dort seine Zeitgenossen trifft, die sich über die Verwandlung ihres Freundes sehr wundern?

Das ist eine ganz besonders schöne Stelle, die Platon uns da überliefert hat. Sie zeigt, dass der antike Philosoph keineswegs ein Träumer war, sondern völlig illusionslos das Problem im Auge hatte, das sich dabei notwendig stellt:

> Auch das bedenke. Wenn ein in der Wahrheit Stehender nun wieder hinunterstiege in die Höhle und sich auf denselben Stuhl setzte, würden da nicht seine Augen voll von Dunkelheit sein, weil er doch vom grellen Licht der Sonne herkommt?
> Ganz gewiss!
> Und wenn er wieder über die Schatten mit denen streiten sollte, die immer dort gefangen gewesen waren, während es ihm noch vor den Augen flimmert, würde man ihn nicht auslachen? Würde man nicht sagen, er sei mit verdorbenen Augen von dort oben zurückgekehrt und es lohne sich überhaupt nicht, da hinaufzugehen. Vielmehr müsse man jeden, der einen dort hinaufziehen will, umbringen, wenn man das könnte.
> So sprächen sie ganz gewiss! (Politeia 516e-517a)

Platon sieht klar, dass es keineswegs eine ausgemachte Sache ist, dass die Menschen gleich mit fliegenden Fahnen den Schalmeienklängen jener folgen, die ihnen ein Paradies auf Erden versprechen. Sokrates murmelt von Gewalt, die man anwenden müsse, um die Menschen, die das selbst nicht wollen, zur Schau der Wahrheit zu bringen (*wenn ihn einer mit Gewalt von dort durch den unwegsamen und steilen Aufgang schleppte [...]*). (515e) Die ganze Geschichte hat also viele Haken, zu viele, wie Platon dann wohl konstatiert. Schon diese Stelle offenbart eigentlich, dass die *Politeia* nicht das letzte Wort sein kann.

Sokrates stellt seine eigenen Ansprüche kritisch in Frage. Er weiß genau, dass die Sache mit der Wahrheit letztlich unentscheidbar bleibt. Man kann über die Richtigkeit politischer Utopien in letzter Konsequenz ja erst urteilen, wenn man sie realisiert hat und die Realität am Versprechen messen kann. Dann ist es für eine mögliche Korrektur aber immer schon zu spät. Daher ist es klüger, diesen Heilsversprechen gegenüber skeptisch zu bleiben. Also kann es hier eigentlich nur um eine Rehabilitation der Höhlenbewohner gehen und um eine Abwehr der Rückkehrer von ihrem Ausflug in die Vision. Das aber wäre nichts anderes als eine Rehabilitation der Sophisten und der Moderne.

Andererseits stimmt auch, dass die zersetzende Kraft der Aufklärung die Existenz einer (vielleicht tatsächlich möglichen) Wahrheit schon von vorneherein abweist. Dies ist Platons Vorwurf an die Intellektuellen der Zeit. Ihre Manie der ständigen Reflexion lässt keinen Stein auf dem anderen. Alles wird hinterfragt und was man eben noch für schön gehalten hat, erscheint einem plötzlich als hässlich und umgekehrt.

> Wenn diese nun viele widerlegt haben und von vielen auch widerlegt worden sind, so geraten sie gar leicht dahin, nichts mehr von dem zu glauben, was sie früher glaubten, und dadurch kommen sie und alles, was die Philosophie betrifft, bei den übrigen in ein schlechtes Licht.
> (Politeia 539c)

Genau das ist das Resultat einer schlechten Dialektik, gemeint ist das Streitgespräch der Sophisten. Wir haben hier eine schöne Bestätigung für die vorgeschlagene Deutung der Dialektik in den frühen Dialogen und die Aporien, in die dort alles mündet. Und wir haben hier das nicht minder gründliche Problem angesprochen, dass ein rationaler und wissenschaftlicher Diskurs unser naives Glaubensgut auflöst und zersetzt. Das gerade war einer der zentralen Vorwürfe Platons an die Sophisten und darüberhinaus auch an die großen Dichter der Vergangenheit und Gegenwart. Jene hätten das religiöse Wertgebäude so naiv gestaltet, dass es sich von den Intellektuellen mühelos zersetzen ließ.

Gesucht ist demnach die Begründung eines ordnungspolitischen Rahmens, der einer rationalen und kritischen Befragung standhält. Aber ohne, dass dabei eine autoritäre Konstruktion herauskommt! Diktaturen haben am allerwenigsten Überzeugungskraft. Sie gründen sich allein auf Gewalt! Platon sah das. Die Entartungen der Tyrannis, die zur Zeit Platons, zum Unterschied von der früheren Sicht, bereits eine deutlich negative Bewertung hatte, spricht er schonungslos und allgemeingültig an. Und zwar nicht nur auf einer abstrakten philosophischen Ebene, sondern auch, was die konkrete Praxis betrifft. Es ist immer eine in der Demokratie hochgekommene Masse, die – aus den Frustrationen ihres eigenen Unvermögens heraus – nach dem starken Mann ruft. (565c) Dieser muss, um sich nach innen abzusichern, zwangsläufig Kriege anzetteln. (566e) Dadurch erhält er freie Hand, den Staat von Leuten, die ihm gefährlich werden könnten, zu säubern. (567c) Zudem muss er sich mit Leibwächtern umgeben. Der tyrannische Mensch ist ein Mensch reiner Begierden, der Eros (der vulgäre!) wird zum *Vorsteher seiner Seele*.

Mit diesen Passagen könnten wir vielleicht ein wenig versöhnter über Platons *Politeia* resümieren. Er legt darin eine Utopie vor, eine schlimme Utopie, und es scheint, als ließe er hierbei eine Maske fallen und als spräche er die Dinge an, wie er sie gerne hätte. Im gleichen Werk räumt er aber auch ein, dass diese Utopie nicht einlösbar ist. So gesehen liegen in der *Politeia* mehrere Schichten übereinander. Sie ist ein Werk, das stärker noch ein Scheitern ausdrückt und einen ersten Hinweis gibt für einen neuen Anlauf, mit dem das Ziel einer allgemeinen Vermittlung der Wahrheit und der sich daraus ergebenden Forderungen für menschliches Zusammenleben erreicht werden könnte.

Der *dritte* Weg neben kritischer und zersetzender Aufklärung auf der einen und einer diktatorischen Vermittlung der Wahrheit auf der anderen Seite ist also gefragt und ihn will Platon nun beschreiten. Dazu muss er genau dort anknüpfen, wo er in den drei Gleichnissen, vor allem im Sonnengleichnis, die Motive bereits vorbereitet hatte. Es geht um den Ausbau «des Guten» und vor allem um die Beschreibung seiner *Erscheinungsweise*. Es geht – mit anderen Worten – um die Formulierung des *Prozesses*. Prozess aber ist Eros und auf diesen Eros richtet sich nun die ganze Hoffnung. Auch hier gilt dieselbe Doppelbödigkeit wie bei der Dialektik. So wie die Dialektik einmal – in den Händen der Sophisten – als zerstörerische Kraft wirkt, im anderen Fall aber die Seinsweise der unmittelbaren Wahrheitsschau ist, so ist es auch mit dem Eros. Bleibt er auf der Ebene fleischlicher Begierde und Lust, ist er zerstörerisch, nehmen wir ihn anders, wird er zur Hoffnung und Errettung. Aber wie? Das ist das Thema der großen Erosdialoge.

Der Eros

Phaidros, *Philebos* und vor allem *Symposion* – so heißen sie, die berühmten Werke Platons über den Eros. Der *Symposion* wurde vermutlich bereits vor der *Politeia* verfasst. Dennoch wird man in der *Politeia* vergeblich nach Spuren der Einsichten des *Symposion* Ausschau halten. Das alles ist sehr merkwürdig und legt nahe, neben der Zurückhaltung, was die Datierungsfragen betrifft, in Platon doch einen philosophischen Schriftsteller zu sehen, der seine Dialoge sehr bewusst konzipiert hat und von der Chronologie seiner Einsichten unabhängig war (Sie merken, ich gebe nicht nach!).

Der *Symposion* ist ein reizender Dialog. Er gehört in die Büchersammlung jedes Bildungsbürgers. Es gibt ihn von der billigen Reclamausgabe bis zur teuren Leinenbindung. Aber es sollte nicht nur beim Buch bleiben, auch das Symposion (συμπόσιον/*Zusammen-Trinken*) selbst sollte man wieder pflegen. An den gemütlichen Winterabenden oder im Sommer in der Pergola. Trennen Sie sich von dem Unsinn, der einem täglich im Fernsehen zugemutet wird und versammeln Sie sich um den Tisch, gönnen Sie sich eine edle Flasche Wein und starten Sie mit einer anregenden Lektüre eines literarischen Textes und dann diskutieren und streiten Sie darüber bis zur Erschöpfung! Wie alles in der europäischen Kultur stammt auch das Symposion aus dem Orient: dort lagen Männer auf Sofas herum und aßen und tranken und schwätzten. Für die Griechen war es ursprünglich eine Einrichtung typischer orientalischer Dekadenz – bis sie das Symposion selbst schätzen lernten und den Orientalen dafür dankten.

Ursprünglich war es keineswegs dekadent, erst in der Spätzeit artete es zu einem dem Münchener Oktoberfest nicht unähnlichen Saufgelage aus (Spätzeiten haben immer etwas Exzessives an sich). Ich habe bereits erwähnt, dass Symposien in Athen eine beliebte Abendbeschäftigung waren. Man traf sich im Innenhof eines Hauses oder im Männerzimmer, dem *andron* (ἀνδρών). Das vornehme Wohnhaus in Athen wie in ganz Attika war das Peristylhaus. Es hatte nach außen eine (marmorverkleidete) Mauer. Man betrat es durch ein – manchmal reliefgeschmücktes – Tor und gelangte durch die Eingangshalle in den Hof. Das Peristyl (περίστυλον/*von Säulen umgeben*) war der Mittelpunkt, flankiert von Säulengängen, die weitere Flügel erschlossen, in denen Wirtschafts- und Wohnräume untergebracht wurden. Der Herr des Hauses hatte hier seine Räume, darunter Bibliothek und Pinakothek. Das Erdgeschoß war in der Regel der Ort des Mannes, während sich die Frau durch den einzigen Treppenaufgang ins Obergeschoß zurückzog. Nur in größeren Komplexen gab es auch im Erdgeschoß Räume der Frau, zum Beispiel zum Spinnen und Weben. Lange galt den Historikern und Philologen die Meinung als unverrückbar, dass die Frauen im antiken Griechenland so gut wie keine Rolle im öffentlichen Leben spielten. Inzwischen ist man von dieser Meinung abgerückt. Es gab nicht nur Priesterinnen, die eine bedeutende Rolle im Kultgeschehen spielten, sondern Frauen waren durchaus selbstbewusste Bürgerinnen. Freilich konnten nur die wohlhabenden Frauen ihre Sklavinnen zum Feinkosthändler schicken. Die Frauen aus unteren Schichten mussten selbst mit anpacken und unter Umständen auch einen Job als Verkäuferin in einem Gemüseladen annehmen. Aus dem politischen Leben waren die Frauen allerdings ebenso ausgeschlossen wie aus den Gymnasien und natürlich – wir wissen das bereits – aus den Symposien. Bei den Etruskern hatte die

Etruskisches Symposium, bei dem auch Frauen teilnahmen.
Grabmalerei 5. Jh. v. Chr. Tarquinia

Frau eine deutlich bessere Stellung als in Griechenland und sie nahm dort auch an den Symposien teil. Wir wissen das aus den vielen wunderbaren Fresken in den etruskischen Gräbern (z.B. in Tarquinia), die – welch eine Ironie – von griechischen Künstlern gemalt wurden.

Alles war wohlüberlegt. In trockenen Räumen lagerte das Getreide, in kühlen der Wein, in den abgelegenen lagen das Werkzeug und jene Gerätschaften, die nur selten gebraucht wurden. Manche Häuser hatten einen Gästetrakt. Da war es möglich, sowohl Einzelzimmer als auch Wohnungen zu mieten. Allerdings ist das nur ein grobes Schema, die athenischen Baumeister ließen sich ihre Kreativität nicht durch enge Muster in Schranken weisen. Es gehörte zu den geschätzten Überraschungen, wenn man im Inneren der Häuser erfuhr, wie der Architekt die topographischen Eigenheiten gemeistert hat.

Dort, in diesen Innenhöfen, die während des Tages relativ kühl blieben, am Abend, wenn die Brise vom Meer zulegte, die gespeicherte Wärme abgaben, traf man sich zum Symposion. Zunächst wurde das Essen aufgetragen. Am Abend servierte man in Athen – so wie in den südlichen Ländern bis zum heutigen Tag – die Hauptmahlzeit. Manchmal war es ein verschwenderisches zwölfgängiges Menü. Man reichte Barsch oder Aal auf Rosmarinjus mit grünem Gemüse zur Vorspeise. Als besonders kreativ galt eine gelungene harmonische Abfolge verschiedener köstlicher Meeresfische. Besonders beliebt war eine Delikatesse, die von weit her, aus dem phönizischen Karthago, importiert wurde, eine aus Fischabfällen und Salzlake erzeugte Sauce namens *garon* (Γαύρος/Sardelle), deren Herstellung abscheulichen Gestank erzeugte, weshalb die Produktionsstätten weit außerhalb von Siedlungen lagen. Es folgten Schweineinnereien in Kräutern der Saison, dann das feine Fleisch eines gegrillten Spanferkels. Ein besonderer Leckerbissen waren gebratene Täubchen in pikantem Dressing. Abgerundet wurde mit Früchten, Feigen etwa und einigen erlesenen honigtriefenden Süßigkeiten.

Das Essen war ein soziales Ereignis, eine Geste der Gastfreundschaft und der geistigen Verbundenheit. Damit war es auch der natürliche Ort des Gesprächs. Das Mahl hat eine uferlose Kulturgeschichte, auch in den Religionen spielte es eine große Rolle. Das letzte Abendmahl des Jesus von Nazareth mit seinen Jüngern ist natürlich auch ein orientalisches Symposion. Jesus rief Aufruhr hervor als er den

Jüngern mitteilte, dass er sich selbst (*mein Fleisch und Blut*) zum Essen anbot. Leonardo da Vinci hat in seinem berühmten Abendmahlbild im Dominikanerkloster *Santa Maria delle Grazie* in Mailand vielleicht diesen Skandal dargestellt und nicht den Verrat durch Judas (den Hinweis verdanke ich Walburga Hülk). Ein Symposion ließ sich demnach unterteilen in einen Essens- und einen Diskussionsteil.

Nicht das Symposion war barbarisch, eher schon das heute verbreitete Herumlümmeln vor Fernseher und Computer. Nach dem Essen, das in einer anatomisch schwer nachvollziehbaren liegenden Position auf einer *Kline* (κλίνη) eingenommen wurde, kredenzte man gewässerten Wein und Süßigkeiten zum Knabbern. Dabei diskutierte und stritt man in der Runde, was das Zeug hielt. Das waren auch die Gelegenheiten, wo sich junge Schüler bewähren konnten und in die Gesellschaft eingeführt wurden. Symposien waren ursprünglich Angelegenheiten der aristokratischen Oberschichten, die solche Anlässe für die Kontaktpflege nützten (und die das Symposion aus dem Orient übernommen hatten). Zur Zeit Platons war es längst zu einem gesellschaftlichen Ereignis wohlhabender Leute geworden. Und es gab dabei schon allerhand Skurrilitäten, die mit dem aufkommenden Dionysos-Kult in der Mittelschicht zu tun hatte. Da kam es schon einmal vor, dass so eine Gruppe nach dem Essen und Trinken in Satyr-Verkleidung durch die Stadt zog und manche Exzesse trieb. Satyrn waren stupsnasige Männer mit Beinen von Pferden oder Ziegen (sie standen für Manneskraft), die im Gefolge von Dionysos auftraten (warum in aller Welt fällt mir nur schon wieder das Oktoberfest ein?). Vielleicht haben sich die Griechen beim ägyptischen *Bes*, diesem vielfältigen Gott, der einerseits als helfender Beschützer auftritt, aber auch als Gott der unkontrollierten Lust, die Verkleidung abgeschaut und die animalischen Schichten gegen das, was Kultur ist, gefeiert. Doch wir können uns so ein Symposion genauer ansehen, das uns Platon beschreibt. Der Tragödiendichter Agathon hatte dazu eingeladen.

Das Symposion bei Agathon

Platons Bruder Glaukon eilte nach Athen und holte auf dem Weg den ihm gut bekannten Apollodoros ein. Glaukon war ein wissbegieriger Mensch und wollte schon lange die Frage nach dem Gespräch über den Gott Eros bei dem legendär gewordenen Symposion im Haus des Agathon loswerden. Dieses Gespräch sei schon lange her – so Apollodoros –, er sei damals noch ein Kind gewesen. Aber er wisse noch genau, wann es stattgefunden hatte. 416 feierte der große Dichter Agathon seinen ersten Sieg bei den Tragödienwettbewerben und lud am Tag nach der Preisverleihung eine erlauchte Runde zu sich ein, um den Sieg noch ein wenig nachzufeiern. Das Gespräch selbst, das sich dabei entwickelte, kannte auch Apollodoros daher nur indirekt, aus einer Erzählung des Aristodemos, der selbst dabei gewesen war. Auf dem restlichen Weg in die Stadt erzählte nun Apollodoros dem Glaukon die Geschichte des Symposions bei Agathon:

Aristodemos war vermutlich gerade auf dem Weg vom Büro nach Hause – in sich versunken mit den Gedanken des Tages, als er zusammenzuckte. Sokrates rief ihm über die Straße zu. Aber wie! Er hatte sich herausgeputzt, sodass er kaum zu erkennen war, *gebadet und die Sohlen untergebunden, was er selten tat.* (Symposion 174a) Sogar sein um den Körper gewickeltes Wollmäntelchen war blitzsauber und an der Schulter mit einer kostbaren Fibel – wie das gerade schick war in Athen – drapiert. Er ließ sich für diesmal nicht lumpen, Agathon hatte ihn eingeladen, um den Sieg zu feiern, und er wusste – Agathon lebte in einem gepflegten Haushalt –, wie man zu einem solchen Anlass zu erscheinen hatte. Freilich, eher trifft man ins Schwarze, wenn man darin eine ironisierende Verkleidung vermutet. Der Ablauf des Abends wird diese Vermutung bestätigen. Sokrates nahm nun kurzerhand den Aristodemos beim Arm und nötigte ihn, mitzukommen. Die beiden, Sokrates fein herausgeputzt, Aristodemos, der uns als klein geschildert wird, vom langen Bürotag verschwitzt und mit staubigen bloßen Füßen, eilten zum Haus des Agathon. Dabei versiegte das Gespräch und Aristodemos gewann einen Vorsprung und gelangte schließlich als erster durch die offenstehende Tür zur Gesellschaft. Der Hausherr war entzückt (*Schön, dass du kommst, Aristodemos, um mit uns zu essen*). Er wollte ihn ohnehin einladen, hatte ihn am Vortag aber nicht erreicht. Vermutlich war Aristodemos ständig bei Sitzungen. Aber wo sei denn Sokrates? Da drehte sich Aristodemos um und wunderte sich schon wieder, denn eben war er noch hinter ihm.

> Hinter mir ging er eben herein, und ich wundere mich selbst, wo er wohl sein mag. (Symposion 175a)

Agathon schickte einen Jungen hinaus, um nach ihm zu sehen. Sokrates aber stand im Vorhof des Nachbarhauses und blickte wie Hans-Guck-in-die-Luft sinnend in der Gegend herum (selbstverständlich muss uns an dieser Stelle die Anekdote mit der thrakischen Magd einfallen: Sokrates der Philosoph!). Agathon kommentierte die bekannten Schrullen des Sokrates mit einer wegwerfenden Handbewegung: *Lasst ihn nur und stört ihn nicht, er wird schon kommen.* (Symposion 175b) Der Hausherr ließ das Essen auftragen und als sie bereits bei der Nachspeise angelangt waren, betrat Sokrates schließlich den Raum. Manche Platonkommentatoren sehen darin die Demonstration der großartigen Bescheidenheit und Bedürfnislosigkeit des Sokrates. Mag schon sein, dass sich Sokrates nichts aus einem festlichen Essen in der Bussi-Bussi-Gesellschaft des Agathon gemacht hat, aber die Geschichte hat mit Sicherheit eine andere Pointe. Dieses Verhalten zeigt gerade das Gegenteil von Bescheidenheit, nämlich die abgrundtiefe Überheblichkeit des Sokrates, der sich der Gemeinschaft entzieht, um zu demonstrieren, dass er sich zu gut für diese um ein luxuriöses Festmahl versammelte Runde ist. So wie er im nachfolgenden Gespräch als derjenige auftritt, der die anderen geistig weit überragt. Wie unhöflich ein solches Verhalten ist, ergibt sich aus dem zuvor über das soziale Ereignis Symposion Gesagten. Agathon versuchte, die peinliche Situation mit einem Späßchen zu überspielen, und feixte ein wenig mit dem Sonderling:

> Hierher, Sokrates, lege dich zu mir, damit ich durch deine Nähe ein wenig von jener Weisheit abbekomme, die sich dir da draußen im Hof des Nachbarn mitgeteilt hat! (Symposion 175d)

Aber Sokrates hatte bei seinem Aufenthalt vor der Tür seine Schlagfertigkeit nicht verloren und gab zurück:

> Das wäre natürlich vortrefflich, Agathon, wenn es mit der Weisheit so wäre wie mit Wasser in den Bechern, dass sie, wenn wir uns nahekommen, vom Vollen in das Leerere flösse. Denn ich könnte mich in deiner Nähe mit manch schöner Weisheit anfüllen. [...]
> Du bist ein alter Spötter, Sokrates! Über die Weisheit wollen wir später noch sprechen, aber jetzt greif einmal zu! (Symposion 175e)

Nach dem Mahl wurde ein Dankgebet an die Götter gesprochen und ein kleines Trankopfer dargebracht und dann überlegte man die weitere Gestaltung des angebrochenen Abends. Xenophanes hat uns in einer allgemeinen Beschreibung des Symposions das Programm hinterlassen, wie es nun weitergeht:

> Nach der Spende aber und nach dem Gebet, uns Kraft zu verleihen das Rechte zu tun [...] ist's kein Übermut so viel zu trinken, daß ungeleitet nach Hause finden kann, wer nicht ganz altersschwach ist. Von den Männern aber ist der zu loben, der nach dem Trunke Edles ans Licht bringt [...].

Zunächst beklagten sie alle ihren Kater, der ihnen noch vom Vortag in den Knochen steckte. Im Anschluss an die Siegerehrung war der Wein in Strömen geflossen. Eryximachos, der eine Arztpraxis in der Stadt unterhielt, riet, sich für heute zurückzuhalten. Gerade seien ihm neue Untersuchungen in die Hände gefallen, die die Schädlichkeit übermäßigen Alkoholkonsums eindeutig belegten. Und er wartete mit einem konstruktiven Vorschlag auf. Sollte man nicht die lästige Tafelmusik, die den brummenden Schädeln gar nicht bekam, abstellen, also die bemühte Flötenspielerin nach Hause schicken und dann den weiteren Abend mit kleinen Reden fortführen? Ach ja, es gab Damen bei den Symposien. Es waren bezahlte Mädchen, die Musik machten, Tanzeinlagen darboten und auch für erotische Dienste zur Verfügung standen.

Ein Betrunkener geht nach dem Symposium nach Hause. Um 480 v. Chr.
Staatliche Antikensammlungen und Glyptothek, München

Eryximachos hatte auch schon eine Idee zum Thema der vorgeschlagenen Reden, die er bereitwillig der Runde präsentierte: Phaidros hätte ihm einmal geklagt, dass beinahe jeder Gott in der uferlosen theologischen Literatur schon beschrieben war, nur der Gott Eros hatte noch nie eine Würdigung erfahren. Wie wäre es also, wenn man reihum Reden auf Eros hielte? Vielleicht blickte der Arzt gerade sinnend auf seine kostbare Trinkschale in der Hand, auf der ein Künstler eine Szene mit Eros abgebildet hatte. Die Malereien auf den kunstvollen Keramikprodukten – in Agathons Haushalt standen sicherlich erlesene Stücke herum – zeigten neben Symposionsszenen auch mythische Themen. Es war ein beliebtes Spiel und eine Herausforderung für die geladene Gesellschaft, die Bilder zu entschlüsseln und sich über die dargestellten Geschichten zu unterhalten. Das Spiel liebten später auch die Römer. Sie ließen ihre Villen in den freigeistigen Vesuvstädten (Pompeji, Stabiae, Paestum) meist von griechischen Malern mit Fresken schmücken und es war nicht anders bei den Landgütern der Renaissance-Humanisten. Auch sie ließen ihre Ansitze gerne ausmalen – zum Verdruss von Architekten wie Palladio, der in seinen grandiosen Villen nur weiße Wände dulden wollte. Aber die Bauherren waren begierig nach möglichst schwierigen antiken Themen aus Mythologie und Heldengeschichten. Das stellte das eigene Bildungsniveau unter Beweis und regte zu spannenden Gesprächen an.

Übrigens standen zwischen den edlen Keramikstücken auch einige neuere Erwerbungen im Haus des Agathon: es waren große Mischgefäße für Wein, also Kratere (κρατήρ) aus Metall. Das waren die neuesten Statussymbole und diese Vorliebe der Oberschicht brachte schließlich die Nachfrage nach Athens Keramik-Erzeugnissen zum Erliegen. Im 4. Jh. kamen die Keramikvasen-Manufakturen in Athen in Schwierigkeiten. Die Maler wichen nach Süditalien aus, wo sie in Metapont, Tarent, Thurioi oder Paestum wunderbare Produkte erzeugten, die man heute noch in diversen Museen in Kalabrien und Apulien bewundern kann. Das *Jatta National Museum* in Ruvo di Puglia zum Beispiel beherbergt in nostalgisch altertümlichem Ambiente erlesene Stücke. Sie dürfen es nicht auslassen, wenn Sie in der Nähe vorbeifahren.

Doch zurück zu unserer Runde! Eryximachos hatte ein echtes Desiderat angesprochen! Die Runde reagierte begeistert und Phaidros – er war ein Amateurforscher zu diesem Thema – wurde aufgefordert zu beginnen. Die nun folgenden Reden reißen einen philosophisch nicht gerade vom Sessel, aber Platon lässt in jeder einen kleinen Aspekt aufblitzen, der für das Thema eine Rolle spielt.

Phaidros hebt mit großer Geste an und erzählt von der Herkunft des Eros, wie sie in den alten Mythen, besonders bei Hesiod, beschrieben wurde. In einem großzügigen Schwenk reißt er ein Thema an, das uns in Kürze nochmals begegnen wird, nämlich in dem nach ihm benannten Dialog: Zum Unterschied von der zur Liebe reizenden Göttin Aphrodite treibt Eros im Liebenden die Leidenschaft an. Aphrodite zieht, Eros schiebt, könnte man sagen!

Nach dieser nicht gerade berauschenden Eröffnung wird uns die Rede des Sophisten Pausanias berichtet. Über ihn ist wenig bekannt. Er scheint aus adeligem Haus zu stammen und es wird ihm eine Liebesaffäre mit Agathon nachgesagt. Er knüpft bei Phaidros an, unterscheidet aber einen zweifachen Eros. Der gebildete Pausanias kannte die Überlieferungen genau, jene archaischen Quellen, wo die Abstammung von Göttern als sukzessive Entwicklungen geschildert wurde, aber auch die späteren modernen Deutungen, wo alle Götter und Göttinnen Eltern hatten. So war das auch bei Aphrodite. Pausanias preist die archaische Figur der mutterlosen Aphrodite, während er jene Aphrodite, der man mit Zeus und Dione Eltern zuschrieb, als vulgäre oder gemeine bezeichnet. Ebenso sei es mit Eros. Der vulgäre Eros sei jener – und jetzt hören Sie zu –, der für die Liebe zwischen Mann und Frau zuständig ist. Der himmlische, mutterlose Eros jedoch sei für die Knabenliebe zuständig.

Ich habe bereits ein paar Mal ein heißes Eisen liegen gelassen, wo Sie vielleicht eine Klärung erwartet hätten. Jetzt muss ich es anpacken, denn sonst haben wir den Eros so weit kastriert, dass ein Reden darüber unangemessen wäre. Es geht um die Päderastie. Ich muss einräumen, dass es dazu in der Literatur der Historiker nicht wirklich eine Erklärung gibt. Ich kann nur versuchen, etwas uns ganz fremd Gewordenes aus der Sicht des Atheners dieser Zeit zu rekonstruieren. So hing diese Geschichte auch mit der Eigenart des Schulwesens in Athen zusammen. Es gab Schulen, die ab dem siebten Lebensjahr besucht wurden – aus gesellschaftlicher Raison, nicht aus staatlicher Vorschrift. Diese Schulen waren privat und die Lehrer schickten den Vätern Honorarnoten ins Haus. Man lernte, mit Griffeln auf Wachstafeln oder gar mit Schilfstiften auf Papyrus zu schreiben, lernte Homer seitenweise auswendig, Musik war ein zentrales Fach ebenso wie Sport. Dann aber, nach sieben Jahren «Grundschule» war die Ausbildung endgültig privatisiert. Man schickte die Jugendlichen – dies blieb in der Regel den Begüterten vorbehalten – zu den angesehenen Persönlichkeiten des Staates, den Politikern, Philosophen, Dichtern, Komponisten, Bankdirektoren. Ganz Athen war in gewisser Weise ein egalitäres Völkchen, wo der Vorstandsvorsitzende einer Olivenöl-Ges.m.b.H. dem vierzehnjährigen Sohn seines Oberbuchhalters, das «Große Einmaleins» und mehr beibrachte. Es war eine universelle Ausbildung. Die Jugend lernte nicht nur den üblichen Bildungsschatz, sondern auch den täglichen Umgang in einer zivilisierten Gesellschaft. Das Benehmen bei Empfängen, Tischsitten und eine geschliffene Sprache. Der Gebildete in Athen hatte gewöhnlich gute Manieren. Hatte man einen Wissenschaftler eingeladen, durfte man davon ausgehen, dass er beim Essen nicht schmatzte oder schlürfte. Und die Sieger in Olympia sprachen anders als die meisten heutigen Sieger ein einigermaßen gepflegtes Griechisch und redeten auch inhaltlich nicht allzuviel Unsinn. Man darf hier schlicht an die alte Redewendung der «guten Kinderstube» erinnern, was heute doch ziemlich antiquiert klingt.

Das ist irgendwie das Bezaubernde an dieser Geschichte. Weniger bezaubernd ist, dass dieses Privatlehrermodell sehr tiefgreifend war. Es waren keine reinen Lehrer-Schüler-Beziehungen, sondern geradezu Verschwörungen, die durch ihre auch sexuelle Intimität gleichsam unwiderruflich wurden. Dabei gab es allerdings einen strengen Kodex. Aischines hat einige Gesetze dazu kommentiert. Aischines, der um 314 gestorben sein dürfte, war ein Politiker Athens und für seine glänzenden Reden berühmt. Es kursierte in Athen das Gerücht, dass er es war und nicht Kriton, der Sokrates zur

Flucht aus dem Gefängnis überreden wollte. Aber Platon hat Aischines nicht gemocht und daher dieses schöne Angebot dem Kriton angedichtet. Aischines führte mehrere berühmt gewordene Prozesse. Kein Geringerer als der große Redner Demosthenes klagte ihn auf Verrat bei einem Friedensvertrag mit Philipp II. Hintergrund war die Spaltung Athens in pro- und antimakedonische Fraktionen. Aischines ging den Anwalt des Demosthenes scharf an und warf ihm Prostitution in seiner Jugend vor. Der Skandal wurde in allen Zeitungen berichtet. Für uns sind diese Reden eine wertvolle Quelle der «Spielregeln» des Liebeslebens unter Männern in Athen und gewähren einen Einblick in die dortige Halbwelt. So wissen wir, dass die Sportanlagen in den Palästren und Gymnasien erst nach Sonnenaufgang geöffnet und vor Einbruch der Dunkelheit geschlossen werden mussten. Die Strafen für jemanden, der in der Nacht im Sand mit einem Jungen erwischt wurde, waren nach Aischines drakonisch. Wenn man sich diese Gesetze ansieht, kann man sich gut vorstellen, dass der Knüppel «sexuelle Belästigung» ähnlich scharf gewesen sein muss wie in unseren Tagen in den Vereinigten Staaten.

Ein besonders Kapitel bei der ganzen Geschichte war die Nacktheit bei den sportlichen Betätigungen, etwa bei den großen Sportspielen der Athene in Athen (panathenäisch), in Olympia zu Ehren des Zeus (olympisch), in Delphi zu Ehren Apolls (pythisch), in Korinth zu Ehren Poseidons (isthmisch) oder in Nemea (die dem Zeus geweihten nemeischen Spiele). Frauen war jeder Besuch streng untersagt. Für Frauen gab es jedoch einige wenige eigene Wettspiele. Glenn Most verwies einmal auf den sadomasochistischen Aspekt, wenn sich – etwa im Faustkampf – die Erotik nackter Körper mit dem Schmerz des Athleten mischte. Die Nacktheit, über die ich im Zusammenhang mit der Kunst der Kouros-Figur bereits berichtete, ist eine griechische Spezialität. Ägyptische Figuren tragen stets ein Lendentuch. Bei der griechischen Nacktheit geht es weniger um eine Darstellung realer nackter junger Männer – ob wirklich immer nackt gekämpft und Sport betrieben wurde, ist sogar umstritten –, sondern sie muss symbolisch gesehen werden als Ausdruck der Kraft und Stärke des jugendlichen männlichen Körpers. Vermutlich sahen die Griechen darin die Kraft und Stärke ihrer Polis, die ja stets gegenüber anderen Poleis verteidigungsbereit sein musste. Die gestählten nackten jungen Körper sollten daher eine beruhigende Wirkung auf die Athener (und in Sparta natürlich auf die Spartaner gehabt haben).

Die Spiele waren eine Einrichtung der Städte. Sie dürften ursprünglich mit religiösen Anlässen verknüpft gewesen sein (Leichenspiele). Man berührt hier ein interessantes, aber immer noch schlecht dokumentiertes Thema. Die Zusammenhänge von Leben und Tod verweisen auf die alte Polarität, ja auf den Kampf kosmischer Mächte, der in den sportlichen Wettbewerben ritualisiert nachvollzogen wurde. Damit könnten solche Spiele auch eine religiös-magische Sicherung der Polis gewesen sein und die beliebte Figur des Kouros ein eindrucksvoller künstlerischer Niederschlag. Kaum anzunehmen, dass den Läufern in Olympia in ihren Startlöchern diese Zusammenhänge noch bewusst waren.

Also zurück zu unserem Pausanias und seinem Lob der Knabenliebe. Eine weitere Regel war die, dass solche Beziehungen erst für in Ordnung befunden wurden, wenn der Knabe in oder am Ende der Pubertät war. Denn – und das ist die entscheidende Deutung, die an dieser Stelle des *Symposions* jetzt gegeben wird – es darf nicht um Leidenschaft zu jungem Fleisch gehen, sondern um den Eros zu einer sich gerade zart entfaltenden jungen Seele und Vernunft:

> Zum Männlichen wenden sich die vom himmlischen Eros Angewehten, indem sie das von Natur aus Stärkere und Vernünftigere lieben. [...] Sie lieben nicht die Kinder, sondern solche, die schon anfangen, Vernunft zu zeigen. Dies trifft zusammen mit dem ersten Bartwuchs.
> (Symposion 181d)

Das bestätigt auch Xenophon, dieser treue Anhänger Platons:

> Wenn ein Mann Gefallen findet am Geist des Knaben […] hieß er dies gut, wenn aber einer eine sinnliche Begierde zu einem Knaben zeige, sei dies die größte Schmach.

Mit dem Blick des Sokrates auf das Geschlecht des Charmides hatten wir unseren Weg durch Platon begonnen. Es war damals – so hatte man den Eindruck – die schlichte Freude am Leben, an den Schönheiten dieser Welt, zu denen auch ein scharfer Geist gehört. Dummheit zerstört den Reiz eines noch so schönen Körpers! Jetzt – nachdem wir schon mehrmals auf die Tugend der Emotionslosigkeit aufmerksam gemacht wurden – kippt die Sache ins andere Extrem. Es geht überhaupt nicht mehr um die körperliche Leidenschaft, sondern um eine spiritualisierte Erotik, zu der der Geschlechtsakt hochstilisiert wird. Gerade darin liegt auch die besondere Qualität der Verschworenheit, wie Pausanias in seiner Rede noch unterstreicht. Dienste, die der Knabe für seinen Herrn verrichtet, *wie sie nicht einmal ein Knecht verrichtet*, (Symposion 183a) verklären sich in solchem Licht.

In den letzten Jahren sind zahlreiche Skandale in der geschlossenen Atmosphäre von Schulen und Klöstern aufgeflogen, die in ihrer Intention dem Vorliegenden frappant ähnlich sind. Die Aussagen der Opfer dieser Übergriffe schilderten Situation und Motive, die offenbar zeitlos sind. Auch dort ging es um Abhängigkeit, um intimste Herrschaft über Unmündige, um sie sozusagen als Ersatzsöhne in Geist, Seele und Körper zu formen. Der Unterschied darf freilich nicht übersehen werden. Was in Athen aus Gründen, die uns kaum mehr nachvollziehbar sind, gesellschaftlich akzeptiert und auf der Freiheit der Beteiligten gegründet wurde und wo es genaue Spielregeln dafür gab, ist in unseren Tagen schlicht ein abscheulicher Missbrauch von wehrlosen Kindern.

Eros als Leidenschaft des Geistes

Immer mehr wird Eros bei dem Redereigen in Agathons Haus vom Körper weggeholt und in die Nähe der Vernunft gerückt. Für Sokrates wandelt sich die Leidenschaft des Körperlichen zur Leidenschaft des Geistigen. Genauso wie im Frühwerk die sophistische Logik zu kurz angesetzt war, ist im Spätwerk der Eros als körperliche Leidenschaft der falsche Zugang, er muss sich mit dem Geistigen verbinden.

Als nächster an der Reihe ist Aristophanes, der berühmte Komödiendichter. 423 hatte er seine *Wolken* bei den Dionysien vorgeführt und war damit auf dem für ihn enttäuschenden dritten Platz gelandet. In dem Stück wurde Sokrates heftig verspottet und als Sophist dargestellt. Sokrates kam natürlich zur Vorstellung und er erhob sich theatralisch, um dem Publikum die Möglichkeit zu geben, ihn mit der Spottfigur des Stückes zu vergleichen. Aristophanes aber leidet gerade an einem Schluckauf und so gluckst er dem Eryximachos zu, er solle doch zuerst in den Ring steigen. Der Arzt gibt Aristophanes noch ein paar Ratschläge: Atemanhalten und Wasser trinken oder die Nase zum Niesen reizen, das würde den Schluckauf verjagen. Dann beginnt er mit seinem Vortrag.

Als Naturwissenschaftler sieht er die Formen des Eros als Wirkungen der Natur. Es gibt ihn auch in den Tieren und Pflanzen und er sei keineswegs nur etwas Geistiges und Seelisches. Die Bemerkungen des Arztes und Empiristen gingen ziemlich spurlos an der Gesellschaft vorüber, allerdings zeigen sie uns etwas, das wir nicht übersehen sollten. Die Ausführungen des Eryximachos treffen einige Motive, die man in sehr ähnlicher Weise bei Aristoteles wieder findet, wo sie durchaus als kritische Antwort auf Platon gemeint sind. Modern gesprochen ging es um die Konfrontation eines Empirismus mit einem Rationalismus und Idealismus. Platon kannte die Einwände auf seine Ideen-Philosophie gut und in

Eryximachos spiegelt sich vielleicht der Diskussionsstand um diese Dinge in der Akademie wider.

Aristophanes, der seinen Schluckauf durch das letzte Mittel, das Niesen, erfolgreich bekämpft hat, fängt nun an. Er erzählt einen völlig grotesken Mythos über das Entstehen der Menschen. Es gab sie ursprünglich in drei Geschlechtern mit je acht Gliedmaßen und zwei Geschlechtsteilen. Diese Monster, die jeder computergenerierten Hollywoodkreation Ehre machen würden, konnten sich rollend in alle Richtungen bewegen und sich selbst befruchten. Sie bliesen zum Sturm auf die Götter, deren Herrschaft sie an sich reißen wollten. Der Gigantenkampf endete mit der Gegenwehr der Götter, die diese aufsässigen Kerle halbierten und ihnen die Köpfe umdrehten. Seit damals sucht nun jede Hälfte das passende Gegenstück wie ein Stecker die Steckdose. Da sie ihre Geschlechtsteile noch hinten trugen, passierte bei jeder Umarmung gar nichts, sondern *sie zeugten in die Erde wie die Zikaden*. (Symposion 191b) Dieses erbärmliche Bild rührte Zeus und er versetzte die Geschlechtsteile nach vorne, sodass sie zumindest Nachkommenschaft erzeugen konnten.

Überlassen wir den Komödianten, dessen einzige bemerkenswerte Botschaft jene vom Eros als Trieb zur ursprünglichen Ganzheit ist, einem amerikanischen Filmregisseur und kommen wir zum nächsten: Agathon, der Gastgeber und gefeierte Dichter! Er stammte aus reichem Athener Haus, dürfte um 448 geboren worden und um 400 gestorben sein. Er gehörte zu den bedeutenderen Dichtern, allerdings sind von seinen Werken nur einige wenige Verse erhalten. Wie schon gesagt – das war der Anlass dieses Treffens – feierte er 416 (oder 417) den Sieg bei dem Dionysosfest in Athen. Bei den Dionysien hatten Dichter die Gelegenheit, Komödien und Tragödien wie beim Ingeborg Bachmann-Wettbewerb vor einer Jury (die aus der Bevölkerung gelost wurde) zu präsentieren. Die Sieger konnten ihre Werke im Dionysos-Theater am

Südhang der Akropolis aufführen. Die Eintrittsgelder zu den Theatern waren übrigens bescheiden. Eine Karte kostete gerade einmal 2 Obolen.

Dionysos-Theater in Athen. Gründung im 5. Jh., der heutige Bau stammt aus der Zeit um 330 v. Chr.

Agathon wird uns als schöner, gepflegter junger Mann geschildert, eine Art lackierter Westentaschenyuppie. Einer von jenen, die nach süßlichem Rasierwasser stinken, mit ihren genagelten Schuhen gegen den Marmor knallen und ihre dunklen Designer-Sonnenbrillen auch dann noch auf der Nase tragen, wenn die Sonne längst untergegangen ist. Und seine Rede passt haargenau zu diesem Bild. Er überbot sich in affektierten Beschreibungen des Eros. Er sei jung und alterslos (*indem er fliehend dem Alter entkommt, welches offenbar doch schnell ist*, Symposion 194b), zart, weich, geschmeidig. Platon spart nicht damit, uns diesen Mann als Spiegel seiner schwülen Rede darzustellen. Es folgt eine litaneiähnliche Aufzählung der Wohltaten des Eros und Agathon schließt mit einer feierlichen Widmung auf den Gott. Im Peristyl seines Hauses brandet Applaus auf, in den sich Hochrufe mischen. Agathon war mit dem am Vortag gewonnenen Preis endgültig zu einem berühmten Mann geworden. Und wer es einmal geschafft hat, zum Liebkind der Gesellschaft zu werden, den kann bekanntlich auch der ärgste Blödsinn nicht mehr gefährden.

Sokrates, der als Letzter an die Reihe kommt, treibt seinen üblichen Schabernack, indem er vorgibt, diese Rede nicht mehr übertreffen zu können.

> Wenn ich denke, dass ich überhaupt nicht imstande sein werde, auch nur entfernt etwas Schöneres vorzutragen, wäre ich vor Scham am liebsten entwischt, wenn ich nur gekonnt hätte.
> (Symposion 198c)

Eros als Dämon

In diese vorgetäuschte Bescheidenheit mischt sich die übliche Unverschämtheit. Er sei nur bereit, das Wort zu ergreifen, wenn er die Wahrheit über Eros sagen dürfe. Er wolle ihm nicht (wie alle anderen!) irgendetwas andichten. Hier ist sie also wieder, seine unbrechbare Überheblichkeit. Und der fein herausgeputzte Sokrates (merken Sie nun die ironische Funktion dieses Aufputzes?) beginnt – klar wo sonst als beim Star des Abends – bei der Darstellung des Agathon. Und es geht gleich mit massiven Korrekturen los! Eros sei nämlich kein *Etwas*! Er ist doch, so waren sich alle einig, ein Trieb auf ein *Etwas* hin. Ein Trieb kann jedoch das, wonach er strebt, noch nicht besitzen, also ist Eros kein *Etwas*, sondern eine *Bewegung*. Schon durch diese Klarstellung ist Agathon verwirrt: *Ich mag am Ende wohl nichts von dem mehr verstehen, was ich vorher sagte.* (Symposion 201b) Im weiteren Verlauf versichert sich Sokrates einer höheren Autorität. Er berichtet von einer Seherin namens Diotima, die ihm vor längerer Zeit die Sache um Eros dargelegt hätte. Diotima ist vermutlich eine erfundene Gestalt. Sie gehört zu jenen Frauengestalten, die sich Männer in der Literatur als ihre Führerinnen und Musen ausgedacht haben. Denken Sie nur an die Sonnenmädchen, die

Parmenides zur Göttin geleiten, die ihm dann wiederum die Wahrheit verkündet. Oder an Beatrice, die Dante in der *Göttlichen Komödie* durch die himmlischen Gefilde führt. Die Rede dieser Diotima also referiert Sokrates nun in der Runde. Eros sei weder schön noch hässlich, sondern etwas *dazwischen*. Für Platon, der seinen Sokrates durch den Mund der Diotima sprechen lässt (welches Gespräch wiederum Aristodemos dem Apollodoros, dieser viele Jahre später dem Glaukon erzählte, sodass ich es in der Übersetzung von Schleiermacher lesen konnte und es nun Ihnen, verehrte(r) LeserIn, erzähle – so einfach ist das), also für Platon gilt die einfältige Formel des *tertium non datur* (etwas muss entweder schön oder nicht schön sein, eine dritte Möglichkeit gibt es nicht) nicht, es gibt eben das Dritte, das *Dazwischen* oder das «Nicht das eine, Nicht das andere».

> Ich hatte zu Diotima Ähnliches gesagt, wie Agathon jetzt zu uns, dass Eros nämlich ein großer Gott sei und sich auf das Schöne richte. Sie aber widerlegte mich mit denselben Reden, die ich jetzt gegen Agathon richte, dass Eros weder schön wäre noch gut. Und ich fragte: Wie meinst du denn das, Diotima, ist Eros denn hässlich oder schlecht? Willst du dich wohl des Frevels enthalten, mahnte sie mich. […] Folgere nicht, was nicht schön ist, sei hässlich noch, was nicht gut ist, sei schlecht. (Symposion 202a,b)

Wenn Eros aber noch ein *Bedürfnis* hat, das nicht befriedigt ist, kann er auch kein Gott sein, denn Götter sind nun einmal vollkommen!

> Siehst du nun, dass auch du den Eros für keinen Gott hältst?
> Was aber wäre er dann? Etwa sterblich?
> Keineswegs!
> Aber was denn?
> Wie schon gesagt, zwischen dem Sterblichen und dem Unsterblichen.
> Was soll das sein?
> Ein großer Dämon, o Sokrates. Denn alles Dämonische ist zwischen Gott und dem Sterblichen. (Symposion 202e)

Hier haben wir nun endlich nach vielen Schriften Platons unser Sokratisches Stichwort wieder: *Dämon*. Sokrates – ich berichtete darüber – wurde wegen Gottlosigkeit angeklagt, weil er von einem Dämon sprach. Jetzt führt uns Platon plastisch vor Augen, wie lächerlich und dumm diese Einschätzung des Gerichts war. Der sophistische Zeitgeist konnte in diesem Dämon nur die weitere Vergegenständlichung eines neuen Gottes sehen, nicht aber die Dimension, für die dieser Dämon steht. Er ist das *Dazwischen*. Er ist nicht da und nicht dort. Er ist ein Bild für das Gottwerden des Menschen und das Zum-Menschen-Kommen Gottes. Ein Dazwischen kann jedoch niemals eine konkrete Größe sein, die sich dingfest machen ließe. Ich kann nicht mit dem Finger auf sie zeigen, weil sie sich wesensgemäß immer einer Fixierung entzieht. Daher ist Dämon eben prozessual angelegt, er ist Eros. Oder umgekehrt: Ein Prozess wäre kein Prozess mehr, wenn er nicht im ständigen Dazwischen wäre, also ist er notwendig Dämon. Platon braucht den Prozess, damit er zwischen den auseinanderfallenden Welten, den Ideen und den Dingen, vermitteln kann. Er braucht den Prozess, damit er das Dilemma der vielen Ideen lösen kann. Dazu – so hatten wir gesehen – gelangt das Gute in die Rolle des Vermittlers, also des Prozesses, also des Eros, der *dazwischen* ist, also Dämon! Das ist alles sehr schön und konsequent entwickelt. Freilich ist es eine ganz andere Frage, ob das Sokrates bereits so gemeint hat. Wohl kaum! Platon legt Sokrates so aus, und er legt diese Deutung den Athenern zu Füßen und sagt damit auch: Wen, um Gottes willen, habt ihr da hingerichtet!

Diotima beschreibt den Eros weiter. Sein Vater ist Poros (πόρος). Poros stand in der Mythologie für Fülle und Reichtum. Seine Mutter Penia (πενία) wiederum stand für die Armut. Streng nach dem Wort heißt Poros soviel wie Weg. Der Gegenbegriff dazu ist die Aporie, die Ausweglosigkeit. Dem Vater des Eros kommt gleichsam die Autorität des Wegweisens zu und er steht der Armut von Penia gegenüber. Diotima bestätigt die Tendenz, die wir aus den bisherigen Reden bereits kennen. Die Abstammung des Eros ist männlich dominiert.

Nun war nach Diotima Eros zuerst ein wilder Geselle, *rau, unansehnlich, unbeschuht, obdachlos, auf dem Boden der Straßen schlafend.* (Symposion 203d) Seinem Vater schlug er als *Jäger nach dem Guten und Schönen* nach, *er ist tapfer, keck, rüstig, ränkeschmiedend,* aber auch *nach Einsicht strebend, philosophierend, ein Zauberer und Giftmischer, er ist am selben Tag blühend und sterbend.* (Symposion 203e)

Dionysos und Eros. 2. Jh. n. Chr.
Museo Archeologico Nazionale di Napoli

Man hat zurecht auf die Ähnlichkeit dieser Beschreibung mit der Lebensführung des Sokrates hingewiesen. Aber die Sache hat noch viel mehr Aspekte. Woher kommt Eros denn? Diotima spricht neben den Zügen des Phanes-Eros den alten thrakischen Vegetationsdämon Dionysos an, der schon auf Kreta in Stiergestalt und mit Doppelaxt für den Reichtum einer genussliebenden Kultur stand. Seine Rustikalität war für das moderne Athen anstößig. Daher gab es ja auch so wenig Literatur zu diesem Thema, was zum Vorschlag geführt hatte, darüber zu reden. Zumal sich die Spuren dieses Gottes auch noch – oh Schreck – im Orient verloren! Einen orientalischen Fremdarbeiter in ihrer hehren Kultur war das letzte, was die selbstbewussten Hellenen brauchen konnten. Aber das Interesse der erlauchten Gesellschaft um Agathon zeigt auch das Interesse an dieser Figur. Sie war das Gegenbild zur Kultur: die ungezähmte Natur.

Platon weicht dieser Herkunft nicht aus. Warum tut er das und spielt sogar philosophisch auf dieser Klaviatur? Lassen Sie mich ein wenig spekulieren. Vielleicht ist hier die Doppelbödigkeit des Prozesses angesprochen. Was war der Sinn der statischen Ideen? Er lag darin, den Prozess, der in der materiellen sophistischen Welt zur Relativierung jeder Werteordnung beitrug, hinauszuwerfen. Dieses «alles fließt» ist ein solch asoziales Flanieren. Es steht für den Verlust von Behausung, Heimat, Orientierung. Und diesen ziellosen Flaneur, der die Saatsordnung bedroht, haben wir eliminiert. Jetzt, da wir den Prozess wieder reumütig zurückholen müssen, um unsere Bewegungen des Vermittelns, aber auch den «Prozess» bei der Schau des Guten zu bewahren, muss klar gesagt werden, worauf wir uns einlassen. Der Prozess ist gefährlich, seine Natur destruktiv – das haben bereits die Beiträge der Vorredner bei diesem Symposion gezeigt. Daher legen wir so viel Gewicht auf die Formulierung des Eros und dürfen ihn nicht aus den Augen lassen, sondern müssen ihn in eine genau umrissene Funktion einordnen.

Das Ganze gewinnt eine größere Dimension. Denn, wenn das alles so gelänge wie geplant, hätte die griechische Kultur (unter Platons Dirigat) jene Leistung vollbracht, die im orphischen Mythos Zeus zukam als er Phanes/Eros verspeiste. Griechenland hätte den Orient entschärft und für seine eigene Kultur fruchtbar gemacht. Politisch wäre der destruktive (aufklärerische) Prozess wie durch Zauberhand in Stabilität und Statik verwandelt. Damit wird nun erstmals ein Prozess mit einem utopischen Gehalt aufgeladen.

Im Kontext der Sophisten wären jetzt Legitimationsfragen zu klären und es käme heraus, dass es der Mensch ist, der sich das alles so zurechtrückt. In der *Politeia* brauchten wir die politische Lüge dafür, diese Tatsache zu verschleiern, und hier nimmt sich *Sokrates* als Sprecher zurück und schiebt eine Wahrsagerin vor. Sokrates weicht an heiklen Stellen gerne in den Mythos aus, so – wir werden gleich darauf zu sprechen kommen – im *Phaidros* im Bild der Götterfahrt und im *Timaios* in jenem des Demiurgen. Aber kann es überhaupt gelingen, über Eros die Oberhand zu behalten?

Der Eros ist die «Bewegung» zur geistigen Schau des Wahren. Mit einigem Recht kann Eros, der auch als ein Streben nach geistiger Zeugung im Schönen (Symposion 206c) bezeichnet wird (das ist der Sinn der Pädophilie!), mit der Philosophie selbst verglichen werden. Und diese geistige Komponente hängt zusammen mit seiner männlichen Herkunft.

> Denn die Weisheit gehört zu dem Schönsten, und Eros ist die Liebe zu dem Schönen; so dass Eros notwendig weisheitsliebend ist und also, als philosophisch, in der Mitte zwischen den Weisen und Unverständigen steht. Und auch davon ist seine Herkunft Ursache; denn er ist von einem weisen und wohlbegabten Vater, aber von einer unverständigen und dürftigen Mutter. Dies also, lieber Sokrates, ist die Natur dieses Dämons. (Symposion 204b)

Diotima, die Frau (!), unterstreicht, dass sich der, dem es nur um die Körperlichkeit geht, mit Frauen einlässt, wem es aber um Seele und Geist geht, mit Männern. Und in einer solch stetigen Zeugung kann die Seele zur Unsterblichkeit gelangen. (Symposion 208b) Das setzt Überlegungen fort, die wir im *Phaidon* kennen gelernt hatten. Für die Erlösung in der Schau des Wahren war dort die Leidenschaftslosigkeit eine Voraussetzung und eine stetige Bewegung, die sich unendlich viele Körper webt.

Welcher Mensch mit dem Eros (= Dämon) in ein gutes (εὐ/ *eu*) Verhältnis gerät, der ist in diesem *Dazwischen*, er ist also *dabei* beim Wahren und Göttlichen, er ist in der *Glückseligkeit* (εὐδαιμονία/*eudaimonia*), das heißt, er ist mit dem Dämon (= Eros) in einem *guten* Verhältnis. Man steigt auf zur Schönheit der Seele in der Schau der obersten Idee. In Worten, wie wir sie noch nie so deutlich gehört haben, formuliert Platon durch den Mund der Wahrsagerin die Spitze seines metaphysischen

Konzepts. Es geht ihm um die Wahrheit, die geschichtsabgehoben als vollkommene Vollendung immer bleibt:

> Wer nun im Eros so erzogen ist und mancherlei Schönes in einer richtigen Ordnung schaut, der wird, indem er der Vollendung in dieser Kunst entgegengeht, plötzlich ein von Natur wunderbar Schönes erblicken, nämlich jenes selbst, o Sokrates, um dessen willen er alle bisherigen Anstrengungen gemacht hat, welches immer ist und weder entsteht noch vergeht, weder wächst noch schwindet […] es ist an sich und für sich und in sich selbst ewig und überall dasselbe. (Symposion 210e-211b)

Wir sehen, wie der Eros eine klare Aufgabe zugesprochen erhält. Wenn die Schau, die ja selbst Prozess ist, funktioniert, ist es aus mit jeder Bewegung. Da sind wir angekommen beim immer Bleibenden! Aber ist denn das einsichtig zu machen? Warum hört der Prozess plötzlich auf? Tritt Eros freiwillig ab und lässt uns mit einer alten Ideenlehre zurück, oder verwandelt er sich wieder in den flanierenden Jäger, der alles niedermacht und sich nicht mehr bremsen lässt? Da gibt es noch einige schwierige Fragen zu klären. Es ist beinahe unheimlich, was uns Platon im nächsten vorexerziert. Denn jetzt folgt eine ganz merkwürdige Szene.

Alkibiades

> Nachdem Sokrates gesprochen hatte, wurde er sehr gelobt und Aristophanes wollte gerade etwas sagen, als plötzlich an der äußeren Tür heftig gepocht wurde und das Gegröle Herumziehender, die von einer Flötenspielerin begleitet wurden, dröhnte herein. Agathon rief, man möge nachsehen, wer das sei. Wenn es Freunde seien, sollte man sie hereinbitten, wenn nicht, sage man am besten, wir seien gerade dabei, ins Bett zu gehen, es gäbe nichts mehr zu trinken. Kurz darauf hörte man im Vorhof die Stimme des Alkibiades, die sehr betrunken klang. Er rief nach Agathon. Und von der Flötenspielerin und seinen Freunden gestützt erschien er in der Tür, mit Efeu und Veilchen bekränzt, bunte Bänder hingen ihm vom Kopf und er lallte: «Hallo, ihr Männer! Werdet ihr wohl einen schon kräftig angetrunkenen Mann zum Mittrinken aufnehmen? Oder müssen wir wieder gehen? Gestern konnte ich nicht zur Siegesfeier kommen, jetzt aber bin ich da, um von meinem Haupt das Haupt dieses weisesten und schönsten Mannes zu umwinden.» (Symposion 212d,e)

Als Alkibiades zur Runde der feinen Gesellschaft der *nouveaux riches* torkelt, entdeckt er Sokrates und erschrickt:

> O Herakles! Was ist denn das? Du liegst mir auch hier schon wieder auf der Lauer, wie du immer erscheinst, wenn ich am wenigsten mit dir rechne. (Symposion 213c)

Sokrates gibt zurück:

> Agathon steh mir bei! Denn dieses Menschen Liebe hat mir viel Verdruss gebracht. [...] Sieh zu, dass er nicht auch jetzt wieder etwas anstellt, sondern bring uns auseinander, wenn er aber Gewalt anwenden will, hilf mir. Denn seine Tollheit und sein verliebtes Wesen sind mir ganz widerlich. (Symposion 213d)

Dieser Hilferuf des Sokrates entbehrt nicht einer gewissen Ironie. So als ob Sokrates nicht gerade selbst viele Züge mit dem Draufgänger Alkibiades teilen würde. Jetzt jedoch spielt er ganz auf staatstragend und gibt sich als autorisierter Verkünder des wahren Eros aus. Aber die ganz große Frage ist natürlich: Was soll diese Szene hier?

Da ist zuerst die schillernde Figur des Alkibiades. 451 in eine aristokratische Familie Athens hineingeboren, wuchs er nach dem frühen Kriegstod seines Vaters im Haus seines Onkels Perikles auf. Dort genoss eine erlesene Ausbildung. Aus ihm, der auf nichts verzichten musste, wurde ein Bonvivant erster Güte. 420, gerade seine dreißigste Geburtstagsfeier planend, stieg er geräuschvoll in die Politik ein. Er war gleich General und Stratege, also Minister, und muss sich gesagt haben, dass das Leben vor allem Spaß machen sollte. Denn die ganz großen politischen Visionen schien er nicht gehabt zu haben. Er stocherte kräftig in der Gegend herum, manchmal ging es schief, die Athener waren böse und hätten ihn um ein Haar hinausgeworfen. Dann überfiel er zwischendurch eine ahnungslose Stadt, plünderte die Häuser und kehrte als großer Held von diesen Raubzügen zurück.

Er konnte einen schmelzenden Charme verbreiten, im nächsten Augenblick war es pure Arroganz. Er war intelligent und gebildet, ein glänzender demagogischer Redner und auch noch schön. Die heutigen Adabeis und Politiker der Populisten-Parteien, die mit viel Showtalent um die Stimmen der Schickeria buhlen, könnten von einem Alkibiades vermutlich immer noch lernen. Er zeigte seinen eingeölten muskulösen Körper in der Palästra, schüttelte wenig später im Avantgardeanzug bei einem Empfang hunderte Hände. Klar, dass ihn auch die Frauen umschwärmten. Eine seiner Geliebten war die Edelprostituierte Theodote. Sie war ein besonders heißes Gesellschaftspflänzchen, auch Sokrates soll mit ihr geflirtet haben. Diesen Klatsch hat uns Xenophon hinterlassen.

Stets war Alkibiades bei sportlichen Großereignissen, die zu Treffs der Schickeria verkommen waren, präsent. 416 startete er in Olympia mit nicht weniger als sieben Vierergespannen aus seinem Stall. Wer hat, der hat! Olympia war inzwischen der Ort, wo die Adabeis ihre großen Auftritte hatten, wo man auch internationale Luft schnuppern konnte. Der Dichter Hippias aus der Stadt Elis, die zu dieser Zeit das Heiligtum von Olympia verwaltete, legte den Beginn der Spiele auf das Jahr 776 fest, was schon in der Antike niemand so recht glaubte. Ein Zeus-Kult, der weit über die Region hinausstrahlte, ist indes schon mehrere Jahrhunderte vorher nachweisbar. Unter den ersten Bauwerken im 7. Jh. waren Schatzhäuser, denn ein Wettbewerb um wertvolle Weihegaben hub nun an. Irgendwann werden sich die Spiele als Kultfeiern herausgebildet haben. Laufen, Boxen, Ringen, Werfen (Speer, Diskus), Fünfkampf und ab 648 der berüchtigte Allkampf (παγκράτιον/*pankration*) waren einige Disziplinen. Der Allkampf war eine wüste Schlägerei. Manchmal trug man einen toten Körper mit gebrochenen Gliedern und eingeschlagenem Schädel vom Platz. Die spektakulärste Disziplin war das Wagenrennen. Ganz am Anfang waren die Spiele Weihespiele für Apoll, dann kam die große Politik zum Zug. 479 war die siegreiche Schlacht bei Plataä über die Perser gefochten worden – der spartanische Oberbefehlshaber

Athleten beim Fünfkampf. Er umfasste Sprint, Diskuswerfen, Speerwerfen, Weitsprung und Ringkampf.
Staatliche Antikensammlungen und Glyptothek, München

Pausanias ließ dem Zeus auf der Agora von Olympia einen Altar «dem Befreier» (*Eleutheros*) weihen – und gleichzeitig hatte Gelon von Syrakus ein Riesenheer von Karthagern, die in Sizilien die Gunst der Stunde nutzen wollten, überraschend vernichtet. Das wurde vom Dichter Pindar standesgemäß in Olympia als Befreiung von der Knechtschaft gefeiert. Freilich: in Wahrheit ließen sich die syrakusischen Tyrannen bei dem großen, internationalen Ereignis legitimieren.

Da kommt man dann doch ins Grübeln und man fragt sich, was sich eigentlich geändert hat in den zweieinhalb Tausend Jahren? Heute lassen sich die Putins dieser Welt bei den Olympischen Spielen und anderen internationalen Sportereignissen ihre undemokratische Weste waschen. Doch: etwas war anders damals. Die Griechen scheuten nicht die offene Rede. Es war der Redner Lysias (er wird gleich vorgestellt werden), der 384 in Olympia gegen den damaligen Tyrannen von Syrakus, Dionysius I., der eine Delegation

Boxer bei den Panathenäen. Um 520 v. Chr.
Museo Nazionale di Etrusco Villa Giulia, Rom

Das Stadion in Olympia mit einer Laufstrecke von 192,28 Meter. Es bot 45 000 Zuschauern Platz.

zu den Olympischen Spielen entsandt hatte, eine Brandrede hielt und zu seinem Sturz aufforderte. Eine aufgeputschte Menschenmenge verwüstete das Prunkzelt der Syrakuser, Dionysius starb allerdings erst 367 im Amt eines natürlichen Todes.

Seine Gäste empfing Alkibiades in einer orientalisch anmutenden Zeltstadt, die er für die Dauer der Spiele errichten ließ. Und er scheute keine Mühen, die Größen der Gesellschaft einfliegen zu lassen. Es war in diesem Jahr kein Geringerer als Euripides sein offizieller Gast. Ob der berühmte Dichter dafür kassierte wie die Ehrengäste des berüchtigten Wiener Baumeisters am Opernball, ist nicht bekannt. Man kann aber davon ausgehen, dass Euripides für etwas anderes bezahlt wurde und da wurde nicht gekleckert: für die Siegesode auf Alkibiades.

Denn selbstverständlich war Alkibiades der Sieger des Rennens – inzwischen erhielt auf dem zum Kommerz verkommenen Fest nicht mehr der Wagenlenker den Siegeskranz, der aus einem wilden Ölbaum, dem *kotinos kallistephanos* (κότινος καλλιστέφανος / *schönkränzender Ölbaum*) geflochten wurde, sondern, wie die Wirtschaft es wollte, die Firma. Übrigens gingen die Sieger tatsächlich nur mit einem Lorbeerkranz nach Hause. Als die Perser davon hörten, waren sie fassungslos! Olympiasieger, ohne eine müde Drachme zu kassieren! Dafür wurde man großzügig belobigt. Euripides zog die Hymne fix und fertig aus seiner Aktentasche. Irgendein Bildhauer, und es wird kein *No-name* gewesen sein, bereitete schon die Wachsform für den Bronzeguss vor, denn jeder Sieger in Olympia hatte das Recht, seine Statue dort aufzustellen. Die Statue selbst war nicht naturalistisch, sondern es wurde allgemein der Siegertypus dargestellt, aber auf dem Sockel prangte natürlich der Name. Die Kosten übernahm häufig die Heimatstadt, die stolz auf ihren talentierten Sportsmann war und ihn gebührend zuhause empfing. Dort wurde die Siegerode ein zweites Mal aufgeführt. Nun ja – und das mit dem fehlenden Scheck in Olympia war noch ohne dem Kleingedruckten berichtet. Denn die Heimatstadt zeigte sich nicht so knauserig und erhöhte den Kontostand der stolzen Sieger nun doch deutlich.

Pankration. Bronze 2. Jh. v. Chr.
Staatliche Antikensammlungen und Glyptothek, München

Ein wunderbares Beispiel einer solchen Sieger-Skulptur ist uns erhalten geblieben. In Delphi fand man den berühmten lebensgroßen *Wagenlenker*, Teil eines Vierergespanns. Die Archäologen gehen davon aus, dass die Figurengruppe den

Sieg des sizilischen Herrschers Polyzalos bei den Pythischen Spielen in den Siebzigerjahren des 5. Jahrhunderts feierte.

Doch zurück zu unserem strahlenden Sieger. Er lud tausende Sportfans, die sich in Olympia auf die Zehen traten, zu einem riesigen Fest auf seine Kosten. Der Jubel kannte keine Grenzen. Alkibiades war der Liebling kreischender Jugendlicher, ein Märchenprinz! Dennoch verließ der Strahlende nach dem Fest auffällig schnell den Ort des Geschehens. Denn ein Gerücht war herum und hielt sich verdächtig hartnäckig: Trotz seines siebenfachen Einsatzes sei das siegreiche Gespann gar nicht aus seinem Stall gewesen, aber mit einem ordentlichen Scheck hätte sich die Sache schnell regeln lassen.

Zwei Rennwagen rasen am fotografierenden Reporter vorbei.
National Archaeological Museum of Tarquinia

416! Hören Sie die Botschaft? Das ist der zweite große Sieger in diesem Jahr, denn unser Symposion spielt ja um den Sieg des Agathon und der war – welch ein Zufall – auch 416. Wenn das keine geschickte Personenregie ist, die Platon uns hier bietet! Zudem kannte Platon bei Abfassung des Dialogs den weiteren Weg seines Alkibiades. Ein Jahr später hetzte er Athen in einer flammenden Rede – reden konnte er ja – gegen den Rat besonnener Militärs in einen Feldzug gegen Sizilien, wo sich einige Städte über Segesta hermachten. Die Geschichte habe ich bereits erzählt. Es war Nikias, der die krachende Niederlage mit dem Leben bezahlen musste, während sich Alkibiades rechtzeitig aus dem Staub gemacht hatte und – zum Todfeind Sparta geflohen war. Er, der in Athen von Parfümberatern und Starköchen verhätschelt wurde, saß jetzt in einem Bottich eiskalten Wassers und löffelte die berüchtigte scheußliche schwarze Blutsuppe. Bei so viel Lebenslustverlust muss man ihm wohl nachsehen, dass er die Gunst der Stunde nutzte und mit der Frau des spartanischen Königs Agis eine heftige Affäre begann. Er fand, dass sich mit den drohenden diplomatischen Verwicklungen der Spaß allerdings endgültig aufgehört hatte und türmte abermals.

Diesmal galoppierte er schnurstracks zum persischen Provinzstatthalter Tissaphernes. Bei einem guten Tropfen Roten (vermutlich tranken sie ihn bereits aus einem Glas – der neueste Schrei! Der Wein entfaltete darin sein volles Bukett und stank nicht mehr nach dem Bodensatz des Tonbechers) kam man ins Gespräch und Alkibiades überzeugte sein persisches Gegenüber von den Vorteilen einer Unterstützung Athens gegen Sparta. Letztlich scheiterte die diplomatische Initiative, die Zwietracht zwischen Athen und Sparta säen wollte.

Alkibiades war aber schneller als die diplomatischen Depeschen und streckte unverfroren seine Fühler zu athenischen Gesandten aus mit einer atemberaubenden Idee: Er würde die Perser gegen Sparta auf die Seite Athens ziehen können, wenn – ja diese kleine Bedingung schob er gleich nach – wenn Athen die Demokratie abschaffen würde. Mit dieser Unverschämtheit stieß er bei den alten Oligarchen und Aristokraten auf offene Ohren, zu sehr ging ihnen die Macht des Mobs schon längst auf die Nerven. Zudem machten sich Krethi und Plethi mit ihren dicken Diäten ein schönes Leben, während die Reichen immer stärker zur Kasse gebeten wurden. Tatsächlich kam es 411 zu einem Putsch – vorbereitet durch ein wenig Straßenterror, bei dem sich der Mob immer nach dem starken Mann sehnt, der Ordnung schafft. Doch der eigentliche Terror kam erst jetzt: Morde, Massenverhaftungen, Abschiebungen! Der Spuk dauerte nicht einmal ein Jahr, vor allem weil die Mannschaften der Marine nicht mitspielten. Auf welcher Seite vermuten Sie am Ende dieses Jahres wohl Alkibiades? Richtig geraten! Er war jetzt ein lupenreiner Demokrat!

410 spuckte der Haudegen in die Hände und stieß mit einer kleinen Flotte bei Kyzikos (heute Türkei) auf die Schiffe

der Spartaner, die mit ungläubigen Augen auf die Szenerie starrten, und schlug sie vernichtend. Ihr so erfolgreicher Paradediplomat auf athenischen Schiffen ...? Ein Jahr später toppte er das mit zwei Siegen über die Perser.

Die Beamten in Athen mussten ihre Urlaubstage unterbrechen und in ungewohnter Eile radierten sie das Todesurteil in ihrem Alkibiades-Akt aus und schrieben «Retter des Vaterlandes» darüber. Dazu erhielt er eine Urkunde, in der er – sechs Jahre nach seinem Verrat – zum *Strategos Autokrator* ernannt wurde. Das war der *Chairman of the Joint Chiefs of Staff* der athenischen Streitkräfte.

Aber der Glanz dieser Sternschnuppe verglühte bald wieder und 407 suchte er nach einer Niederlage seiner Truppen (er selbst war unauffindbar) abermals das Weite. Die Prozessakten wuchsen – es war auch eine Klage wegen Entweihung der Eleusinischen Mysterien darunter. 404 wurde er in Phrygien ermordet – vermutlich die lange Hand des athenischen Geheimdienstes. Um die Bestattung soll sich die Hetäre Timandra, nach anderen Berichten seine Theodote, gekümmert haben – ein letzter Liebesdienst sozusagen. Eine delikate Kleinigkeit muss ich noch nachholen, damit man den Wortwechsel versteht: Alkibiades war in seiner Jugend der Liebhaber des Sokrates

Nun schwankt dieser Schwerenöter also über das kunstvolle Marmormosaik im Haus des Agathon, stützt sich mit seinen schmutzigen Händen auf die kostbaren Wandmalereien, sinkt rülpsend auf die fein gewebten Orientteppiche und hält eine flammende Rede auf Sokrates. Er sei, lallt er, wie die Sirenen bei Odysseus und man tue gut daran, sich die Ohren zu verstopfen, wenn er rede. (Symposion 216a) Sie liegen ganz richtig, wenn Sie aus diesem Schauspiel die Stimme eines Frustrierten hören. Er erzählt die Geschichte einer gemeinsam verbrachten Nacht, wo die erotische Differenz – so will ich das einmal nennen – in aller Schärfe zu Tage trat. Sokrates wehrte damals die Anzüglichkeiten des Alkibiades ab und flüsterte ihm zu:

> Das Auge des Geistes fängt erst dann an, scharf zu sehen, wenn das körperliche von seiner Schärfe bereits verlieren will – und davon bist du noch weit entfernt, mein Alkibiades.
> (Symposion 219a)

Wer das im Bett zu hören bekommt, weiß, wie er dran ist. Alkibiades – hemmungslos wie er war – zögert nicht, sich vor der Runde zu outen:

> Wisst es nur, bei Göttern und Göttinnen, dass, nachdem ich so mit dem Sokrates geschlafen hatte, ich aufstand, ohne etwas weiteres, als wenn ich bei einem Vater oder älteren Bruder gelegen hätte.
> (Symposion 219d)

Ohne dass Alkibiades es gemerkt hatte, hatte sich in Sokrates der «falsche» Eros in den «richtigen» verwandelt. Hielt man früher Sokrates für einen Sophisten, weil er sich so gekonnt in ihrem Metier bewegte, obwohl er selbst bereits davon abgerückt war, wiederholt sich das Spiel jetzt mit dem Eros. Sokrates gilt immer noch als großer Liebhaber, obwohl die Rede des Alkibiades jetzt unfreiwillig offenbart, dass er sich längst einem anderen Eros, dem geistigen, verschrieben hat. Bis zu einem gewissen Grad bestätigt dieser rüde Einbruch des Alkibiades in die Runde sozusagen mit harter Bodenhaftung und literarisch großartig die von Sokrates erzählte Theorie.

Alkibiades gibt nun einige Schwänke über Sokrates bei dessen Kriegseinsatz in Potidäa zum Besten. Auch dort stand er manchmal eine ganze Nacht lang in der Kälte, blickte empor zu den Sternen und sann über irgendetwas nach. Am Morgen traf ihn dann ein Aufklärungstrupp, dem es aber auch nicht gelang, Sokrates wieder ins Lager zurückzubringen. Er stand vielmehr noch den ganzen Tag und die folgende Nacht in der Lichtung, sprach dann ein Gebet an die Götter und verschwand. Über die Tauglichkeit dieses Träumers, glaube ich, machte man sich keine Illusionen. Alkibiades hingegen rühmt ihn auch in der Schlacht als tapfer, ja er sei sogar sein Lebensretter gewesen. Eines wird wohl so gewesen sein, Sokrates hat sich bestimmt nicht gefürchtet, vielleicht hat man ihn sogar erkannt und verschont: Was wäre das für ein armes Griechenland, wäre Sokrates bereits 431 im Krieg gefallen.

Aber ich sollte endlich zur Pointe dieser Geschichte kommen. Alkibiades rät dem Agathon unter dem Gelächter der Anwesenden – *über seine Offenherzigkeit, weil er noch verliebt zu sein schien in den Sokrates* (Symposion 222c) – sich vorzusehen (sollte er einschlägige Interessen haben), denn dieser Sokrates habe sich längst in andere Sphären erhoben. Agathon wiederum nimmt den Ball geistesgegenwärtig auf und erklärt theatralisch gestikulierend, dass er sich nicht durch das Gerede eines angeheiterten Partygängers von Sokrates trennen lassen wolle, steht auf und legt sich demonstrativ neben ihn. In diesem Moment stürmt eine Gruppe von herumstreunenden Nachtschwärmern durch die offenen Türen in den Hof, *alles sei nun voll Lärm geworden, und ohne alle Ordnung sei man genötigt worden, gewaltig viel Wein zu trinken.* (Symposion 223b) So geht dieses Symposion, das am Höhepunkt in weihevoller Andacht der Rede einer Seherin verharrte, unter in Krawall und Suff.

Es ist nicht einfach, den Schlüssel für diese Szene zu finden. Was will uns Platon sagen? Will er uns zeigen, in welches Chaos jede Ordnung fällt, wenn wir Eros nicht so nehmen, wie *er* (Pardon! Die Seherin Diotima natürlich!) ihn konzipiert? Oder ist da gar ein wenig Resignation mit im Spiel? Letztlich gibt es auch das Widerständige, das sich ganz prinzipiell gegen die Aufhebung in die reine Abstraktion zur Wehr setzt. Ist es denn unausweichlich, dass stets ein Rest in dieser Welt bleibt, der jedem Realisierungsversuch einer Utopie im Wege steht?

Phaidros

Um solche schwierigen Fragen zu lösen, ist eine Sauferei im Haus eines eitlen Gecks mit Sicherheit der falsche Ort. Platon bietet uns daher einen anderen, passenderen Rahmen, jenen einer Inspiration und Intuition. Das führt er in einer anderen wunderschönen Geschichte aus, die uns im *Phaidros* geschildert wird. Ein Werk, das man zeitlich auch nicht recht einzuordnen vermag. Wieder ist der Dialog im charmanten Geist einer frühen Schrift verfasst, inhaltlich ist er aber von einer nur aus späterer Zeit denkbaren Auseinandersetzung mit dem Eros geprägt.

Phaidros kennen wir schon aus dem Haus des Agathon. Er verließ übrigens die Versammlung fluchtartig in dem Moment, in dem die Sauferei begann. Er ließ sich immer besonders viel Wasser in den Wein gießen und galt als Gesundheitsfreak, der Körnchen aß, barfuss ging und regelmäßig in der frischen Natur joggte. Das konnte er vor seiner Haustüre im Demos Myrrhinus (von Athen geradewegs nach Osten bis an die Küste), der viele Tempel besaß und den florierende Landwirtschaftsbetriebe zu einem Wohnort der Wohlhabenden gemacht hatten, ohne viel Aufwand tun. Damals gab es noch keine Ozonwarnung, bei den Auspuffgasen der Athenischen Esel war das nicht nötig. Gegen seinen Lebensstil hatte er heute ganz besonders hart verstoßen. Er saß nämlich bereits seit aller Herrgottsfrühe bei Lysias, einem Redner und Sophisten. Dem in Athen geborenen Redner wurden allein 400 Reden zugeschrieben, von denen etwa fünfunddreißig erhalten sind, die freilich nicht alle echt sein dürften. Dabei war Lysias nur einer von zahlreichen sophistischen Rednern. Auf den Stellenwert der Rhetorik in Athen habe ich bereits hingewiesen. Hellmut Flashar spricht treffend von einer *Rhetorisierung aller Lebensbereiche, einer Überschwemmung des Lebens mit Tausenden von Reden*. Seine Rhetoren-Tätigkeit war seine Leidenschaft, das Geld verdiente Lysias mit etwas anderem: mit einer vom Vater geerbten Schildfabrik, in der er über 100 Sklaven beschäftigte und in deren Magazine rund 700 fertige Schilder lagerten. Der Vater stammte aus Korinth und dort war Lysias auch gern gesehener Stammkunde im Luxus-Bordell der Nikarete (manche Historiker mutmaßen, es handle sich nur um eine Kunstfigur).

Lysias hatte seinen Auftritt bei Epikrates im Ansitz Morychos, in der Nähe des Tempels des olympischen Zeus. Es gibt mehrere Athener mit dem Namen Epikrates. Vermutlich ist ein Politiker gemeint, den Lysias in einer seiner Reden wegen angeblicher Unterschlagung arg zerzaust hatte. Er wurde später in Athen zum Tode verurteilt, weil er sich von den Persern bestechen ließ. Morychos wiederum war ein Tragiker und als Gourmet, noch mehr allerdings als Gourmand, stadtbekannt.

In solcher Gesellschaft also hatte Phaidros den Vormittag verbracht, der Rücken schmerzte, der Kopf brummte, die Luft war stickig und jetzt wollte er nichts wie hinaus vor die Stadt, um sich zu erholen und der Hitze zu entgehen. Da läuft ihm Sokrates über den Weg. Phaidros will, dass er ihn begleitet. Sokrates tut interessiert. Und Phaidros, der Eros-Amateurforscher, hat ein Lockmittel der besonderen Art. Unter seinem Arm klemmt eine Papyrusrolle, es ist eine Rede, genauer – Sokrates spitzt die Ohren – eine Liebesrede! Es ist eine Rede des Lysias über den Eros, die dieser in mehreren Kopien an die Interessierten verkauft hat – zum Autorenpreis, versteht sich, und vielleicht mit einer schönen Widmung. Es ginge darin um das Thema, wie ein schöner Knabe zur Liebe gewonnen werden sollte. Die Frage dabei ist, ob man besser einem Nicht-Verliebten oder einem Verliebten günstig gestimmt sein sollte. Nun ist es mit der Zurückhaltung des Sokrates natürlich dahin. Um eine Erosrede eines großen Rhetors zu hören, ist er gerne bereit, sich Phaidros anzuschließen.

> Denn wie man hungriges Vieh mit vorgehaltenem Gras oder Getreide führt, so könntest du, wenn du mir solche Rederollen vor die Nase hältst, mich durch ganz Attika führen. (Phaidros 230d)

So stapfen sie los und gehen vor das Tor hinaus. Eine bezaubernde Landschaft tut sich auf. Das Wasser eines Bächleins sprudelt glasklar, das Grün von Wiesen und Bäumen ist herrlich beleuchtet, betörende Düfte lassen sich durch die Nase ziehen und die Luft ist voll vom Zirpen der Grillen. Friedrich Schleiermacher, der Romantiker, ist in seinem Element und übersetzt mit triefenden Worten:

> Angenehm wenigstens, rein und durchsichtig ist hier das Wässerchen, recht gemacht für Mägdelein, daran zu spielen.
> (Phaidros 229b)

Neben diesem Naturszenario gibt es auch noch jede Menge kleiner romantischer Heiligtümer, Altäre, kleine Tempel mit verspielten Säulen. Das regt ein Gespräch über Mythen an. Soll man all diese Mythen, um die es bei den zahllosen Heiligtümern geht, wörtlich nehmen oder sollte man sie, so wie die aufgeklärten Intellektuellen es tun, rationalisieren? Sokrates zeigt mit dem Finger auf einen Altar des Boreas, der zwischen den Bäumen auftaucht, ein Heiligtum des Gottes des Nordwinds. Es war dem Nordwind gestiftet, weil er die persische Flotte bei ihrem ersten Invasionsversuch bei Artemision an den Felsen geworfen hatte. Es gab allerhand andere delikate Geschichten um Boreas. Er soll die Tochter eines athenischen Königs, Oreithya, geraubt haben. Boreas war ein Verführer, der wirklich Flügel hatte, ohne an einer süßlichen Energy-Brause genuckelt zu haben! Ob diese Story wohl wahr sei? Sokrates macht ein ratloses Gesicht. Hielte man es mit den Intellektuellen müsste man es wohl so deuten, dass der heftige Wind das kleine Mädchen beim Spielen vom Felsen heruntergeworfen hat. Aber ist das nicht ein sehr weites Feld? Wie steht es denn – so räsonieren die beiden weiter – mit den vielen mythischen Gestalten, den Kentauren, Gorgonen, dem Pegasus und anderen der *unendlich vielen und unbegreiflichen, wunderbaren Wesen*? (Phaidros 229d) Aber steht uns eigentlich zu, über das Göttliche so aufgeklärt zu reden, wenn wir im Grunde genommen nicht einmal uns selbst kennen? Sokrates bringt die Sache auf den Punkt. Denn in Wirklichkeit – so sagt er – in Wirklichkeit kann er nicht einmal sich selbst erkennen.

Lächerlich also kommt es mir vor, solange ich das noch nicht weiß, an andere Dinge zu denken. Daher lasse ich das und denke gar nicht mehr an diese Dinge, sondern nur an mich selbst, ob ich etwa ein Ungeheuer bin, noch verschlungener als Typhon oder ein mildes einfaches Wesen, das sich seines göttlichen und edlen Teils von Natur aus erfreut?
(Phaidros 230a)

Tja, wer aufmerksam ein paar Erdenjahre verbracht hat, der weiß, dass es keine größere Bestie in diesem Kosmos gibt, als den Menschen. Aber dieser Mensch hat eben auch die Hagia Sophia und die Moschee von Córdoba erbaut, das Klavierkonzert 24 in C-Moll (Köchel 491) komponiert und die Duineser Elegien gedichtet – und das macht uns ebenso ratlos wie den Sokrates.

Natürlich spricht Sokrates damit die zwei Ebenen an, die uns von Anfang an begleiten, das Vulgäre, das Körpergebundene und das Geistige und Göttliche. Doch diese finsteren Grübeleien werden jäh unterbrochen, denn Phaidros macht Anstalten, sich niederzulassen, plätschert mit seinen nackten Füssen im glucksenden Bach, wirft die Rederolle ins Gras, streckt die Arme hoch und atmet tief durch. Sokrates, eben noch in Gedanken versunken, ist ganz außer sich:

> Bei der Here! Ist das ein schöner Ort! Die Platane ist prächtig belaubt und hoch, die Sträucher spenden Schatten und sie stehen in voller Blüte, sodass der ganze Ort herrlich duftet. Und hier diese liebliche Quelle mit kühlem Wasser, wenn man seinen Füßen trauen darf. Auch scheint hier den Figuren nach zu schließen ein Nymphenheiligtum zu sein und eines des Flussgottes Acheloos. Und die Luft ist süß und sommerlich und sie tönt nach dem Chor der Zikaden. Und dieses herrliche Gras dort am sanften Abhang, gerade so, dass man sich hinstrecken und sein Haupt ausruhen kann. Phaidros, du hast einen vortrefflichen Führer gemacht. (Phaidros 230b,c)

Der Gang vor die Stadt

Sokrates ist also ganz begeistert und überlässt das Verdienst für diese gelungene Ortswahl selbstlos dem Phaidros. Nun möchte man meinen, dass ein Bürger Athens, zur damaligen Zeit noch eine überschaubare Stadt, doch solch schöne Plätzchen ein paar Schritte vor der Stadtmauer kennen müsste, zumal Sokrates auch noch außerhalb der Stadt wohnte. Auch Phaidros wundert sich über dieses Getue des Sokrates. Wir haben wieder einmal eine literarische Figur vor uns und natürlich vermittelt uns Platon mit diesem seltsamen Gebaren eine Botschaft. Der Weg *vor* die Stadt hinaus ist ein Weg ins Uneigentliche. Die Polis ist für den konservativen Intellektuellen das Abbild des Kosmos. Und gerade um die Wiedergewinnung des in sich geschlossenen Kosmos, damit einer Polis mit klaren (göttlichen) Ordnungsstrukturen, ringen wir die ganze Zeit. Wir, das heißt eigentlich Platon, will sie aus ihrer Entgleisung als Stadt der Aufklärung und Moderne wieder in diese alte Rolle zurückdrängen.

Als etliche Jahrtausende vor unserer Zeitrechnung die ersten Städte in Mesopotamien gegründet wurden, war das nicht nur ein soziales Ereignis. Die Städte hatten von Anfang an eine religiöse Bedeutung. Ich wies bereits darauf hin, dass sich dort die Geburt der religiösen Erzählungen ereignete. Der Kristallisationskern der Stadt war der Tempel. Das Wort stammt vom griechischen τέμνο (*temno*), ich schneide aus. Der *Temenos* war der abgegrenzte, vom Chaos herausgeschnittene Bereich der Ordnung und des göttlichen Heils. Die orientalischen Städte wuchsen aus dem Wüstensand, sie galten daher als Ort des Lebens, abgesondert vom Bereich des Todes. Wieder begegnet uns der Kreis als ein Symbol des Heils und der Geborgenheit. Der Temenos stand in der Regel auf einem Hügel, auf dem Tempelberg oder Zikkurat – jener von Babylon wurde der berühmteste. Er machte die Verbindung von Himmel und Erde augenscheinlich. Auf seiner Spitze befand sich der Sitz der Götter. Im griechischen Bereich wurde dies zur *Hoch-stadt*, *Akro-polis*.

Die Stadt ist daher in ihrem Ursprung ein Abbild des Göttlichen. Wer drinnen ist, ist im Leben und in der Ordnung.

Wer die Stadt verlässt, nimmt Züge des Chaos an. Er ist ein Zauberer und eine Wolfsnatur, ja ein Verbrecher. Er ist ein Verrückter, die Griechen bezeichneten ihn als ἰδιώτης (*idiotes*), das kommt von *idios* was soviel bedeutet wie vereinzelt, abseits, eigenbrötlerisch, eben nicht als πολίτης (*polites*) tätig. Außerhalb der Stadt waren dann aber auch – ambivalent dazu – diejenigen, die von der Norm abwichen und die Inspirierten. Es war der Ort besonders ekstatischer Gottesbegegnung. In der Wüste wurden einem Visionen zuteil – so lautet das Narrativ der religiösen Erzählungen. Nirgendwo erscheinen religiöse Einsiedler, auch noch später im christlichen Bereich, so voller Narrheiten und Tollheiten wie bei den ägyptischen, syrischen oder palästinensischen Vätern und Mönchen. Platon zeigt uns hier beides: die Absurdität, die Stadt zu verlassen, aber auch die vielen Orte der Inspiration, auf die man außerhalb der Stadt stößt. In diesen kleinen Bemerkungen, die Platon scheinbar nebenbei als Rahmenhandlung einstreut, steckt in Wahrheit eine ganze Kulturgeschichte der Stadt.

In der Polis kommt also das Wesensmerkmal des Menschen zur Geltung, sein sozialer und kommunikativer Bezug. Aristoteles hat den Menschen später als Lebewesen der Polis (ζῷον πολιτικόν/*zoon politikon*) bezeichnet. Nicht Politik in unserem heutigen Sinn ist damit gemeint, sondern ein Lebewesen, das auf Sozialstrukturen, auf Institutionen und auf den Austausch angewiesen ist. Schon im *Symposion* ist dieses Motiv, damals in der Tisch- und Mahlgesellschaft, der sich Sokrates verweigert hat, angeklungen. Und auch jetzt macht Sokrates aus einem harmlosen Ausflug ins Grüne eine philosophische Geste. Hören Sie sich das an:

> Phaidros: Du aber, wunderlicher Mann, zeigst dich ganz seltsam. Denn tatsächlich gleichst du einem Fremden, der sich herumführen lässt, und nicht einem Einheimischen. Wanderst du so wenig aus der Stadt, gehst du nie durch das Tor hinaus?

> Sokrates: Dies verzeihe mir, mein Lieber. Ich bin lernbegierig und Felder und Bäume lehren mich nichts, wohl aber die Menschen in der Stadt. (Phaidros 230d)

Das ist ein sehr schönes Bild. Sokrates kommt dem noch nicht Wissenden gleichsam entgegen. Er geht ins Uneigentliche und holt, wie ein guter Lehrer es tun sollte, den Schüler dort ab, wo er steht. Das passiert jetzt, denn ich verrate kein Geheimnis, wenn ich vorausschicke, dass die Rede des Sophisten Lysias die Kritik des Sokrates hervorrufen wird. Er wird diese Rede zweifach beantworten. In einer ersten Rede wird er auf Lysias eingehen, ihn also abholen, Sokrates selbst wird sich (so wie jetzt vor der Stadt) im Uneigentlichen bewegen. Die zweite Rede schließlich wird seine eigene Position klären. Die literarische Einkleidung, die eingestreute Realienkunde, passt nahtlos zur Konzeption des Dialogs.

Die beiden haben es sich bequem gemacht und Phaidros beginnt mit der Lektüre. Die Rede des Lysias – manche meinen, sie sei tatsächlich von ihm und nicht von Platon ihm zugeschrieben – hat kaum philosophischen Wert. Der Redner bittet einen Knaben, ihn nicht deshalb abzuweisen, weil er ihm nicht leidenschaftlich zugetan ist. Er listet eine Reihe von Vorteilen auf, die es hat, sich auf jemanden einzulassen, bei dem nicht die Leidenschaft regiert. Die Argumente bewegen sich in der Preisklasse wie folgt: Ein Liebender wendet sich nach der Erfüllung seiner Begierde wieder ab, während ein nicht in Liebe Entbrannter unabhängig von seinem Trieb und mit Überlegung für den anderen etwas Gutes tut. Wer glaubt, dass solche Argumente allenfalls noch die Heiratspolitik der Habsburger bestimmt haben – und ja vielleicht noch die Klientel von hochpreisigen Partnervermittlungsagenturen – der irrt. Vor einiger Zeit ist ein Buch des französischen Philosophen und Schöngeistes Luc Ferry (er war ein paar Jahre Bildungsminister in Frankreich) erschienen. Darin sympathisiert Ferry unter anderem für die Vernunftheirat und problematisiert die Liebesheirat. Bei dieser sei nämlich Leidenschaft im Spiel und ist diese erst einmal verraucht, geht es auch der Ehe an den Kragen, wenn sie nicht auf zusätzlichen Fundamenten ruht. Um solche Überlegungen für bare Münze zu nehmen, bin ich freilich schon zu lange an der Universität, dort, wo die Vernunft eine wichtige Rolle spielen sollte. Aber ich habe gelernt, dass gegenüber der Beständigkeit vernünftiger Argumente eine lodernde Leidenschaft manchmal geradezu Ewigkeitswert hat. Oder sollte man das anders sehen: Vernunft kann als emotional gesteuert angesehen werden.

Ich weiß, ich schweife ab, aber ich muss irgendetwas unternehmen, damit inzwischen die Rede des Lysias vorübergeht. Es ist eine erbärmliche Geschichte, die er da auftischt. Phaidros scheint das anders zu sehen, denn er liest zwischen den zirpenden Zikaden mit glänzenden Augen und bemüht sich um den richtigen Ausdruck und die passenden Betonungen. Wir wissen inzwischen, wie Sokrates mit einer solchen Situation umgeht, wie er den Bogen von der Bewunderung bis zur harten Ablehnung und Kritik schlägt. Ich lasse Sie daher mit der folgenden amüsanten Textpassage allein. Phaidros hat geendet und schaut dem Sokrates nun gespannt in die Augen:

> Nun, was dünkt dich von der Rede? Nicht, dass sie wunderschön sowohl inhaltlich als auch stilistisch gearbeitet ist?
> Ganz göttlich allerdings, Freund, so dass ich außer mir bin. Und das hast du mir angetan, Phaidros, indem ich auf dich sah und du mir vor Freude zu glänzen schienst während des Lesens. Denn denkend, dass du mehr verstehst als ich von diesen Dingen, folgte ich dir,
> und war entzückt.
> Scherzt du? [...] Sage mir ganz ehrlich, glaubst du, dass irgendein anderer Hellene etwas Anderes, Größeres als dieses über diese Sache
> hätte sagen können?
> Was willst du? Ich soll diese Rede auch darin loben, dass der Verfasser das Richtige gesagt hat und nicht nur darin, dass er klar gesprochen und jedes Wort exakt formuliert hat? Wenn du das unbedingt hören willst, gebe ich es von mir aus zu. Aber in Wahrheit ist mir der Inhalt entgangen, weil ich mich auf das Stilistische konzentriert habe. Mir schien, dass Lysias zwei oder dreimal dasselbe sagte [...].

> Aber vom Wichtigsten hat diese Rede nichts ausgelassen, etwas Besseres kann niemand jemals sagen.
> Das glaube ich dir jetzt aber wirklich nicht mehr [...] Denn mir selbst, mein Lieber, ist die Brust voll und ich fühle, dass ich ganz andere Dinge als jener und keine schlechteren zu sagen hätte. (Phaidros 234c-235c)

So, das ist es also wieder! Sokrates weiß es besser. Phaidros ist begreiflicherweise ein wenig beleidigt, zuckt mit seinen Schultern und sagt das, was man den vielen Millionen Besserwissern vor den Fernsehgeräten entgegenhält, die – Bierflasche in der Linken, Zigarette in der Rechten, dicker Bauch vorne, Filzpantoffel unten – mit rotem Gesicht über den keuchenden Stürmer fluchen, der gerade die «Kugel» statt ins, neben das Tor gesetzt hat: Mach es besser! Doch Sokrates – ganz liebevoller Lehrer – beruhigt. Lysias hätte die Sache nicht völlig verfehlt. Wir wissen um seine Einstellung den Sophisten gegenüber. Auf ihrer Ebene hätten sie ja durchaus recht, aber die Ebene ...! So ist es auch hier. Phaidros lässt nicht locker: Mach es besser! Sokrates flüchtet sich in die übliche Rolle dessen, der lange gebeten werden will:

> Machst du wirklich ernst daraus, Phaidros, dass ich deinen Liebling angegriffen habe, um dich aufzuziehen, und meinst du, ich werde wirklich versuchen, über seine Kunst hinaus etwas anderes Schmuckeres zu sagen? (Phaidros 236b)

Er wird! Nach einigem Hin und Her kommt es zur ersten Rede des Sokrates. Ich nenne sie die «Abholrede». Sokrates muss wohl oder übel auf die Ebene des Lysias und des Phaidros, um sie dort abzuholen, wo sie stehen.

> Rede also endlich!
> Weißt du, wie ich es machen will?
> Wie denn?
> Verhüllt will ich sprechen! (Phaidros 237a)

Sokrates nestelt in seinem Wollmäntelchen (vermutlich ein *tribon*, ein Philosophenmantel, aus leichter Baumwolle – die Sommerausführung), zieht ein großes Taschentuch heraus und stülpt es sich über den Kopf. Er verdeckt sein Haupt aus Scham darüber, was er dem Eros zumuten muss. *Wenn uns unsere Gesinnung durch die Vernunft zum Besseren führt,* so doziert Sokrates nun, sei das die Besonnenheit, *wenn aber die Begierde uns vernunftlos zur Lust hinzieht, wird diese Herrschaft Frevel genannt.* (Phaidros 238a)

Der Frevel aber ist vielgestaltig. Ja, er ist das Viele. Sokrates deutet bereits in dieser ersten Rede auf eine andere Ebene. Während Lysias alles im Körperlichen sieht, verweist Sokrates auf die wesentliche Rolle der Vernunft. So wie die Sophisten in der Logik, Rhetorik und im Empirischen stecken geblieben sind, so fährt sich Lysias in der ausschließlich körperlichen Liebe fest. Freilich dürfen wir nicht vergessen, dass dies alles aus der Sicht des Sokrates so ist. Der überzeugte Sophist als Aufklärer und Humanist müsste die Ansprüche des Sokrates hier klar zurückweisen, er müsste seine Ebene des Empirischen verteidigen als Ebene des Lebens (die Ebene der Höhlenbewohner in der *Politeia*!) gegen eine Vision, die die mühsame Aufklärungsarbeit wieder in Gefahr bringt. Das ist auch ein wichtiger Punkt, weshalb Platon nur vor einem ausgesuchten Kreis seine Thesen in der letzten Radikalität ausbreiten konnte und weshalb in den Gesprächen mit den Sophisten letztlich nur die Aporie übrig blieb.

Wer so weit darüber hinausgeht, muss sich einer besonderen Legitimität für sein Tun versichern. Und die Hinweise auf diese häufen sich bei Platon. So auch hier. Sokrates plaudert drauflos, bedacht, das Thema des Lysias zu treffen, zugleich jedoch stets die andere Ebene, die dann in der zweiten Rede leitend wird, zu beachten. Da hält er plötzlich erregt inne, lugt unter seinem Kopftuch hervor und ruft:

> Doch, lieber Phaidros, scheint auch dir, dass etwas Göttliches mich anwandelt?
> Ja, ein ganz ungewöhnlicher Redefluss hat dich ergriffen!

> Sei still, höre mir weiter zu. Denn göttlich scheint mir dieser Ort zu sein. Und wundere dich nicht, wenn ich etwa während des Redens von den Nymphen ergriffen werde und beginne, in Versen zu sprechen.
> (Phaidros 238c)

Es geht nicht anders, wir müssen kurz zu Voyeuren werden und diese Szene beobachten: Zwei erwachsene Männer sitzen im Gras, die Mäntel über die Oberschenkel geschlagen, und plantschen mit ihren behaarten Beinen im Wasser. Der eine davon hat ein Tuch über seinem Kopf hängen und deklamiert gerade mit den Händen fuchtelnd, dass ihn Göttliches anweht und er bald in Versen formulieren werde. Das, liebe Leserin, lieber Leser, ist der berühmte Sokrates und da wird – das muss man so sagen – über das Abendland entschieden! Sie sehen mich jetzt auch pathetisch werden – ich habe mich anstecken lassen von Sokrates' Deklamationen.

Übrigens: die Szene spielt sich um die Mittagsstunde ab. Das ist die griechische Geisterstunde dieser Zeit. Der mediterrane Mensch, der so reich von der Sonne verwöhnt ist, kann mit der Nacht nichts anfangen. Der Mythenschatz entfaltet sich nicht in der Nacht oder im dunklen Wald, der bei den Völkern des Nordens voll von Elfen, Kobolden, Zwergen ist, sondern in der flimmernden Luft der Mittagsstunde, die Trugbilder erscheinen lässt und die Köpfe verwirrt. So war der Mittag häufig den segenbringenden Mächten geweiht, etwa auch den Nymphen, die wie die Musen inspirieren konnten. Es ist auch die Zeit des bocksfüßigen Pan (ein phallisch-männlicher Gott wie Dionysos), der schläft und nicht geweckt werden will. Die Mitte der Nacht hingegen galt bestenfalls als Zeit der Fluch bringenden Kräfte.

Sehen wir weiter: Sokrates räsoniert darüber, wie sich Liebender und Liebhaber auseinander entwickeln. Während der eine der beiden auf der gleichen Stufe stehen bleibt, geht der andere einen inneren Weg, der ihn woanders hin bringt. Und plötzlich kommt es zu den Problemen, die wir aus dem

Symposion kennen, als sich Alkibiades über das veränderte Verhalten seines Liebhabers Sokrates mokierte. Sokrates nützt dieses Beispiel, um die Ebene zu wechseln, worum es ihm ja ständig geht. Während der eine auf die alten Versprechungen pocht und deren Einlösung fordert, *hat der andere schon einen anderen Herrn und Führer in sich aufgenommen, Verstand und Besonnenheit.* (Phaidros 241a)

> Dieser also fordert den Dank für das Damalige, indem er ihm Wort und Tat in Erinnerung bringt, als ob er noch mit demselben Menschen redete. Jener aber will aus Scham nicht zu gestehen wagen, dass er ein anderer geworden ist. Und er weiß nicht, wie er die Liebesschwüre und Versprechungen aus der damaligen unverständigen Zeit, nun, da er zu Verstande gekommen ist und sich besonnen hat, erfüllen kann. Ein Ausreißer wird er also nun.
> (Phaidros 241a,b)

Ein Ausreißer muss man sein, jemand, der den Weg gesellschaftlicher Konvention verlässt. Genau das hier Geschilderte war, wie wir gerade erlebten, das Problem zwischen Sokrates und Alkibiades. Ähnlich hat sich Sokrates auch in seiner Sterbestunde als einer gezeigt (wie wir aus der Lektüre des *Phaidon* wissen), der sich verändert und von der diesseitigen Welt abgewandt hat. Ein wenig später, in seiner zweiten Rede, wird Sokrates darauf zu sprechen kommen, dass der Wahnsinn durch *göttliche Gunst* verliehen wird. Aus ihm entständen *die größten Güter.* (Phaidros 244b) Erst die zeitgenössischen Aufklärer hätten aus der alten *Wahrsagekunst* eine *Wahnsagekunst* gemacht und das Wahrsagen damit desavouiert. (Phaidros 244c)

Wenn man das alles liest, wird auch die ungeheuer perfekte literarische Einkleidung des Dialoges klar. Der Gang des Sokrates vor die Stadt hinaus symbolisierte nicht nur pädagogische Absichten, sondern er zeigt auch die Motive des Wahnsinnigen, der zugleich der göttlich Inspirierte ist – und dieses Inspiriert-Sein hat Sokrates vor kurzem für sich in Anspruch genommen. In der antiken Vorstellung ist der numinose und inspirierte Mensch ein geistiger, sittlicher und religiöser Reformator.

Sokrates lässt seine Hände sinken und erklärt die Rede für beendet. Phaidros ist verwirrt, denn sein Partner hat keineswegs auf alle von Lysias angesprochenen Fragen eine Antwort gegeben. Er hat immer noch nicht verstanden, dass es Sokrates um etwas ganz anderes geht. Sokrates will gehen, aber Phaidros kann ihn mit Verweis auf die unerträgliche Mittagshitze zurückhalten. Es sei doch besser, die Sache hier im kühlen Schatten noch weiter zu besprechen. Da hantiert Sokrates abermals mit dem Göttlichen. Eine Stimme des Gewissens habe sich bei ihm gemeldet und hindere ihn, diesen Ort zu verlassen, bevor er sich nicht von der Sünde, die er soeben gegen den Gott Eros beging, gereinigt habe. Phaidros schaut ihm verdutzt ins Gesicht und nun kann unser Philosoph nicht mehr an sich halten. Er nennt die Rede des Lysias *arg, einfältig und ruchlos*, genauso wie seine eigene Rede, die sein durch Phaidros *verzauberter Mund sprechen musste*. (Phaidros 242d) Er reißt sein Tuch vom Kopf und deklamiert feierlich vor den Bäumen und Sträuchern:

> Ehe mir Übles zustößt wegen der Schmähungen des Eros, will ich mich bemühen, ihm einen Widerruf zu entrichten mit entblößtem Haupt und nicht wie vorher mit verhülltem aus Scham!
> (Phaidros 243b)

Vom Wahnsinn der Inspiration

Jetzt tritt gleichsam auch Eros aus seiner Verhüllung des Körperlichen und zeigt sich als Kraft der Seele. Er hat zu tun mit Entrückung, Wahnsinn, Inspiration und Verzückung des Menschen durch das Göttliche. Weil der Eros sozusagen der Antriebsmotor der Seele ist, wird auch diese jetzt zum Thema. Im Lichte der Eros-Lehre kann er ein deutlich überzeugenderes Argument für die Unsterblichkeit der Seele formulieren als es die Bemühungen im Schoß der statischen Ideenlehre waren. Das Hauptargument ist jetzt die Selbstbewegung.

> Nur das sich selbst Bewegende, weil es sich nie verlässt, wird auch nie aufhören, bewegt zu sein, sondern auch allem, was sonst bewegt wird, ist dieses Quelle und Anfang der Bewegung. Der Anfang aber ist auch unentstanden. (Phaidros 245c)

Die Struktur des «Beweises» ist ziemlich originell. Denn Platon zieht aus der Tatsache, dass alles in der Welt bewegt wird, den Schluss, *dass der Anfang der Bewegung das sich selbst Bewegende sei, das weder untergehen, noch entstehen kann.* (Phaidros 245d) Aristoteles hat, von derselben Beobachtung ausgehend, ganz anders argumentiert und dieses Argument wurde prominent, so prominent, dass ihm jede Studentin der Philosophie und Theologie zwangsläufig schon am Anfang des Studiums begegnet. Seine Überlegung geht von der Tatsache aus, dass alles in der Welt bewegt wird. Am Anfang der gesamten Bewegungskette muss es jedoch ein erstes Bewegendes geben, das selbst unbewegt ist. Aristoteles spricht vom *ersten unbewegten Bewegenden*, was meist schlampig mit *erster unbewegter Beweger* übersetzt und daraus gleich ein Gottesbeweis gemacht wird. Der große Kirchenlehrer und Aristoteliker Thomas von Aquin hat dieses Argument später im Hochmittelalter als philosophische Stütze für den christlichen Schöpfergott ausgestaltet.

Woher dieses aristotelische Argument seine Überzeugungskraft bezieht, hatte sich mir seinerzeit, in der Metaphysik-Vorlesung des ersten Semesters, nicht gleich erschlossen. Und die Antwort auf die Frage hat mich – offen gestanden – bis heute nicht überzeugt. Sie lautet, dass man nur so einen *Regress ad infinitum* vermeidet. Dieses Weitergehen bis in alle Unendlichkeit, dass also jede Ursache selbst wieder bedingt ist bis in alle Ewigkeit, ist ein Dilemma, das auch Platon gut kannte und mit dem er in der Ideenlehre rang. Die Frage ist, was tun? Es gibt zwei Möglichkeiten: Entweder wir setzten an den Anfang einen *Deus ex machina* wie Aristoteles oder aber wir gehen den Weg Platons, der letztlich zwei Ziele vor Augen hatte: Einerseits galt es, aus einer fruchtlosen Statik (der Ideenlehre) herauszukommen, die keine Vermittlung mehr zuließ. Andererseits musste das destruktive *alles fließt*, der zerstörerische Prozess, wie ihn die Sophisten beschworen, verhindert werden. Auf diese Weise konnte Platon die Prozessfigur (Eros) gleichsam bündeln und sie in einem harmonischen Takt einfangen.

Eros ist als Selbstbewegung in der Seele und diese Seele wiederum durchzieht den gesamten Kosmos. Sie ist eine Weltseele. Das ist ein zentraler Gedanke und wie meist an solchen Stellen bringt Sokrates wieder einen Mythos, eine wunderbare Geschichte, die uns die Gestalt dieser Bewegung der Seele näher bringen soll. Sokrates vergleicht die Seele, die ihrem Wesen nach göttlich ist (weil sie den ganzen Kosmos durchzieht), mit einem geflügelten Gespann mitsamt seinem Führer:

> Vom Wesen der Seele müssen wir sagen, dass die Untersuchung über ihre Beschaffenheit göttlich ist. Dennoch lässt sie sich auf menschliche Weise mit ihr vergleichen. Die Seele gleicht der zusammengewachsenen Kraft eines gefiederten Gespannes und seines Führers. Der Götter Rosse und Führer sind alle selbst gut und guter Abkunft, die anderen aber vermischt. Zuerst nun zügelt der Führer das Gespann, dann ist von den Rossen das eine gut und edler Abkunft, das andere entgegen gesetzter Abstammung und Beschaffenheit. Schwierig und mühsam ist daher die Lenkung. (Phaidros 246a,b)

Sokrates stellt einmal mehr klar, dass unser menschliches Sprechen der Seele nicht angemessen ist. Er nützt diese Ebenen zu einem Bild der zwei Kräfte in jedem von uns. Der Zug nach oben, zum Göttlichen und der Zug nach unten, ins Körperliche (mit der Frage, ob der Mensch ein Gott oder ein Drache sei, begann der Dialog). Die gesamte Philosophie Platons bewegt sich letztlich zwischen diesen Polen: Sophist oder Philosoph, materielle Welt oder Ideenwelt, körperlicher oder geistiger Eros. Alle bisherigen Anläufe, die schlechte Welt hinter uns zu lassen (*Phaidon*, *Politeia*) sind gescheitert. Jetzt versuchen wir es mit dem Eros (= Prozess = Seele). Über die ständige Bedrohung der Seele, die sich wegen unserer Pflege des Materiellen und des Körpers nicht aus dem erdigen Körper befreien kann, wurde bereits früher viel gesprochen. Hier wiederholt Platon diese Sorge.

Alles, was Seele ist, waltet über das Unbeseelte und durchzieht den ganzen Himmel, verschiedentlich in verschiedenen Gestalten sich zeigend. Die vollkommene und befiederte schwebt in den höheren Gegenden und waltet durch die ganze Welt; die entfiederte jedoch schwebt umher, bis sie auf etwas Starres, einen erdigen Körper, trifft, wo sie wohnhaft wird und dieses Ganze, Seele und Körper zusammen, wird dann ein sterbliches Lebewesen genannt; ein unsterbliches aber [...] verhalte sich so wie es Gott gefällt [...] Die Kraft des Gefieders besteht darin, das Schwere emporhebend hinaufzuführen, wo das Geschlecht der Götter wohnt [...] Vom Schönen, Weisen, und Guten
nährt sich die Seele nun und dadurch wächst das Gefieder, durch das Böse jedoch nimmt es ab und vergeht. (Phaidros 246b-e)

Das Kreisen der Seele und die Ohnmacht der Götter

Die Seele gehört nach Platons Vorstellung nicht zu einem einzelnen Lebewesen, noch viel weniger stiftet sie – wie im christlichen Verständnis – die personale Einmaligkeit und Würde dieses Einzelwesens, sondern es ist umgekehrt: Die einzelnen körperhaften Wesen nehmen an der Gesamtseele teil, die die ganze Welt durchwaltet. Sie sitzen in der Bewegung dieser Seele wie einzelne Menschen in einem Karussell eines Vergnügungsparks. Wir alle werden von dieser riesenhaften Bewegung der Weltseele mitgerissen und nicht *wir* stiften den Sinn der ganzen Sache, sondern diese unaufhörliche kollektive Bewegung selbst ist der Sinn. Der Vergleich mit einem Karussell ist gar nicht unpassend, denn es handelt sich um eine riesige Kreisbewegung. Sokrates beschreibt uns diesen Zyklus als Fahrt der Götter, die vom Himmel aus aufbrechen und sich zur Schau der Wahrheit an einem «überhimmlischen» Ort erheben:

Zeus, der große Herrscher des Himmels, lenkt seinen geflügelten Wagen und zieht als erster aus, alles anordnend und versorgend. Ihm folgt die Schar der Götter und Geister, in elf Zügen. Denn Hestia bleibt im Haus der Götter alleine zurück [...] Viel Herrliches gibt es zu schauen und zu begehen innerhalb des Himmels, wozu das Geschlecht der Götter sich hinwendet. Jeder trägt das Seinige dazu bei. Es folgt ihnen jeder, der will und kann: denn Missgunst ist verbannt aus dem göttlichen Chor. Wenn sie aber zum Fest und zum Mahle gehen und gegen das Himmelsgewölbe steil aufsteigen, dann gehen zwar der Götter Wagen mit harmonisch und gut gezügeltem Gespann immer leicht, die anderen aber nur mit Mühe. Denn das schlechte Pferd, das sein Lenker nicht gut erzogen hat, drückt mit seiner ganzen Schwere tief zur Erde. Daraus entsteht der äußerste Kampf der Seele. Die unsterblichen Seelen wenden sich, am äußersten Rand angekommen, hinaus und stehen so auf dem Rücken des Himmelsgewölbes. Hier reißt sie der Umschwung fort, und sie schauen, was außerhalb des Himmels ist: [...] Das farblose, gestaltlose, stofflose, wahrhaft seiende Wesen, das nur den Führer der Seele, die Vernunft, zum Beschauer hat und um den sich das Geschlecht der wahren Weisheit schart, nimmt jenen Ort ein. Da nun Gottes Verstand sich von reiner Vernunft und Wissen nährt, wie auch der Verstand jeder Seele, – so freuen sie sich, das wahrhaft Seiende wieder einmal zu schauen, und nähren sich an dieser Schau, und genießen es, bis sie der Kreislauf wieder an die vorige Stelle zurückbringt. In diesem Kreisen schauen sie auch die Gerechtigkeit selbst, die Besonnenheit und das Wissen [...] Und so auch von dem anderen schaut die Seele das wahrhafte Seiende, und wenn sie sich daran erquickt hat, taucht sie wieder in das Innere des Himmels ein und kehrt nach Hause zurück. Ist sie dort angekommen, so stellt der Führer die Pferde zur Krippe und wirft ihnen Ambrosia vor und tränkt sie mit Nektar. (Phaidros 246e-247e)

Es ist schon interessant, dass Sokrates hier von einem Gleichnis spricht. Denn das, was er erzählt, entspricht dem volkstümlichen Bild des Götterhimmels im Athen der damaligen Zeit. Er erklärt einen Stoff zur mythischen Erzählung, den viele Zeitgenossen noch für bare Münze nahmen. In gewisser Weise betreibt er also im Mythos selbst Entmythologisierung. Der Mythos erzählt nun einmal von der Ohnmacht der Götter. Ich habe schon früher angemerkt, dass die antiken Götter nicht allmächtig sind. Sie unterliegen selbst einem Geschick. Hier wird das durch die Parabel der Ermüdung der Götter ausgedrückt. Die Götter müssen sich auf den Weg machen zur Schau der sie erquickenden, ihnen ein unsterbliches Götterleben verleihenden Wahrheit. Es sind keine souveränen Götter, die hier auftreten. Es sind Götter, die sich ihrer eigenen Göttlichkeit immer wieder versichern müssen. In seiner ersten Rede, die Sokrates gegen Lysias hielt, sprach Sokrates davon, dass es nichts Köstlicheres gibt als die Pflege der Seele, und zwar – und das ist überraschend – sowohl für Menschen *als auch* für die Götter. (Phaidros 241c) Auch die Götter müssen ihre Seele pflegen! Das heißt in ihrem Fall: sie müssen sich immer wieder ihrer Göttlichkeit versichern. Menschen und Götter kommen in einer großen gemeinsamen (Welt)Seele überein. Jeder einzelne pflegt an seiner individuellen Seele die Kollektivseele und durch die Einordnung der Einzelseele in das Ganze trägt jeder zur rechten Stimmung der Kollektivseele bei.

Eine geflügelte Seele.
Archäologisches Museum Istanbul

An diesem Gottesbild wird später in den ersten nachchristlichen Jahrhunderten der Neuplatonismus anschließen. Dort wird ein Gott formuliert werden, der sich durch die (dynamische) Entäußerung in die Welt (*Emanation*) sein göttliches Bewusstsein holt. Es ist ein durch und durch erotischer, also bewegter Gott, der in dieser Selbstentäußerung, die eine Entzweiung seiner selbst ist, zugleich die Welt erzeugt. So weit sind wir noch lange nicht, aber schon Aristoteles hat an diesem Gottesbild Platons Anstoß genommen. Beiden antiken Philosophen ging es um die Wiedergewinnung des Göttlichen in einer aufgeklärten Zeit. Platon hatte dafür das alte Bild der autonomen Seinskugel des Parmenides vor Augen und vernetzt daher konsequent Göttliches und Menschliches ganz intim miteinander. Demgegenüber wandte Aristoteles ein, dass bei solchem Tun das Gegenteil erreicht werde. Ein Gott, der sich so weit in das Menschliche und Weltliche verliert, ist kein souveräner Gott mehr, Gott und Mensch lassen sich nicht mehr trennen. In gewisser Weise wird diese Verbindung mit dem Menschlichen sogar zu einer Konstitutionsvoraussetzung für das Göttliche. Die Beschreibung des Göttlichen durch Aristoteles in der *Metaphysik* klingt daher ganz anders als bei Platon. Das ist der Grund, weshalb Aristoteles so auf einem unbewegten Göttlichen beharrt und von einem Gott spricht, dem – sehr zum Unterschied zu dem, was wir in der *Politeia* gehört haben – *Seiendheit* zukommt, und zwar in vollkommenem Sinn und als reale Konkretheit.

Diese Auseinandersetzung hat beinahe prophetischen Charakter. Aristoteles ahnte, dass die enge Verflechtung von Mensch und Göttlichem ein Konkurrenzverhältnis schafft, das schließlich der Mensch gewinnt, gewinnen muss. Die Neuzeit schafft Gott ab und der Mensch tritt an seine Stelle. Die Worte Nietzsches *Wir haben ihn getötet. Unter unseren Messern ist er verblutet!* konstatieren das dramatisch. Platon ging es um die Sicherung des Göttlichen, indem er Menschliches und Göttliches unlösbar miteinander verschränkte. Dieser Gedanke ist archaisch, während die Bemühung um Trennung und die damit nötige Selbständigkeit sowohl des Menschen als auch Gottes ein «moderner» Gedanke ist.

Die Göttin des Feuers

Noch eine andere Episode dieser Fahrt der Götter dürfen wir nicht übersehen. Nicht alle verlassen den Olymp, hatten wir gehört. Hestia bleibt zu Hause. Dieser lapidare Satz konzentriert eine große kulturelle Erzählung. Wer ist Hestia? Wir sind wieder beim Feuer! Hestia ist die Göttin des Feuers und des Herdes. Das macht sie noch nicht unbedingt zur Göttin der Hausfrauen, sondern – bei allem Respekt vor Hausfrauen und Hausmännern – dahinter verbirgt sich mehr. Hestia ist die Göttin des Leben spendenden und reinigenden phallischen Feuers, des Abbildes der Sonne. Ihr Kult ist einer des heiligen Mittelpunktes und rückt sie in die Nähe der Gaia, der Erdgöttin. Auch Hestia wird auf dem Markt der Gottheiten als eine Muttergottheit gehandelt. Die Forschungen über Hestia, die verschiedentlich mit ihrer Initiale, einem griechischen Epsilon (ε), greifbar wird, sind schwierig, aber spannend. So gab es in der Orakelstätte von Delphi – ein früher Erdgöttinnenkult (ursprünglich soll eine vaginale Spalte den heiligen Ort bezeichnet haben) – im Inneren des Apollotempels einen Herd-Altar, auf dem ständig eine Flamme brannte. Er galt als «gemeinsamer Herd» von ganz Hellas, von dem man sich das heilige Feuer für Prozessionen holen konnte – und auch die Flamme für die Olympischen Spiele. Auf einer Vase aus mykenischer Zeit, 1200 v. Chr. (sie steht im Nationalmuseum von Athen), hat man ein solches ε in Henkelform gefunden. Von Plutarch haben wir eine Mitteilung, dass das ε aus Bronze und noch früher aus Holz gewesen sein soll. Die Bronzezeit hat den Triumph, dieses Metall zu beherrschen, auf solche Weise dokumentiert, während der Werkstoff Holz die unmittelbare Nähe zum Feuer und zur menschlichen Kulturtätigkeit besonders authentisch zum Ausdruck bringt. Etymologisch gehören zur Hestia auch die jungfräulichen Vestalinnen Roms, die Hüterinnen des heiligen Feuers, in deren Tempelresten am Forum Romanum ein hübsches Rosengärtchen angelegt wurde, wo Touristen heutzutage ihre Selfie-Orgien feiern.

Der Herd hat eine tiefe Symbolik. Wir sprachen bereits vom Initiationsritus des um den Familienherd getragenen Kindes beim Umlaufsfest. Die Herdsymbolik wurde auch auf den Staatskult übertragen (sozusagen der Sitz der Polis), weshalb Hestia-Statuen auch in öffentlichen Gebäuden standen. Als inzwischen geschulte Kenner der Gesetze der Ambivalenz und der Dialektik kann es uns nicht überraschen, dass Hestia auch die Göttin des heiligen Quellwassers war. Den Vergleich mit den christlichen Kulten des Osterfeuers und des geweihten Wassers überlasse ich Ihnen.

Katharina Comoth hat in einem anregenden Aufsatz über das delphische ε ein Fragment des Philolaos ausgegraben:

> Das zuerst Zusammenhaltende (ἁρμοσθεν/harmosthen), das Eins und die Mitte der Kugel heißt hestia (ἑστία).

Da haben wir wirklich alles schön beisammen. Das Feuer als die Identitätsmitte wird als Mitte der kugelförmigen Einheit genommen und ἑστία (*Hestia*) mit dem ἐστιν (*estin*), dem *sein*, geglichen. Das Feuer ist das Symbol des Zur-Ruhe-Gekommenseins (des Menschen im Neolithikum, der sein Leben um das Feuer organisiert), also des beruhigten Eros, und diese Konstellation wurde in die Philosophie des universell gültigen und zeitlosen Seins (das ist es, was man Metaphysik nennt) aufgehoben. In diesem ursprünglichen Feuer liegt sowohl die Dynamik des weltverändernden Eros als auch die kontrahierende Kraft des statischen Seins, wie es schon Heraklit mit seinem Rhythmus vom Auflodern und Erlöschen formuliert hat. Der schon erwähnte Vitruv landete in seinem Architekturtraktat gleich einen zweifachen Treffer. Er zitiert das Feuer als Symbol

Herd-Altar im Megaron des mykenischen «Nestorpalastes» bei Pylos auf der Peloponnes. Um 1400 v. Chr.

für die Sesshaftwerdung und er trifft gleichzeitig den Herd als Zentrum des Hauses. Und Platon? Er spielt ebenfalls mit beidem. Mit dem *estin*, dem ewigen Sein und dem Prozess, der nun in seinem steten Auflodern und Erlöschen eine Statik erhält – also eigentlich ganz nahe an Heraklit und weit weg von Parmenides.

Noch etwas schnell: Sie erinnern sich an die Geschichte, mit der Aristoteles *den* Philosophen beschrieben hat, als einen, der sich nichts aus den großen weltabgehobenen Gedanken macht, sondern Bodenhaftung hat. Jetzt sieht man, wie hart Aristoteles den alten Geschichten in die Parade fährt, wenn er den frierenden Heraklit sich am Herd wärmen lässt. Aus der Sicht Platons ist das nichts anderes als die Fortsetzung des zwielichtigen Geschäfts der Sophisten. Dass Platon sein Erbe nicht in diese Hände legen wollte, muss man nun auch irgendwie verstehen.

Zeus steuert Eros

Hestia also bleibt zuhause am Olymp. Sie wird im vorliegenden Mythos zum ruhenden Mittelpunkt der in sich geschlossenen kreis- und kugelförmigen Bewegung, die die Götter nun vollziehen. Die Elf ziehen in der beschriebenen Kutsche aus der himmlischen Wohnung und nehmen Kurs nach oben. Der Auszug symbolisiert die immer wieder bedrohte Ordnung der Selbstidentität. Zeus hat Mühe mit dem Lenken. Ein Bild für die Probleme, die auch die Götter mit der Seele haben! Die griechischen Intellektuellen haben die Götter immer als Mitspieler in einem Prozess gelesen, über den sie selbst keine Macht mehr hatten. Über diese Tatsache wird viel gerätselt. Ich gehe davon aus, dass man fündig wird, wenn man auf die Wurzeln dieses Kreisprozesses zurückgeht. Sie liegen in der rhythmischen Stabilität des Zyklus der Natur! Das hinterließ in der Kulturgeschichte einen tiefen Eindruck. Der Zyklus selbst ist vorgegeben. Er ist das Geschick. Das einzige, was bleibt, was ich gleichsam halten kann, ist die Regelmäßigkeit der Wiederkehr, der Takt, der eine Harmonie in diesen Prozess bringt. Das ist uns bereits in verschiedenen Variationen begegnet: Das Feuer Heraklits, das in diesem Takt auflodert und erlöscht, der Eros, der – in die getaktete Regelmäßigkeit gebracht – zum wahren Prozess wird. Er darf kein zielloser Flaneur sein, sondern ein verlässlicher *Erhalter des Systems*. Es ist die ritualisierte, getaktete Bewegung einer mensch-göttlichen Weltseele (zur ständigen Reinigung), die uns Platon im Mythos der Götterfahrt schildert. Aber um diese Harmonie muss stets gerungen werden. Sokrates beschreibt die Mühe des Zeus, die beiden in die entgegengesetzte Richtung ziehenden Pferde, die das Gefährt buchstäblich zu zerreißen drohen, zu bändigen. Es ist schwer, an dieser Stelle nicht an den orphischen Mythos zu denken, in dem Zeus den zerreißenden Prozess entschärft und ihn zur Statik brachte, damals indem er ihn kurzerhand verschlang. Hier ist Zeus der erfolgreiche Lenker, der die widerspenstigen Gäule auf eine harmonische Bewegung zwingt. [...] *das gut Zusammengefügte und wohl Beschaffene wieder auflösen zu wollen, wäre Sache eines Bösen* schreibt Platon im *Timaios*. (Timaios 41b)

Zeus lenkt den Karren mit den Göttern zum Rand des Himmels, der ihn vom «überhimmlischen Ort» (was für eine Metaphorik!) abgrenzt. Der überhimmlische Ort ist zugleich ein übergöttlicher Ort, denn am Rand angekommen passiert etwas, was sich der Kontrolle der Götter entzieht. Sie werden buchstäblich herumgerissen, fortgerissen, es ist ein ekstatischer Moment, ein Augenblick mystischer Verzückung, auf den kein Wille, auch kein göttlicher, noch Einfluss hat. Platon nennt es den Umschwung der Seele (περιαγωγὴ τῆς ψυχῆς/*periagoge tes psyches*), der sich hier ereignet. Platon deutet uns einen Ort an, der eigentlich kein Ort mehr ist, vielmehr ein Nicht-Ort, an dem sich einem durch den langen Weg geläuterten Gott jenes Übergöttliche selbst enthüllt, über das auch er keine Macht hat, sondern umgekehrt: das ihm durch die gelungene Schau seine Göttlichkeit verleiht. Damit sind wir am Ziel (des gelungenen Prozesses)! Es geschieht die Reinigung der Seele und die Erneuerung ihrer Kraft! Denn in diesem Augenblick schauen die Götter das wahre Seiende. Es ist farblos, stofflos, gestaltlos. Es ist das, was die abendländische Metaphysik grundlegt. Das hier wiederum ist Parmenides und nicht Heraklit. Platon spricht an, worin sich diese Wahrheit reflexartig manifestiert: In der Gerechtigkeit, Besonnenheit und Wissenschaft schlechthin.

Uff, da müssen wir jetzt genau hinhören! Denn das sind exakt jene Themen, denen in den frühen Dialogen langwierige Erörterungen gewidmet waren, über die uferlos gestritten wurde und wo selbst der Alleswisser Sokrates keine endgültige Antworten hatte, sondern zufrieden war, seine Gesprächspartner in die Sackgasse der Aporie zu lenken. Es ist im Lichte des jetzt Gesagten wohl kaum noch zu bezweifeln, dass für Platon die Aporie eine Demonstration der Tatsache war, dass es eine endgültige Antwort auf diese Fragen auf der Ebene der Logik, einer reinen Argumentationstechnik, sowie im Rahmen einer nur körperlichen Verfassung nicht gibt, dass wir dazu vielmehr auf eine andere Ebene gelangen müssen: An den Rand unserer körperlichen Existenz, im täglichen Sterben – der vornehmsten Aufgabe der Philosophie – also in der Befreiung der göttlichen Seele in uns, die in einer vom Körper abgelösten mystischen Schau gipfelt. Diese Schau setzt die stimmige Harmonie der Seele voraus. Nur wenn sich alles im selben Takt und Rhythmus der kosmischen Harmonie bewegt, kann dies gelingen. Das ist nun eingelöst. Jetzt – am Rand des Himmels, eigentlich bereits am überhimmlischen Ort – können die Ansprüche der reinen Wahrheit, der Ideen, eingelöst werden. Und zwar – wohlgemerkt! – nicht durch unsere Kraft, sondern durch ein überindividuelles Geschick und einen guten *Dämon*, also einen (von Zeus, dem Symbol der Statik, stabilisierten) guten Prozess. Wir können dieses freilich positiv unterstützen durch Askese, Reinigung und Abkehr von der geschwollenen Welt, in der wir leben. Wir hören diese Botschaft an einem Ort vor der Stadt, also abseits des falschen (körperlichen und sophistischen) Getriebes, an einem Ort, an dem der Sprecher Sokrates gerade eine Inspiration, also einen Umschwung der Seele erlebt.

Was es bedeutet, wenn die Harmonisierung des Prozesses erfolgreich ist, zeigt uns Sokrates an der Reaktion der Götter. Sie genießen diesen Augenblick höchster Wonne, aber auch sie müssen wieder in den rauen Alltag zurück. Ist das nicht ein merkwürdiges Bild eines Gottes? Die Götter bleiben in den kreisförmigen Prozess eingebunden. Es sinkt alles wieder zurück und erzwingt so, dass der Gang in einem ewig getakteten Prozess von neuem beginnen muss. Hier also wieder Heraklit und nicht Parmenides! Dass diese Bewegung ständig erfolgen muss, schärft er ausdrücklich ein: Sie verhindert, dass *der ganze Himmel und das gesamte Gewordene zusammenfallend stillstehen müsste*. (Phaidros 245e) Platon, der in seiner Ideenlehre gerade die Statik zum entscheidenden Prinzip erhob, setzt jetzt auf die ständig kreisende Bewegung (die freilich den einzigen Sinn hat, Einheit und Statik krisenfest zu machen). Aber diese kreisende Bewegung läuft in einem harmonischen Takt. Hat Homer die Götter von der Erde in den Himmel geholt (ein mühsamer und langer Vorgang wie Platon mit dem schwierigen Lenken des Gefährts durch den Himmelsgott Zeus andeutet), macht Platon aus den himmlischen Göttern Harmonie und Symmetrie. Mit den entmythologisierenden Betrachtungen der beiden Gesprächspartner auf dem Weg zu ihrem schönen Plätzchen vor der Stadtmauer kurzgeschlossen, könnten wir so interpretieren: Es geht nicht mehr um die alten homerischen Götter. Im Himmel walten Harmonie und Symmetrie.

Wieder werden wir auf die Ambivalenz des Kreises aufmerksam: Autonomie und Heil in der absoluten Zeitlosigkeit und Dauer, aber auch die beklemmende Tatsache des Nicht-mehr-Entweichen-Könnens. Ich erinnere an die Geschichte um Alkibiades im *Symposion*! War es ein Manifest für einen letzten Ausbruchsversuch aus dieser Verbannung in den (heilenden) Kreis? War es ein letztes Aufbegehren gegen die Funktionalisierung des Eros, der hier – wie es Nietzsche, dieser große Griechenkenner, auf den Punkt gebracht hat – zur ewigen Wiederkehr des Gleichen wird? Richard Wagner, dieser gescheite und gut über den Platonismus und Neuplatonismus informierte Mann, spielte mit diesem Sachverhalt. Im 2. Akt schlägt Parsifal in dem nach ihm benannten Bühnenweihfestspiel mit der Lanze, dem phallischen Symbol einer *linearen Zeit*, das Kreuzzeichen: *Mit diesem Zeichen bann' ich deinen Fluch!* Und mit Getöse bricht die Welt Klingsors in sich zusammen. Gemeint ist die Welt der Ringdichtung, wo mit der Götterdämmerung, Walhalla steht in lodernden Flammen (*so werf' ich den Brand in Walhalls prangende Burg*), die Geschichte wieder von vorne beginnt.

Genau da macht Wagner die Faszination des Christentums fest. Es hat mit seiner linearen Zeitachse, der real erlebten (und abgearbeiteten) Geschichte auf einen zukünftigen Punkt der Erlösung hin, diesen Kreis aufgebrochen. Wenn wir das so sehen wollen, dann ist mit dem Christentum noch etwas passiert. Der ständig kreisende Prozess des griechischen Philosophen Platon hat den Eros entschärft. Genau das war der Sinn: aus dem zerreißenden Eros einen versöhnenden (und im Kreis versöhnten) zu machen. Wer immer diesen Kreis öffnet, «befreit» den Prozess wieder auf seinen zerreißenden, oder sagen wir jetzt besser: weltverändernden Aspekt.

Der Prozess oszilliert dann nicht mehr im Einklang mit der Natur, sondern – im Extremfall – geradewegs gegen die Natur. Das wäre eine Erklärung für die erotische Leidenschaft von Wissenschaft, Technik und Weltveränderung im Abendland, wo sich griechischer Eros und die lineare Geschichtlichkeit und Zeitlichkeit des Christentums zu einer machtvollen Kraft verbinden. Und weil jetzt jedes Ziel fehlt, auf das hin dieser Prozess sich richtet, entsteht hier eine neue Legitimitätsfrage, die viel spannender, aktueller, nachhaltiger und herausfordernder ist als die Kritik an einer totalitären Gesellschaftsordnung, einer «illiberalen Demokratie» (dieser krause Widerspruch trägt das Copyright des ungarischen Ministerpräsidenten Orban).

Vielleicht haben Sie inzwischen vergessen – und das wäre auch kein Wunder nach so vielen Seiten und Gedanken –, wo wir uns gerade befinden. Wir sitzen immer noch um die Mittagsstunde an einem sprudelnden Flusslauf, einen Steinwurf von Athen entfernt, unter einer schattigen Platane. An dem Ort, wo Sokrates die göttliche Inspiration des Wahnsinnigen beschwört, der die aufgeklärten und rationalen Bahnen der Stadt verlassen hat und die eben gehörte Geschichte von der Götterfahrt in seine Rede einbaut. Wohlgemerkt: als *seine* Deutung des Eros gegenüber den dummen Anmutungen des Lysias nach der Eroberungsstrategie eines Liebhabers. Wie viele Lichtjahre hat er sich nun mit seiner Eros-Deutung von der plumpen Lysiasrede entfernt! Sokrates blickt – als er von der Rückkehr der Götter in ihren göttlichen Alltag spricht – Phaidros wieder an, nachdem er die Geschichte beinahe geistesabwesend memoriert hat. Phaidros kann er das alles zumuten. Es braucht eben ein längeres Beisammensein, damit Sokrates mit solchen Dingen herausrücken kann. Irgendwie schafft er wieder den Bogen zum Thema, das ihm Lysias aufgezwungen hat, und strebt einem Ende der Rede entgegen. Zum Schluss spricht er ein Gebet zu Eros und versöhnt damit auch Phaidros.

Dieser ist ihm nicht mehr böse wegen seiner Ausfälle gegen Lysias, im Gegenteil, die Stimmung ist gekippt. Er bewundert jetzt Sokrates und zweifelt, ob ihm *nicht Lysias immer als gering erscheinen würde*. (Phaidros 257c) Auch ein Politiker hätte jüngst den Lysias abfällig einen billigen Redenschreiber genannt, fällt ihm noch ein. Doch diese gutgemeinte Bemerkung hätte er sich besser verkniffen. Du glaubst doch nicht etwa, hält ihm Sokrates ärgerlich entgegen, dass dieser Politiker *das, was er sagte, auch so gemeint hat*! (Phaidros 257d) In Wirklichkeit würden sich Politiker nämlich darum reißen, etwas Schriftliches zu hinterlassen, und vor allem gierten sie darum, bei möglichst vielen berühmten Schriftstellern und Kulturschaffenden ein Vorwort verfassen zu dürfen. Es stehe ihnen daher schlecht an, sich gegen die Berufsschreiber zu ereifern. Sokrates wischt sich über die Stirn und gibt gleich zu, dass auch ihn diese gekauften Reden anwiderten. Es geht da nicht um die Wahrheit, sondern einfach darum, *dass dieselbe Sache demselben Menschen als recht erscheine und, wenn er will, auch wieder als unrecht.* (Phaidros 261c)

Diese Bemerkungen provozieren zu einer grundsätzlichen Auseinandersetzung über Schriftlichkeit und Mündlichkeit. Für Sokrates ist nicht nur der Aufbau der Rede wichtig, dass sie *wie ein lebendiges Wesen gebaut* sein und ihren *eigentümlichen Körper* haben muss. (Phaidros 264c) Wichtig ist vor allem die Mündlichkeit. Immerhin sollte das Wesen der Rede die Seelenleitung sein. (Phaidros 261a, 271d) Es liegt in der Kraft der Dialektik, zur Wahrheit vorzustoßen. Der Dialektiker kann auf die Wahrheit schauen, auch dann, wenn sie am Vielen gewachsen ist (Sie erinnern sich: Vielheit ist die größte Sünde). Das hebt ihn vom Sophisten ab, der sich in der Vielheit der Dinge verliert und keinen Zugang zur Wahrheit findet. Vergessen wir nicht: Die Rede des Sophisten Lysias war schriftlich verfasst, die Gegenreden des Philosophen Sokrates waren spontan, inspiriert, mündlich und deshalb auch so authentisch.

Die Konsequenz dieser Überlegungen führt dazu, dass Sokrates einige originelle Einschätzungen von Mündlichkeit und Schriftlichkeit abgibt. Er bestreitet vehement, dass die Schrift das Gedächtnis einer Kultur sei. Das Gegenteil sei vielmehr wahr. Die Schrift führt dazu, dass die mündliche Überlieferung vergessen werde. Sokrates berührt das Faktum, dass der Übergang von der Mündlichkeit zur Schriftlichkeit ein komplizierter und umstrittener Schritt war. Viele Kulturen sahen in der schriftlichen Fixierung nicht einen Gewinn, sondern einen Verlust des Gedächtnisses. Wir kennen die Klage eines ägyptischen Priesters, dass die Verschriftlichung einen Innovationsdruck schafft, den die mündliche Tradierung nicht kennt. Es gab in Griechenland ähnlich wie bei den Persern oder im vedischen Indien keine heiligen Texte, die niedergeschrieben wurden. Zudem sei – und das ist für Platon negativ – Schrift Zeichen der Demokratie. Das Geschriebene gehört allen. Es haben auch jene Zugang, für die es gar nicht gedacht ist. (Phaidros 275e) Unterschwellig spiegelt Platon in die mediale Revolution der Schriftkultur auch eine ethische Ebene hinein. Die Verschriftlichung sei gewissermaßen ein Verlust von Verbindlichkeit und Authentizität. Nun hat Platon selbst geschrieben. Es war ihm offenbar schon bewusst, dass sonst seine Werke kaum das 21. Jahrhundert erreicht hätten. Aber er würde sich verteidigen, dass seine Schriften ja nur Protokolle eines lebendigen Gesprächs seien. In der Tat nennen manche Platons Dialoge semi-oral, also halbmündlich. Das ist natürlich gewagt, denn Platon schreibt keine Protokolle sondern er ist ein konstruierender Schriftsteller und das alles selbst Teil der Inszenierung.

Selbst adeliger Abstammung, spielen alle Dialoge Platons in der vornehmen Gesellschaft, von den einfachen Leuten hören wir praktisch nichts. Der geringschätzige Hinweis auf die Tatsache, dass Bücher auch in Hände fallen, für die sie gar nicht geschrieben wurden, ist Ausdruck eines eigenartig elitären Status des Wissens. Die mythischen Ursprünge der Schrift (dasselbe gilt übrigens auch für das Bild) sind zu dieser Zeit noch frisch im Gedächtnis. Schriftrollen und Buchstaben seien demnach von den Göttern auf die Erde geworfen worden und noch lange mussten sie in ihrer Heiligkeit dem Blick der gewöhnlichen Menschen entzogen bleiben.

Noch vor einigen Jahrzehnten ereiferte sich übrigens Herbert Marcuse über die Erfindung der billigen Taschenbücher und der Radiogeräte. Jetzt könne man Bach im «Küchentransistor» neben dem Zwiebelschneiden hören und Goethes *Faust* im Supermarkt kaufen. Mein Gott, wie konnte Marcuse in der Einschätzung der kulturellen Bedürfnisse jener, die im späten zwanzigsten Jahrhundert Zwiebel schneiden und im Supermarkt einkaufen, so daneben liegen! Platon jedenfalls hat über die *echte Rede* andere Vorstellungen:

> Du meinst die lebende und beseelte Rede des wahrhaft Weisen, von der man die geschriebene mit Recht wie ein Schattenbild ansehen könnte.
> (Phaidros 276a)

Ein guter Redner ist wie ein Bauer, der die Samen nur dorthin wirft, wo sie sich gut entfalten können! Das ist der eigentliche Ernst gegenüber dem reinen Spiel um die geschriebene Rede. Damit hat sich aber auch der Dialog der beiden am frischen Quellwasser, das vor ihnen sprudelnd fließt wie die gute Rede und das Erdreich benetzt und fruchtbar macht, erschöpft. Sokrates hat mit seiner lebendigen Rede den Phaidros befruchtet und bei ihm einen Umschwung der Seele bewirkt. Er kann daher dem inzwischen vom Mittagsschlaf erwachten Pan mit einem liebenswürdigen Gebet danken:

> O lieber Pan und ihr Götter, die ihr sonst hier anwesend seid, verleiht mir, schön zu sein im Inneren und dass, was ich Äußeres an mir habe, dem Inneren befreundet sei. (Phaidros 279c)

Platons Ungeschriebene Lehre

Die Kritik an der Schrift zu einer Zeit noch überwiegender Mündlichkeit, als Bücher noch seltene Luxusartikel waren, entzündet sich an der formalen und schablonenhaften Struktur der sophistischen Argumentation. Die noch dazu schriftliche Fixierung, die Lysias seiner vermutlich mehrfach kopierten Rede gegeben hat, widerspricht allem, was wir im *Phaidros* erleben durften: dem glücklichen Augenblick der Inspiration, die nur einem Sprechenden zuteil werden kann, der Lebendigkeit des gemeinsamen Ringens um Wahrheit.

Das klingt alles sehr schön, aber auch hier hat die weitere Geschichte nicht auf Platon, sondern auf die Sophisten gesetzt. Der größte Rhetor und ein bedeutender Staatsmann in Rom war Marcus Tullius Cicero. Er schrieb mehrere Werke über die Redekunst und erteilte der inspirierten Rede eine Abfuhr. Rhetorik sei etwas, das man lernen könne und der perfekte Redner müsse wissenschaftlich universal gebildet sein. Dieser Redner habe die Aufgabe, das humanistische und moralische Profil des Staates, der *res publica*, zu schärfen. Genau das hat uns Protagoras mit seiner großen Bildung vorgeführt. Cicero formulierte dazu ein breit angelegtes Instrumentarium über den Aufbau einer Rede, die passenden Schmuckelemente bis zu Qualitäten wie Schönheit. Dieses Instrumentarium begleitet uns seit vielen Jahrhunderten – weniger in der Redekunst, die in der Politik heute eher zu einem populistischen Sprüche-Klopfen verkommen ist (passend zur Qualität des politischen Personals), als vielmehr in der Architektur. In der Renaissance übernahm der Architekt das einstmals rhetorische Instrumentarium und legte an die Architektur die höchsten Maßstäbe an, das Leben in einem Staatswesen in Freiheit, Moralität und Menschenwürde zu befördern.

Die Stellungnahme Platons um Mündlichkeit und Schriftlichkeit hat in der Forschung eine Debatte um die sogenannte *Ungeschriebene Lehre* ausgelöst. Der Ausdruck stammt von Aristoteles. Nach seinen Berichten über die Inhalte der mündlichen Lehrtätigkeit Platons in der Akademie unterscheidet sich diese von der uns schriftlich zugänglichen Lehre scheinbar nicht unerheblich. Soweit wir sie von Aristoteles und einigen anderen Autoren rekonstruieren können, geht es um folgende Dinge: die Lehre vom obersten Prinzip, dem Guten, die Entfaltung von Platons demiurgischem Kosmosentwurf aus der Spannung von Einheit und Vielheit (die Platon als *unbestimmte Zwei*, ἀόριστος δυάς/*aoristos dyas*, bezeichnet), die Identifikation von Ideen und Zahlen und der Primat der Kreisbewegung.

Der Streit um diese Sache ist in den letzten Jahrzehnten sehr heftig geführt worden. Der bedeutende Übersetzer von Platons Werk, Friedrich Schleiermacher, prägte im 19. Jahrhundert mit der Behauptung, dass in den Schriften Platons alles gesagt sei, eine ganze Wissenschaftlergeneration. Im vergangenen Jahrhundert hat Harold Cherniss am radikalsten dort angeknüpft und nicht nur jeden Unterschied zwischen geschriebener und mündlicher Lehre bestritten, sondern überhaupt jede Lehrtätigkeit Platons in der Akademie abgelehnt. Nach Cherniss war Platon ein zurückgezogener Schriftsteller, der keine Vorlesungen gehalten, keine Prinzipienlehre vertreten und in den Ideen keine Zahlen gesehen habe. Das seien alles Erfindungen und Verfälschungen der späteren Berichterstatter gewesen.

Cherniss, der mit nicht geringer Arroganz gegen andere Meinungen zu Felde gezogen war, musste auf wütende Antworten nicht lange warten und er löste eine regelrechte Philosophie der *Ungeschriebenen Lehre* aus, die beinahe ins andere Extrem fiel. Demnach hätte Platon in seinen Dialogen bestenfalls den Streit des Sokrates mit den Sophisten nachgezeichnet, seine eigentliche Lehre jedoch nur mündlich vor einem kleinen Kreis formuliert. Zum Unterschied von der «nach außen gerichteten» (*exoterisch*), sei dies die Lehre für den inneren Kreis (*esoterisch*). Manche dachten dabei sogar an eine Geheimlehre für Eingeweihte nach dem Muster der Pythagoreer. Nirgends hat man für eine solch zugespitzte Meinung Hinweise gefunden.

Sie sehen, die Sache ist verzwickt, aber der komplizierte Streit ist für uns nicht so wichtig. Ich schlage jenen Mittelweg vor, den ich für den plausibelsten halte: Zunächst einmal passierte hier etwas ganz Selbstverständliches. Wir haben gesehen, mit welch literarischer und rhetorischer Akribie und dramaturgischer Meisterschaft Platon seine Texte komponiert. Er hat bewusst publiziert so wie das jeder von uns, zu dessen Beruf das Publizieren gehört, auch macht. Da überlegt man sich zuerst, welche Botschaft man an die Öffentlichkeit senden will, man konzipiert den formalen Rahmen dafür. Soll es ein streng wissenschaftliches Werk mit vielen Fußnoten werden oder etwas populär Verständliches, so wie das Buch über Platon, das Sie gerade in Händen halten. Beim Schreiben selbst denkt man nicht nur an das (hoffentlich) mit Genuss und ohne böse Hintergedanken lesende Publikum, sondern auch an die möglichen Kritiker, die jede Bemerkung auf die Waagschale legen und wittern, man wäre Anhänger dieser oder jener Theorie. Kurzum, man ist bei einer Publikation vorsichtiger als vielleicht in einem Seminar, wo man sich mit einer Reihe von Studenten gemeinsam bemüht, auf Fragen Antworten zu finden. Da lässt man schon einmal den einen oder anderen Luftballon steigen, traktiert ihn, bringt ihn zum Platzen oder bewahrt ihn zur weiteren Begutachtung auf. Um wie viel mehr muss wohl bei Platon ein solches Vorgehen geübt worden sein. Bedenken wir noch einmal, dass er einen Mann, Sokrates, philosophisch stark machen möchte, den man ein paar Jahre vorher zum Tode verurteilt hatte. Und halten wir uns die Situation der vorhin geschilderten mühsamen Übergangszeit vom Mündlichen zum Schriftlichen vor Augen. Wie könnte da Platon vom Heiligsten *geschrieben* haben?

Neben dieser grundsätzlichen Situation gibt es weitere Schwierigkeiten. Es fällt auf, dass ein nicht geringer Teil der Inhalte der Ungeschriebenen Lehre letzten Endes doch aus den Dialogen Platons gewonnen werden kann, aus der *Politeia*, dem *Phaidros* und vor allem dem *Siebten Brief*, dessen Echtheit freilich umstritten ist. Für manche Autoren ist die Ungeschriebene Lehre so etwas wie das Altersvermächtnis Platons. Diese (allerdings überwiegend abgelehnte) Meinung wiederum setzt eine nachvollziehbare Entwicklung und Datierung seiner Publikationen von den frühen bis zu den späten Werken voraus. Aber genau das ist nicht mehr mit wünschenswerter Genauigkeit zu rekonstruieren. Wir wissen einfach nicht, ob Platon vielleicht in später Zeit noch eine Schrift verfasst hat, die eine Lücke in der Auseinandersetzung mit den Sophisten schließen sollte, oder ob er einen spät datierten Dialog aus der Überarbeitung eines frühen Manuskripts gewonnen hat. Da sind auch sprachstatistische Untersuchungen kein Allheilmittel. Noch mühevoller ist das Auseinanderhalten dessen, was Schüler, auf deren Aussagen zur Ungeschriebenen Lehre wir uns stützen müssen, authentisch von Platon berichten von dem, was ihre eigene Zugabe ist oder wo sie ihren Lehrer schlicht missverstanden haben.

Das wichtigste Argument der Verteidiger der Priorität der Ungeschriebenen Lehre ist folgendes: An vielen Stellen in den (schriftlichen!) Dialogen hätte Sokrates sich geweigert, über das Gute «zu sprechen», gemeint ist, es ausführlich zu beschreiben. Im *Siebten Brief*, den Platon (wenn überhaupt) als Siebzigjähriger, am ehesten 354 nach der Ermordung des aus dem Exil nach Syrakus zurückgekehrten Dion von Syrakus, Schwiegersohn des Dionysius I., an dessen Anhänger und Vertraute sandte, schreibt er zwischen biographischen Notizen und Ratschlägen mit Blick auf das Wesentliche seiner Philosophie:

> Es gibt von mir darüber keine Schrift und kann auch niemals eine geben; denn es lässt sich nicht so wie andere Lehrgegenstände in Worte fassen. Vielmehr entsteht es aus ständiger gemeinsamer Bemühung um die Sache selbst und aus dem Zusammenleben plötzlich – wie ein Feuer, das von einem übergesprungenen Funken entfacht wurde – in der Seele und nährt sich dann aus sich selbst heraus weiter.
> (7. Brief 341c,d)

Von dieser schönen Stelle abzuleiten, Platon hätte über das Gute (wenn es denn überhaupt gemeint ist, denn das ist hier keineswegs klar) niemals geschrieben, wohl aber im kleinen Kreis gesprochen, halte ich für verwegen. Denn die Unsagbarkeit des Guten (das *jenseits jeder Seiendheit* ist) gilt gleichermaßen für eine schriftliche wie eine mündliche Fixierung. Es verlöre seinen Sinn völlig und wäre nicht mehr jene unbedingte Bedingung als oberstes Prinzip und das ganze mühsam errichtete System fiele in sich zusammen wie ein Kartenhaus. Das schließt freilich nicht aus, dass Platon im kleinen Kreis, wo man intensiv um Verbegrifflichung und Kategorialisierung rang, die eine oder andere begriffliche Wegweisung riskierte. Noch viel mehr gilt das naturgemäß für seine Schüler. Zudem steht doch klar da, was wir bereits in den Dialogen feststellen konnten: Dieses oberste Prinzip erschließt sich in anderer Weise: In einer asketischen Gemeinschaft, einem geradezu intimen Kreis von Schülern und Mysten, nicht mehr durch rationales Argumentieren, sondern als Ziel eines gemeinsamen Zusammenlebens.

Trotzdem muss man anerkennen: Die «Esoteriker», so nennt man die Vertreter der Ungeschriebenen Lehre, die sich vor allem an den Universitäten Tübingen und Mailand stark artikulierten, haben die spannendsten Aspekte Platons herausgestrichen: Die Prinzipienfunktion des Guten, dann die – wie es Konrad Gaiser in seinem großen Buch über die Ungeschriebene Lehre nennt – *Mathematisierung der Wirklichkeit*. Ja, dass Platon eine Metaphysik geschrieben hat und dass er nicht nur ein Ironiker und Aporetiker war oder gar nur Argumentationstheorie betrieben hat, selbst das wurde erst so richtig durch diesen lebendigen Wissenschaftlerstreit klar. Gefährlich und uninteressant wird es in der Wissenschaft ja immer nur dann, wenn alle Experten der gleichen Meinung sind.

Die Mathematisierung der Wirklichkeit bezieht sich vor allem auf die Deutung der Idee als Zahl, eine Deutung, die besonders die Nachfolger Platons in der Akademie eifrig weitergetrieben haben. Und genau das soll unser letztes Thema sein.

Das Gute in der Sinnenwelt

Genau genommen haben wir uns die Philosophie Platons bereits erarbeitet und etliche spannende Stationen zwischen Statik und Prozess abgehakt. Wir könnten uns also zufrieden zurücklehnen und ein wenig Rückschau halten: auf das in der frühen Auseinandersetzung mit den Sophisten verpackte ordnungspolitische und ethische Anliegen, das dann massiv und kompromisslos als diktatorische Attitüde in der *Politeia* vertreten wurde. Auf die Wegweisung eines radikalen Ausstiegs aus der vorläufigen Welt durch tägliche Reinigung und Askese. Wir wissen, dass dies alles Aspekte eines metaphysischen Konzepts sind, innerhalb dessen das Menschliche wieder an das Göttliche zurückgebunden werden soll, um jede relative Gültigkeit durch eine universelle Wahrheit ihrerseits zu relativieren. Die Rolle der menschlichen Seele ist dabei so entworfen, dass ihre Bindung an das Göttliche nicht etwa nur eine Sache des Glaubens und individueller Nachfolge eines Philosophen (*Phaidon*) oder eines politischen Zwanges (*Politeia*) ist, sondern *vernünftige* und *einsehbare* Konsequenz aus der gesamten kosmischen Verfassung und aus dem Konzept einer Weltseele, in der Gott und Mensch übereinkommen (wie im *Phaidros* angedeutet). Deshalb ist es für Platon so wichtig, zum Schluss nochmals dieses Gesamtsystem zu formulieren.

Die Einbeziehung der Natur in dieses Gesamtkonzept ist ein überfälliger Schritt und Platon durfte hoffen, damit die geforderte Verdrängung von Körperlichkeit, von Leidenschaften und Begehren zu rechtfertigen. Den zeitgenössischen Protest gegen dieses schwere Erbe, etwa von Diogenes, dem Anhänger des Kynikers Antisthenes, habe ich schon erwähnt.

Auch Aristoteles, der unbequeme Schüler Platons, dachte ähnlich, wenn er das Einzelding zum höchsten Seienden gemacht hat. Der Druck war groß, die Natur endlich einzubeziehen. Allerdings hätte es vermutlich solcher Interventionen gar nicht bedurft. Es hätte Platon nämlich Kummer bereitet, hätte er gewusst, dass man ihn einmal in der Philosophiegeschichte als Vertreter eines Dualismus abstempeln würde. Dualismus bedeutet Zweiheit, Zerbrechen der Einheit und genau das wollte er stets verhindern. Also ging es ihm darum, die Materie sozusagen mit dem Geist so zu durchformen, dass ein solcher Eindruck gar nicht erst aufkommen kann. Und da diese Auseinandersetzung mit der Natur in den Dialogen *Timaios* und *Philebos* spielt, die zusammen mit den *Nomoi* das Ende des Schaffens markieren, gelangen Platons Philosophie genauso wie dieses Buch in ihr Ziel.

Das Abendland – Die Verbindung von Feuer und Erde

Wenn man diesen Anspruch auf ein Gesamtkonzept berücksichtigt, wird die Überraschung kleiner, dass der *Timaios*, jenes Werk, das den Aufbau der Welt zum Thema hat, mit etwas ganz anderem beginnt als mit der Frage nach der Natur: *Gestern*, so Sokrates, *sprachen wir über den Staat, seine Beschaffenheit und seine Männer.* (Timaios 17c) Interessant! Platon schließt in seiner Dramaturgie den Dialog über die Natur und die Beschaffenheit des Kosmos unmittelbar an das Gespräch über den idealen Staat an. Wer über Ordnungsvorstellungen nachdenkt, denkt sie sowohl für den Kosmos als auch für die Polis.

Der Gedanke, dass die Polis ein Abbild des Kosmos sei, ist ein Leitgedanke der Stadt in allen alten Kulturen. Der Ägyptologe Jan Assmann nannte den Staat in der Vorstellung der Ägypter eine *kosmomorphe Organisationsform der menschlichen Gesellschaft*. Dieser Gedanke hat offenbar bis in die Gegenwart seinen Reiz, wie uns ein bekannter Mann des vergangenen Jahrhunderts in einer hübschen Geschichte seiner Autobiographie erzählt: Es war im Frühjahr 1919, als er als Gymnasiast auf dem Dach des Priesterseminars in München saß – das Gebäude war vom Stab des Kavallerieschützenkommandos 11 zweckentfremdet

– und auf das Chaos der recht- und ordnungslosen Zustände unmittelbar nach dem 1. Weltkrieg in der Ludwigstraße hinunterblickte. In der Hand hielt er den *Timaios*, durch dessen Lektüre er seine Griechischkenntnisse für das bevorstehende Abitur aufbessern wollte. Was er dort übersetzte, war ihm eine eigenartige, ja unverständliche Theorie der kleinsten Teilchen, die mit geometrischen Körpern gleichgesetzt wurden. Diese Gedanken ließen unseren Studenten, der sich sehr für Physik interessierte, nicht mehr los und sie stiegen wieder in ihm auf, als er Jahre später im Freundeskreis darüber bei einer Wanderung am Starnberger See diskutierte. Er entdeckte eine *gewisse Faszination* an der Idee, dass *man bei den kleinsten Teilen der Materie schließlich auf mathematische Formen stoßen sollte*. Zur Abrundung seiner Schlussfolgerungen gehörte noch etwas, etwas scheinbar ganz anderes: Auf Schloss Prunn im unteren Altmühltal erlebte er zur gleichen Zeit ein pathetisches, nach Wandervogel und Volkstümelei riechendes Jugendtreffen, wo über politische Ordnungsvorstellungen diskutiert wurde. Ein nach dem furchtbaren Krieg, der die politische Ordnung in Europa über den Haufen geworfen hatte, existentielles Thema! Als dann auch noch über dem knisternden Lagerfeuer die Chaconne von Bach erklang, hatte unser Physiker eine Intuition: Das Wesen der Wirklichkeit liegt in mathematischen Strukturen und das gilt für alle Zeiten, *bei Platon und bei Bach, in der Sprache der Musik oder der Philosophie oder der Religion*. Überall, in Naturwissenschaft, Politik, Philosophie, Musik geht es um Strukturen, um Symmetrien und Formen – also um Mathematisches. Diese Einsicht am Lagerfeuer eines Jugendtreffens hatte ein Mann, der zu einem der größten Physiker der Geschichte werden sollte und der unsere Sicht der Wirklichkeit radikal revolutioniert hat. Die Rede war von Werner Heisenberg.

Zurück zu unserem Dialog! Auch dort gilt, dass Ordnungsdenken im Staat und in der Natur zusammen gehören. Im Alten Orient kulminierte das vom Kosmos geleitete Ordnungsdenken beim König oder Pharao. Er war der Garant der Ordnung. Platon übertrug diese Rolle den Philosophenherrschern. Für die *Herstellung* dieser Ordnung spielen die Wächter eine herausragende Rolle. Sie übernehmen sozusagen den dynamischen Anteil an dieser Garantie. Sie sind der «dynamische Anteil am Philosophen». In solchem Kontext spielt dieser Dialog. Auch Platon denkt seine Gedanken in dürftiger Zeit des Krieges und des Zerfalls von Ordnungen.

Sokrates wiederholt kurz und knapp wie ein Lehrer am Beginn der Schulstunde die wichtigsten Ergebnisse des «vortägigen» Gesprächs über den Staat und kommt gleich auf die zentrale Botschaft zu sprechen: das Problem der Wächter! Wir erinnern uns an ihre schwierige Stellung als Vermittler, an ihre Gefährdungen und ihre Aufgaben der Umerziehung der Menschen. Auch wenn die Wächter das Diktatorische verkörpern, haben sie als Thema auch noch in der Spätphilosophie einen Reiz. Denn sie stehen als Figuren der Vermittlung in der Mitte, haben also den Charakter des Dämonischen, lassen sich auf Prozess/Eros hin befragen. Das war in der durch den Leitgedanken *Ideenlehre* geprägten *Politeia* untergegangen. Jetzt wird die Funktion der Wächter im Rahmen der Eros-Lehre neu gedacht.

Das Gespräch beginnt jedoch mit einem launigen und vielleicht doppelbödigen Tauschhandel. Sokrates sitzt im Kreis von hochstehenden Politikern, die es eigentlich in der Hand hätten, den am Schreibtisch der Akademie ausgebrüteten Staat umzusetzen. Schließlich hatte seinerzeit keiner den Mut, als Sokrates in der *Politeia* seine Utopie vom Stapel ließ, dagegen aufzubegehren. Die Gesprächspartner erkennen die Bringschuld auch an und revanchieren sich – *nota bene*! – mit einer Geschichte und nicht damit, dass sie Sokrates in diplomatischer Unverbindlichkeit die Umsetzung des Idealstaats versprechen.

Wer ergreift nun das Wort? Sie werden staunen, es ist unser alter Kritias, der uns schon von Anfang an begleitet. Da saß er in der Palästra des Taureas neben Sokrates, dann erzählte ich Ihnen von seinem üblen Auftreten in Athen und nun taucht er wieder auf und berichtet von einer alten Sage aus der Vergangenheit Athens, die Solon bei einer diplomatischen Dienstreise nach Sais, der Hauptstadt Ägyptens während der 26. Dynastie (um 600), in den dortigen Archiven gefunden und nach Athen gebracht habe. In Sais stand ein großer Tempel der Göttin Neith. Sie war eine schöpferische Urgöttin mit chthonischem Charakter, bekrönt mit der roten Krone Unterägyptens. Die Griechen identifizierten sie mit Athene. Der alte Priester, der dem Solon die Geschichte zugänglich machte, kannte sich in Mythologie und Historie gut aus. Er bezog sich auf den Mythos des Erichthonios, der neben Athene bei der Gründung von Athen die Hände im Spiel hatte. Das ist eine tolle Figur! Wir wissen von der zarten Beziehung zwischen Hephaistos – unserem Schmiede- und Technikergott (der eigentlich mit Aphrodite verheiratet war) – und Athene. Die unbeugsame Jungfrau verstand sich als Muse, nicht als Geliebte und ließ es nie zum Letzten kommen. Einmal, nur ein einziges Mal entbrannte Hephaistos in Leidenschaft, vergaß alle Abmachungen und stürmte auf sie los. Athene vermochte ihn verschreckt gerade noch abzuwehren. Hephaistos' Same ging daneben und fiel in die Erde und mit ihr (der Erdmutter Gaia) zeugte er den Erichthonios. Der Kleine des Hephaistos war ein geborener Pferdenarr und holte sich bei Papas Muse Ratschläge, wie man ein Viergespann anschirrt. Mit ihm raste er durch die Gegend und praktizierte etliche Kunststücke. Er wurde so zum Begründer der panathenäischen Spiele. Der Priester erzählte diese Geschichte freilich nicht so, wie sie uns von Michael Köhlmeier im Fernsehen erzählt wird, sondern er entmythologisierte sie sogleich, was für uns ungleich praktischer ist. Hephaistos und Gaia, das ist Feuer (Eros) und Erde, und das gibt den Stoff, aus dem das All besteht. (Timaios 31b) Aber Feuer und Erde geben auch den Stoff ab, aus dem Athen entstand (der Kosmos und Athen bestehen sozusagen aus derselben chemischen Verbindung!) und zwar – und das ist jetzt der Knüller! – *tausend Jahre früher* als Ägypten! (Timaios 23e)

Platon, der große Konservative, stieß sich an der modernen (aufgeschwemmten und entzündeten) Metropole Athen und er bot alles auf, die Stadt (aus seiner Sicht) zu retten, ihr wieder eine göttliche Legitimation zu geben. Angesichts einer solchen Herausforderung kann man sich durchaus die Frage stellen: Warum hat er denn nicht seine Koffer gepackt und ist nach Sparta gezogen, das er insgeheim doch bewunderte? Nun, das wäre ein Missverständnis. Ich kam schon einmal darauf zu sprechen, dass er nicht einfach einen einfältigen Militärstaat (für den hielt er Sparta) haben wollte, sondern einen Staat mit viel Geist – aber mit dem richtigen Geist! Und mit einer auf allgemeiner Akzeptanz gegründeten Ordnung. Außerdem: Wir reden nicht von irgendeinem Wolkenkuckucksheim, sondern von Athen! Man gibt ein Athen nicht einfach auf! Das sehen heute auch die Mitglieder des Europäischen Rats und der Kommission so! Athen wurde nicht zuletzt durch diesen Platon zum Ideal der Stadt schlechthin. Für die nächste Hochkultur nach den Griechen, die Römer mit ihrem Weltreich war Griechenland das Muster auf nahezu allen Gebieten. Eine ganze Reihe von römischen Kaisern waren später Philhellenen und ganz stolz darauf, dass sie neben ihren Titel als Kaiser eines Weltreichs auch «Bürgermeister von Athen» schreiben durften. Das muss man sich einmal vorstellen! Bürgermeister von Athen! Sie wollten aus Rom ein neues Athen machen. Herodes der Große wiederum, der in Jerusalem als König von Roms Gnaden saß, tat alles, um Jerusalem in ein Athen zu verwandeln, was ebenso mit staunender Begeisterung aufgenommen wurde wie zugleich Aufstände wütender konservativer Juden auslöste. Auch wenn sich zu Athen schließlich

Rom und Jerusalem als weitere mythische Orte gesellten (die alle auch selbst irgendwann einmal Athen sein wollten), blieb die griechische Metropole auch in der weiteren Geschichte das Maß aller Dinge. Im Florenz der Renaissance sollte unter den Medici ein neues Athen entstehen. Selbst in Venedig sprachen Intellektuelle von einem zweiten Athen. Grund dafür war das Verlagshaus des genialen, um 1450 geborenen Aldus Manutius, der sich ein Leben lang mit seinen ersten Drucken um die Verbreitung des griechischen Schrifttums bemühte. Auch im Berlin des 18. Jahrhunderts dachte der Schöngeist Friedrich I. an Athen. Friedrich II., der Große (der «Alte Fritz»), nahm diesen Gedanken auf und wandte sich gegen seinen Vater Friedrich Wilhelm I., unter dem nicht ein Athen, sondern ein «Sparta des Nordens» entstanden sei. Die großen Malerfürsten Münchens, unter ihnen Franz von Stuck, faselten von einem «Athen an der Isar». In Platons letztem Werk, den *Nomoi*, spielt das Gespräch zwischen einem Kreter, einem Spartaner und einem Athener und es ist keine Frage, dass dieser der Gesprächsführer bleibt und den anderen das Rezept der wahren Stadt vorschreibt – Verdorbenheit hin oder her.

So! Und jetzt wird die ganze Geschichte noch ins Unermessliche getoppt. Dem von Platon wegen seines über Jahrtausende hinweg gültigen kulturellen Kanons so verehrte Ägypten ging ein Ur-Athen voraus. Mit anderen Worten: Die Kultur begann mit und in Athen! Zur Zeit Platons war das Riesenreich längst unter Druck geraten und reagierte darauf, indem es sich einmauerte. Seit der Zeit der Ramessiden (um 1100, Griechenland verpuppte sich gerade in den dunklen Jahrhunderten, um als eigenständige Kultur einige hundert Jahre später aufzustehen), dann vor allem der Ptolemäer (ab 300 in der hellenistischen Zeit) wurden Tempel am laufenden Band produziert. Sie waren über und über mit den zu dieser Zeit nur mehr von gelehrten Priestern zu entschlüsselnden Hieroglyphen vollgekritzelt und reich bemalt. Es wurde streng darauf geachtet, an die verklärten goldenen Zeiten des frühen Ägypten anzuknüpfen. Platon lernte ein rückwärtsgewandtes, auf Identitätssicherung ausgerichtetes, sich fleißig repetierendes Ägypten kennen. Er pries den Zwang zur rituellen Wiederholung des Alten als vorbildlich gegenüber den modernen Tendenzen, wo Dichter und Komponisten sich um Originalität und Virtuosentum bemühen. So antwortet etwa «der Athener» in den *Nomoi* auf die Frage des *Kleinias: Wie ist denn das in Ägypten gesetzlich geregelt?*

> Das zu hören erregt Bewunderung. Schon längst ist bei ihnen – so scheint es – der Grundsatz erkannt worden, den wir jetzt fordern: [...] Weder Malern noch anderen Künstlern war es gestattet, entgegen den festgesetzten und in den Tempeln öffentlich bekannt gemachten Mustern Neues einzuführen oder sich etwas anderes auszudenken als das von den Vätern Überlieferte. Wenn du genau hinsiehst, wirst du erkennen, dass die vor zehntausend Jahren gemalten oder geformten Kunstwerke genau gleich gearbeitet sind wie die gegenwärtigen.
> Das ist wunderbar, was du da sagst!
> Nein, nein, sondern nur das Zeichen einer überragenden Gesetzgebung und Staatsverfassung! (Nomoi 656d-657a)

Kunst nicht als Wettstreit um Kreativität und Innovation von Künstlerindividuen, sondern als strenge Wiederholung von durch Religion und Staat autorisierte Muster – so stellte Platon sich das vor und das meinte er in Ägypten zu finden. Diese Verehrung für Ägypten klingt vor allem – wie wir gesehen haben – im *Timaios* durch. Ernst Bloch nannte ihn einmal den ägyptischsten aller Dialoge. Kritias stattet Sokrates jetzt mit Hilfe der alten Geschichte von Sais (für deren Authentizität immerhin der Name Solon steht!) mit dem Wissen aus, dass es gerade umgekehrt war, dass die Ägypter Abkömmlinge der Athener seien und dass es ein sagenhaftes Ur-Athen gegeben habe am Anfang der Zivilisation. Ein Ur-Athen, das aus der Verbindung des Feuers des Eros mit dem Schatz der unendlichen Möglichkeiten der Erde entstanden ist. Und als ob das nicht schon genug wäre, legt Kritias noch drauf:

> Dem Kriege und der Weisheit zugleich zugeneigt, wählte die Göttin diejenige Stätte aus, die die ihr ähnlichsten Menschen hervorzubringen versprach, und besiedelte sie als erste. In ihr lebtet ihr also unter solch vollkommenen Gesetzen, in der Tugend vor allen Menschen ausgezeichnet, wie es sich von euch als Abkömmlige und Zöglinge von Göttern erwarten ließ. (Timaios 24d)

Die Athener als direkte Abkömmlinge der Götter! Das lässt natürlich auch die Konzeption der Wahrheitsschau in einem neuen Licht sehen. Die Götter diktieren die Gesetze und geben dem Menschen mit der *Dialektik* die Möglichkeit in die Hand, die Wahrheit zu erkennen. Platon darf vertrauensvoll darauf bauen, dass Athen trotz aller Verfallenheit über die innere Kraft verfügt, den richtigen Weg zu weisen – nicht nur der eigenen Stadt, sondern der ganzen Welt. Und war nicht auf dem Parthenon die Geburt Athenas aus dem Kopf des Zeus abgebildet. Die Geschichte stimmte also!

Tja, sollte der in Athen geborene Yannis Varoufakis, an den Sie sich sicher noch lebhaft erinnern, diese Geschichte kennen, wer könnte ihm seine eitle Selbstverliebtheit vor tausenden von Mikrophonen und TV-Kameras in der ganzen Welt da noch übel nehmen! Bedauerlicherweise halten die griechischen Götter ihre Geldbörsen aber eisern geschlossen und lassen lieber andere für das Debakel, das ihre Söhne und Töchter angerichtet haben, zahlen.

Kritias revanchiert sich mit dieser schönen Geschichte großzügig (vor allem: es kostete nichts!) für die Befreiung von der Verpflichtung, den idealen Staat in die Realität umzusetzen. Dieses Ur-Athen – schmeichelt er weiter – ähnle der Polisvision des Sokrates: *Es wunderte mich, wie du auf geheimnisvolle Weise meist genau mit dem übereinstimmtest, was auch Solon sagte.* (Timaios 25e) Kritias blickt den großen Meister schüchtern an, ob er denn damit zufrieden sei? Und er ist es! Seine Genugtuung ist mit Händen zu greifen, mit der er sich zurücklehnt und vorsichtshalber noch unterstreicht, dass es *irgendwie etwas sehr Wichtiges ist*, dass es sich bei der berichteten Geschichte nicht um eine *erdichtete Sage*, sondern um eine *wahre Erzählung* handle. (Timaios 26e) Er kann ruhig der Dinge harren, die da noch auf ihn zukommen sollten.

Die Mathematisierung des Kosmos

Mit dieser Auszeichnung im Rücken können wir nun die Beschreibungen der Kosmos-Ordnung angehen. Zu diesem Thema hat Kritias nichts mehr zu sagen – wie sollte er auch angesichts seines weit von philosophischen Einsichten entfernten Lebenslaufs. Überraschender allerdings ist: auch Sokrates ist kein Wortführer mehr, sondern es übernimmt der Pythagoreer Timaios das Wort. Also ein Spezialist für mathematische kosmische Harmonien. Wir tun uns schwer, ihn historisch festzumachen. Er stammte angeblich aus Locroi und soll dann in der pythagoreischen Gemeinschaft in Tarent gelebt haben. Dass Platon auf die alten Traditionen der Pythagoreer und Orphiker zurückgriff, haben wir schon mehrfach erlebt.

Timaios ruft die Götter und Göttinnen an und imaginiert ein ausdrucksstarkes Bild, das uns ein wenig beschäftigen muss. Ich führe Ihnen den Text vor. Zuerst der erste Teil, der das Weitere vorbereitet:

> Zuerst müssen wir folgendes unterscheiden: Was ist das Seiende, dem kein Werden zukommt, und was ist das Werdende, dem kein Bleiben zukommt? Das eine ist durch vernünftiges Denken gemäß dem Logos zu erfassen. Es ist immer sich selbst gleich. Das andere dagegen ist durch bloßes Meinen, das mit vernunftloser Sinneserfahrung verbunden ist, zu vermuten, es wird und vergeht, aber es ist nie wirklich seiend. (Timaios 28a)

Timaios führt eine planetarische Unterscheidung ein zwischen dem, was immer in Bewegung ist: den Sinnendingen, und dem, was immer in Ruhe ist und bleibt: den Ideen. Das ist die alte Trennung der beiden Welten, die Platons Werk durchzieht. Man hat fast den Eindruck als hätte Platon jetzt einen

Hang zur Generalinventur entwickelt. Timaios präsentiert hier das Schema, in dem die *Politeia* spielte und wo namentlich im Sonnengleichnis die Unzulänglichkeit der statischen Trennung dieser beiden Welten sichtbar wurde und durch das Gute als letzte Möglichkeitsbedingung korrigiert werden sollte. Das Gute ist jedoch, um überhaupt vermitteln zu können (im Staat sind diese Vermittler die Wächter und mit der Erinnerung an sie hat der *Timaios* begonnen!), dynamisch, also keine Idee im klassischen Sinn. Und vom Wesen dieser Bewegung, dieses Eros, handelten eine Reihe weiterer Dialoge. Wir wissen inzwischen (seit der Diotimarede im *Symposion* und dem Gleichnis der *Götterfahrt* im *Phaidros*), dass der Eros auf eine strenge Funktion eingeschränkt ist. Aber es war noch nicht klar, wie man ihn im Gesamtgefüge einzuordnen hat. Man könnte auch sagen: wie er in die Rolle der Wächter schlüpfen könnte. Das zeigt uns jetzt der Pythagoreer Timaios.

Wieder haben wir eine heikle Stelle vor uns, eine Stelle, die einen großen Zusammenhang zu einer kompakten Aussage komprimiert. Daher greift Platon wieder zum Mythos. Er führt das Bild eines *Demiurgen* ein. Was ist das? Schwer zu übersetzen! Viele behelfen sich mit dem Ausdruck *Weltbaumeister*. Das darf aber nicht zu einem missverständlichen Vergleich mit dem christlichen Schöpfergott führen! Dieser schafft eine Welt aus dem Nichts, während der Demiurg eine bereits vorgegebene Welt neu ordnet. Der Demiurg steht *zwischen* der starren Welt der Idee auf der einen und der schlechten Welt der Sinnendinge auf der anderen Seite. Er bedeutet ein *Dazwischen*. In der richtigen Terminologie ist er daher ein *Dämon* – und weil ein Dazwischen immer dynamisch ist – ist er auch *Eros*. Es gilt folgende Gleichung: Demiurg = Dämon = Eros. Am besten ist, wenn wir den Ausdruck Demiurg überhaupt vermeiden und ihn durch Prozess ersetzen.

Wessen Form und Vermögen der Prozess (Demiurg) vollendet, indem er das sich stets Gleiche schaut und dieses als Vorbild nimmt, das muss

> notwendig alles schön vollendet werden. Wenn er jedoch auf das
> Gewordene schaut und ein solches als Vorbild benützt,
> dann wird es nicht schön vollendet.
> (Timaios 28b, ähnlich 29a)

Bei dieser Stelle müssen wir ein wenig verweilen. Nochmals: Platon führt keinen neuen Gott ein (obwohl er auch den Ausdruck θεός/*theos* verwendet), natürlich nicht, das wäre nach all dem, was wir bisher gehört haben, ganz grotesk. Er spricht schlicht vom Prozess, der unsere reale Welt umbaut und im letzten Anspruch auf göttliche Würde hat. Konrad Gaiser spricht im Zusammenhang mit dem Demiurgen von der *formgebenden Kraft der Ideenwelt*. Das trifft die Sache ziemlich gut.

Also nochmals und besser: Platon beschreibt einen Prozess (den Eros), der jetzt als ein Weltumbauprozess programmiert ist. Denn dieser Prozess läuft nicht blind ab, sondern es ist ihm vorgegeben, «was er zu tun hat». Er hat ein Muster, moderner gesprochen: ein Programm in sich. Dies bedeutet die Formel, dass der Demiurg *auf etwas schaut und dieses als Vorbild nimmt*. Der Prozess schaut auf das, was ewig ist. Wir erinnern uns an die Beschreibung im *Phaidros*: *Und so auch von dem anderen schaut die Seele das wahrhafte Seiende*, hieß es dort, als die Seele der Götter den überhimmlischen Ort schaute in dem Moment, in dem sie herumgerissen wurde. Auch dort «durfte» der Prozess nur mehr das eine: den göttlichen (und in der Verlängerung auch menschlichen) Seelen zur Schau der Wahrheit und zu ihrer Selbstversicherung verhelfen. Die Steuerung durch Zeus bedeutet die Steuerung durch die Vernunft. Die Geschichte der orphischen Mythen, in denen Zeus den chthonischen zerreißenden Eros verschlang, ist nun neu erzählt. Die göttlich/kosmische Vernunft gibt dem Prozess ein Muster und macht ihn zu einem heilenden.

Im *Philebos* stellt Sokrates dem Protarchos die rhetorische Frage, die den Aussagen im *Timaios* ganz und gar entspricht:

> Ob wir wohl, mein lieber Protarchos, sagen wollen, über allem walte
> die Gewalt des Vernunftlosen und Zufälligen oder – im Gegenteil –
> dass, wie unsere Vorfahren gesagt haben, die Vernunft und wundervolle
> Einsicht alles ordne und lenke? (Philebos 28d)

Was sich im Werk Platons auch verdichtet, ist ein kulturgeschichtlicher Paradigmenwechsel, der sich über Jahrhunderte in den alten Kulturen vollzog. Es ist der Weg von den erdgebundenen Kulten hin zu den himmlischen. Augenfällig war das beim Bau der Pyramiden in Ägypten. Der Pyramidenbau begann in der dritten Dynastie (um 2600 v. Chr.). König Djoser beauftragte seinen Architekten Imhotep mit dem Bau einer Pyramide und dieser stapelte sechs Grabhügel (ägyptisch: *Mastaba*) übereinander. Es entstand die (vermutlich vom Tempelberg in Mesopotamien angeregte) Stufenpyramide von Sakkara, die heute noch eine beeindruckende Würde ausstrahlt. Der Grabhügel selbst verweist auf die Kraft der Erde, während die Pyramide nach oben, in den himmlischen und solaren Bereich strebte und zwei Generationen später, bei den Pyramiden von Giza, in eine reine geometrische Form überging. Das Solare, das Himmlische, das Geistige und Mathematische trugen den Sieg über das Erdverbundene davon. Auch in Griechenland waren die Götter ursprünglich Mächte der Natur und wurden dann bei Homer durch die himmlischen Olympier abgelöst. In der *Politeia* hatte uns Platon noch die Lüge auftischen wollen, dass die Menschen die wahren Zusammenhänge in der Erde erfahren haben sollen, jetzt schauen wir die Wahrheit in himmlischen und sogar überhimmlischen Gefilden.

Alle diese Entwicklungen stecken in dem von Platon in seiner Spätphilosophie entwickelten Prozess. Er ist also – wenn wir das in unseren modernen geschwollenen Vokabeln ausdrücken wollen – theoriegeleitet. Seine Aufgabe ist es, die Welt *umzugestalten* (so heißt es in der von Hieronymus Müller bearbeiteten Schleiermacher-Übersetzung) oder, um dem griechischen ἀπεργάζεται (*apergazetai*) gerechter zu werden, die Welt zu *vollenden*.

Was heißt das? Wie vollendet sich die Welt? Wir wissen, dass sich Platon stets gewunden hat, auf die Frage nach der letzten Vollkommenheit des Guten, eine Antwort zu geben. Die (transzendentale) Ausstattung des Guten ließ eine begriffliche Bestimmung nicht zu. Jetzt aber muss er doch herausrücken mit irgendetwas, denn jetzt wollen wir zumindest wissen, wie diese vollkommene Welt aussieht, zu der der Prozess führt. Es kann nicht eine Antwort auf die Frage nach dem *Wesen* des Guten sein (eine solche Antwort gibt es nicht), sondern eine Antwort auf die Frage nach der *Erscheinungsweise* des Guten (in der *Politeia* war die Rede vom *Sohn des Guten*). Wenn wir das aufnehmen, dann ist die neue Welt, wie sie nach diesem Vollendungsvorgang vorliegt, die *Erscheinung* des Guten selbst. In der vollendeten Welt manifestiert sich diese an sich selbst unzugängliche Wahrheit: *wenn er sich dieses als Vorbild nimmt, dann muss notwendig alles schön vollendet werden*.

Direkt angesprochen wird das im Dialog *Philebos*, neben dem *Symposion* und dem *Phaidros* der dritte ausgesprochene Erosdialog. Vordergründig handelt es sich um ein Geplänkel über die Lust. Aber die Frage setzt ganz analog zu den anderen Dialogen viel zentraler an und ist der im *Timaios* ähnlich: Wie lässt sich das Gute im Sinnlichen darstellen? Für Sokrates ist es purer Schwachsinn, wenn er nun konfrontiert ist mit der Behauptung, das Gute zeige sich in der Lust. Das Gute – und das ist die Botschaft des *Philebos* – zeigt sich im Schönen (*es entflieht ins Schöne*)! (Philebos 64e)

Wenn Sie sich fragen, wo da der große Unterschied sei, dann hängt alles am Begriffsinhalt des Schönen. So wie das Gute keine moralische Kategorie ist, hat auch das Schöne hier keine ästhetische Bedeutung in unserem geläufigen Sinn, sondern eine ontologische. Schön ist die in mathematischer Sprache ausgedrückte Harmonie und Symmetrie (des göttlichen Kosmos), eine Bedeutung, die die Pythagoreer mit ihren Berechnungen musikalischer Intervalle initiiert haben und die noch Werner Heisenberg aufgegriffen hat. Plutarch hat aus der Ungeschriebenen Lehre Platons den Satz überliefert: Ἀεὶ ὁ θεὸς γεωμετρεῖ (aei *ho theos geometrei/Gott betreibt ständig Geometrie*). Es ist die Rede von einem dynamischen Gott, der ständig ein Maß (μέτρον/*metron*) in die Erde (Γαῖα/*gaia*) bringt. Wir erinnern uns an den Spruch über dem Tor der Akademie. Keiner dürfe eintreten, der sich nicht in der Geometrie auskennt. Der demiurgische göttliche Prozess ist ein mathematischer:

> Vorher sei alles ohne Verhältnis und Maß gewesen. Als der Ordnungsvorgang begann, hätten Feuer, Wasser, Erde und Luft zwar bereits Spuren von sich selbst besessen, sich aber noch in einem Zustand der Abwesenheit Gottes befunden. Diese gestaltete Gott durch Formen und Zahlen. (Timaios 53b)

Der Prozess erzeugt aus einer ungeordneten, chaotischen Welt eine solche der Zahl (bzw. der Schönheit). Befreien wir das nochmals vom mythischen Ballast, dann haben wir hier zum einen eine faszinierende Umgestaltung einer alten Tradition vor uns. Es ist jene des altorientalischen Sonnengottes, der stets ein Ordnungs-Stifter und Kämpfer gegen das Chaos war, der auch die Gesetze für den Staat erlassen hat. Auf einer Diorit-Stele wurde um 1750 v. Chr. der große babylonische König und Gesetzeslehrer Hammurapi dargestellt, wie er vom Sonnengott für die Verkündigung der Gesetze legitimiert wird – nichts anderes als eine Mosesgeschichte! Platon modernisiert dieses alte Erbe in eine nachhaltige Botschaft: Es gibt eine planetarische, vernunftgeleitete (Selbst)Bewegung, die in zyklischen Durchgängen in dieser unharmonischen, unsymmetrischen, aus dem Takt gefallenen Welt Harmonie, Symmetrie, Takt und Rhythmus erzeugt. Die Vernunft hat die Leidenschaften abgelöst und dadurch den Prozess in die zyklische und getaktete Form gezwungen. Mit diesem genialen Ansatz, der Prozess (damit Seele), Vernunft und Mathematisierung verbindet, ist der Bruch zwischen der Wahrheit und dem nur Scheinbaren und Vorläufigen überwunden. Die Welt ist ständig auf dem Weg zur Vervollkommnung. Dann ist der Kosmos wieder eine Einheit und er ist durch diese Selbstbewegung (wie im *Phaidon* die Seele) unsterblich und ewig! Das ist die Ur-figur jeder Historisierung der Geschichte auf einen vollendeten Abschluss hin, wie sie jeder politischen Utopie zugrunde liegt. Und es ist aller vordergründigen Modernisierung zum Trotz letztlich eine epochale Absage an die Moderne und das Plädoyer für eine Rückkehr zur Einheit eines göttlich gedachten Kosmos.

Aus seiner Sicht, also aus der Sicht eines Konservativen, war die Verbindung der real erlebten sinnlichen Welt mit der Welt der Ideen, also das Profane und das Göttliche, zerbrochen, dadurch das Göttliche verloren und die Polis in Gefahr. Die Sophisten begriffen dieses Problem gar nicht, sie dokterten an einer zerbrochenen Welt herum, um die schlimmsten Auswüchse zu bekämpfen. Aber es müsse darum gehen, die Ursache, den Bruch selbst, zu sanieren. Fassen wir es mit den möglichen Sprechblasen eines imaginären links-utopischen Kapitalismuskritikers, der gerade bei einem Protestmarsch gegen den G7-Gipfel seine Schilder hochhält. Für ihn ist so ein Gipfeltreffen falsch und krumm, weil es eine verkehrte kapitalistische (und dann kommt noch die stets falsch gebrauchte Parole von der «neoliberalen») Welt verwaltet. Die gesamte Gesellschaftsordnung müsse aber – so träumt er – verändert werden, damit am Ende eine vollkommen Welt vor uns steht.

Das alles ist aus der Sicht Platons und seiner geistigen Nachfolger gesprochen. Der Sophist hielte hier entgegen, dass Platon dies nur fordern könne, weil er den durch nichts zu rechtfertigenden Anspruch erhebt, wenn schon nicht im Besitz der Wahrheit zu sein, dann zumindest den privilegierten Zugang zu ihr zu besitzen. Genau das aber sei die Vorgabe, die man im Namen einer liberalen und offenen Gesellschaftsordnung zu bekämpfen habe. Es bleibe einem also (leider) nur das eine, nämlich das, was wir den Teilnehmern des G7-Gipfels einmal freundlicherweise unterstellen wollen: diese zerrissene Welt täglich mit viel Diplomatie und noch mehr Kompromissen ein Stückchen friedlicher und besser zu machen, auch wenn das – wir wissen es zu gut – ein mühsames und frustrierendes Geschäft ist, das an egoistischen Interessen immer wieder scheitert. Die Zeilen, die Platon seinem Höhlengleichnis folgen ließ und die ich an der entsprechenden Stelle zitiert habe, haben ihre Gültigkeit nicht verloren.

Mit Platon verbindet die beiden Welten eine vermittelnde Zwischengröße – er nannte sie Dämon (hier: Demiurg) –, und dies ist ein zyklischer, anonymer Prozess – er nannte ihn Eros –, der nicht durch unsere Kraft (wohl aber mit unserer Unterstützung und vor allem: wir könnten ihn zwar nicht stoppen, aber behindern), sondern automatisch (als Geschick) die Welt verändert. Das «Bewusstsein» dieses anonymen Prozesses darüber, was er tun soll, ist die Leitung der Vernunft.

> Indem nämlich Gott wollte, dass alles gut und nichts schlecht sei, so nahm er alles, was sichtbar und in ungehöriger und ordnungsloser Bewegung war, und führte es aus der Unordnung zur Ordnung, da ihm dieser Zustand in jeder Beziehung besser schien als jener. Aber dem Besten war und ist es nicht gestattet, etwas anderes als das Schönste zu tun [...] Von dieser Überlegung geführt, gestaltete er das Weltall, indem er die Vernunft in der Seele, die Seele aber im Körper schuf, um das schönste und beste Werk zu vollenden. (Timaios 30a,b)

Schauen wir nach, welche Wörter im Griechischen für *ungehörig* und *ordnungslos* stehen: πλημμελῶς (*plenmelos*) und ἀτάκτως (*ataktos*). Das All spielt eine falsche Melodie und ist aus dem Takt geraten. Wie für den Kosmos gilt das auch für den Staat. (Nomoi, 689b) Die Zeit selbst, dieses Phänomen unserer realen, geschichtlich erlebten Welt, wird als bewegliches Abbild des Ewigen elegant eliminiert:

> Die Natur des Alls war ewig, und diese Ewigkeit auch dem Geschaffenen vollkommen zu verleihen, war unmöglich. Daher sann Gott darüber nach, ein bewegliches Abbild der Ewigkeit zu gestalten, und machte, den Himmel ordnend, von der Ewigkeit ein zahlenhaftes ewiges Abbild, dem wir den Namen Zeit gegeben haben. (Timaios 37d)

Alles, was mit dem sophistischen, destruktiven *panta rhei* zu tun hat, wird hier auf die Seite geräumt. Selbst Zeit und Geschichte (die Konservative nicht mögen, weil sie die ewige Wahrheit immer unterminiert) sind nur mehr ein Abbild der Ewigkeit. Die göttliche Legitimation, mit der das alles verkündet wird, ist diesmal durch die einleitende Geschichte der Griechen als Göttersprossen gesichert! Die Götter haben den Menschen die Möglichkeit der Wahrheitsschau geschenkt. Und zwar jetzt allen Menschen und nicht nur einer Clique von Erziehern! *Denn die Philosophie ist das größte Gut, das je als Geschenk der Götter zu den Sterblichen kam.* (Timaios 47a,b) Im *Philebos* nennt Sokrates ausdrücklich die Dialektik *das glanzvolle Feuer*, das als *Gabe der Götter* den Menschen geschenkt worden sei, um die Wahrheit zu schauen. (Philebos 16c)

Es ist literarisch gelungen, dass hier nicht mehr Sokrates, der «Erfinder» der Ideen und der Philosophenherrscher, sondern der Pythagoreer Timaios am Wort ist, also ein Vertreter jener Schule, die die Harmonien der kosmischen Sphärenklänge der Welt als Vermächtnis hinterlassen hat, und dass er das abgebrochene Gespräch der *Politeia*, wo wir bei der Kategorialisierung der Idee des Guten stehen geblieben waren, weiterführt. Bei den Ideen war neben ihrer Vielheit auch ihre Erkennbarkeit ein Problem. Deshalb erwähnte Sokrates im Höhlengleichnis die Gewalt gegen jene, die sich gegen ihre Aufklärer sträubten. Jetzt ist das kollektive vernünftige Einsehen an die Stelle bloßer Gewalt getreten. Dies ist möglich, weil wir – wie wir aus dem *Phaidros* wissen – an der göttlichen Weltseele Anteil haben. Wenn Mensch und Gott eine gemeinsame Seele besitzen, ist es schlechterdings unmöglich, sich der zwingenden

Vernünftigkeit der Einsicht zu widersetzen. Andernfalls leidet man an einer Krankheit – und da kommt unsere *amathia* (das «Un-Mathematischsein») wieder ins Spiel, die uns bereits im *Protagoras* begegnete. Sie ist die *größte Krankheit*. (Timaios 88b und Nomoi 689b) Es ist noch nicht lange her, dass die Diktatoren unserer Zeit die Menschen, die sich einer solch vermeintlich wissenschaftlichen Ideologie nicht unterwerfen wollten, in die Psychiatrie einwiesen. Therapie: Gehirnwäsche. Inzwischen tut man sich diese Mühe nicht mehr an, es geht einfacher. Für abenteuerliche erfundene Verbrechen (praktisch ist in heutigen Zeiten natürlich der Tatbestand Terrorismus) werden sie von der Marionettengerichtsbarkeit verurteilt und in ein ordinäres Gefängnis gesperrt.

Vor dem Hintergrund der universellen Mathematisierung der gesamten Natur sind die über viele Seiten ausschweifend geschilderten mathematischen Beschreibungen des Kosmos einzuordnen. Sei es die Zusammensetzung der Welt aus geometrischen Urkörpern, die den Elementen Feuer (Tetraeder), Erde (Würfel), Luft (Oktaeder) und Wasser (Ikosaeder) entsprechen, seien es die komplexen Ableitungen, die vor allem aus Platons Ungeschriebener Lehre bekannt geworden sind. Sie reichen von dem obersten Prinzip bis hin zur Sinnenwelt. Die Zahlenspekulationen haben ontologische Bedeutung. Die ungeordnete Welt wird geordnet durch ihre Mathematisierung.

Ich rede hier lange von der politischen Dimension. Um diese ging es Platon vor allem und sie ist es, die sein Spätwerk so legitimationsbedürftig macht. Aber natürlich gibt es ein näherliegendes Erbe, das am Timaios anknüpft. Es ist jene Botschaft, die im Abendland Wissenschaft und Technik ausgelöst hat. Es war Platon und nicht Aristoteles (wie stets von der Aristoteles-Lobby kolportiert wird), der den Impuls der Vermessung der Welt lieferte. Besonders die Renaissance wertete den *Timaios* als ganz wichtiges Werk (in Raffaels Darstellung der *Schule von Athen* im Vatikan trägt Platon den

Timaios unter dem Arm). Die beginnenden Wissenschaften, darunter prominent die Astronomie, standen ganz im Zeichen der Mathematisierung der Welt. *Das Buch der Natur ist in Zahlen geschrieben*, sagte Johannes Kepler und Galileo Galilei forderte dazu auf, *alles, was messbar ist, zu messen und was nicht messbar ist, messbar zu machen*!

Phantasievolle Fibonacci-Statue im Campo Santo von Pisa, 1863.

In den platonischen Akademien der Renaissance vermaß man den menschlichen Körper (auch dafür gab es in den Schriften des Bildhauers Polyklet ein griechisches Vorbild), um die idealen Proportionen herauszufinden (werfen Sie einen Blick auf die italienische 2-Euro-Münze mit dem «Vitruvianischen Menschen» von Leonardo da Vinci). Die Berechnung der Zentralperspektive war weniger ein künstlerischer Akt als vielmehr eine knochentrockene Rechenaufgabe. Die Vermessung der Welt setzte Aufklärung voraus und sie reichte bis ins späte Mittelalter zurück und es wirkte dabei eine Sparte mit, der man das nicht so ohne weiteres zutrauen würde: die Buchhaltungs-Abteilung. Um 1200 hatte sich Leonardo da Pisa alias Fibonacci auf den Weg in arabische Länder gemacht, um – ganz profan – mathematische Techniken für eine effizientere Buchhaltung kennen zu lernen, um dem Wirtschaftsboom, der sich nach den langen Jahrhunderten städtischer Stagnation endlich wieder abzeichnete, rechnerisch Herr zu werden. Was er fand, war die indisch-arabische Algebra, die er in einem Buch beschrieb (darunter auch die Zahlenverhältnisse, die den Goldenen Schnitt ausmachen) und sich damit *nolens volens* in den uferlosen Streit einschrieb, den schon zweihundert Jahre vorher Gerbert von Aurillac (der spätere Papst Silvester II.) mit der versuchten Einführung der Null (arab. *sifr*/*Leere*, *Nichts*), diesem «teuflischen Zeichen der Araber», wie man damals sagte, ausgelöst hatte. Fibonacci wurde darüber zum ersten großen Mathematiker des neueren Europa und Leute wie er legten mit platonischem Hintergrund die Basis für die moderne Wissenschaft und Technik. Dazu konnte es erst kommen mit dem Humanismus (also einer sophistischen Position) der Renaissance im Hintergrund.

Das Mathematische bei Platon war als das Schöne eine ontologische Kategorie. Es stand für das Göttliche selbst, das sozusagen in der Endausbaustufe auch das Menschliche mit umfasste.

Die Gottwerdung des Menschen ...

Die vorliegende Konzeption hat ohne Zweifel einen großen Reiz. Die menschliche Seele muss in den Takt und in den Klang der göttlichen Ordnung gebracht werden (im Sinne der alten Pythagoreer)! Sie verfügt über utopische Potenziale, denen sich viele Menschen bis zur Gegenwart nicht entziehen konnten. Bis heute liegen die Strategien, mit denen so etwas gelingen kann, in der individuellen (religiösen) mystischen Erfahrung (so ähnlich wie es Platon im *Phaidon* verfolgt), in den utopischen Gehalten der Politik (so ähnlich wie es Platon in der *Politeia* und noch treffender in den *Nomoi* formuliert) und in den unausgedrückten Zielen der Wissenschaft (so ähnlich wie es Platon im *Timaios* beschreibt).

Die aus dieser Sicht falsche kurzsichtige Gebrauchslogik der Sophisten genauso wie die Körperbezogenheit des vulgären Eros, von dem die frühen orphischen Erzählungen berichten, die aus dem Orient gespeist wurden, sind nach Platon die wahren Störungen der runden Seinskonzeption. Zuerst verdrängte Platon diese Störungen kurzerhand, indem er in seiner Ideenlehre jeden Prozess beseitigte. Weil damit aber auch die Vermittlungskraft verloren ging und der Kosmos zerbrach und damit die Aussicht auf Heilung der Welt verspielt war, wurde Eros umgepolt: von einem zerreißenden zu einem Prozess der Vervollkommnung. Unheimlich an diesem Prozess ist seine Automatik, die einen mitreißt und der man sich nicht mehr zu entziehen vermag. Dazu finden sich in den *Nomoi* Äußerungen, die unter die Haut gehen.

Es ist vermutlich das letzte Werk Platons. *Nomoi* heißt Gesetze – es handelt sich um einen (neben der *Politeia* und dem *Politikos*) weiteren Staatsdialog. Platon nimmt darin auch Motive der *Politeia* auf. Ein Athener (wieder ist nicht Sokrates der Gesprächsführer!) hat gegenüber einem Kreter (Verweis auf die sagenhafte vorgriechische minoische Kultur) und einem Spartaner (Verweis auf die diszipliniertste und konservativste Polis) das Wort. Die detaillierte Kasuistik (eines totalitären Staates) der *Politeia* bleibt zwar, aber sie wird ergänzt durch den Hinweis auf den größeren Rahmen, in dem sich eine Staatsordnung entfaltet. Dazu gehört die große Alternative, die «der Athener» dem sophistischen Zeitgeist entgegenschleudert. Nicht der Mensch sei das Maß aller Dinge – der berühmte Satz des Protagoras –, sondern dies komme nur Gott zu. (Nomoi 716c)

Eine solche göttliche Dimension kam dem Guten zu. Es hatte als unbedingte Möglichkeitsbedingung, die sich jedem Zugriff entzog, die Aufgabe der Vermittlung, verweist also auf Eros. Wie dieser Eros letztlich zu verstehen ist, nämlich als aus sich selbst laufender Weltumbauprozess, zeigte die Demiurgen-Metapher im *Timaios*. Platon formulierte einen anonymen Prozess, der sowohl individuelle Anstrengung als auch staatliche Gewalt überflüssig machte. Es genüge völlig, sich diesem Prozess anzuvertrauen. Was diese von Platon beschriebene Geschichte so spannend macht, ist, dass sie scheinbar zeitlos eine Struktur verschiedener Paradigmen beschreibt. Es ist einmal die Struktur der Anagogie und Mystik. Anagogie spielt eine große Rolle in Kunst und Architektur. Sowohl die Ikone als auch der lichtdurchflutete Kirchenraum einer Zentralbaukirche wie jener der Hagia Sophia im heutigen Istanbul haben die Funktion, die Seele der Betrachter gleichsam aus der körperlichen Hülle loszureißen und zur Schau des Göttlichen zu führen. Das geschieht – wenn es gelingt – automatisch (in religiöser Terminologie spricht man von Gnade und dieser kann man sich nicht verweigern, wenn sie einen ereilt). In letzter Konsequenz führt eine mystische Erfahrung zu einer Vernetzung von menschlicher und göttlicher Sphäre. Es ist wahrlich die Umsetzung der *Eudaimonia*, wörtlich: des *guten* (*eu*) *Dazwischen* (*daimon*) zwischen Mensch und Gott.

Eine solche Struktur kann man, wie wir sahen, aber auch ganz anders buchstabieren, nämlich im wissenschaftlich-technischen Prozess. Die gegenwärtige dynamische Globalisierung funktioniert nach einer Systemvernunft, die in groben Zügen *vorgibt* – wie sich Politiker (ebenso wie Manager von Unternehmen und Banken) gerne ausdrücken – *was zu tun ist*. Auch hier gilt, dass in der Eudaimonia, im gelungenen Dazwischen, sich bewegt, wer dieser Systemvernunft folgt. In der modernen Welt ist die Vernetzung geradezu das treffendste Charakteristikum. Es gibt kaum mehr individuelle Akteure, sondern es geht um Teilhabe und um *Access*, um Zugänge zu einer vernetzten Welt und es geht auch um eine Kultur ständiger Sichtbarkeit in der virtuellen Präsenz.

Für eine solche Situation stellt sich die Frage nach dem Sinn eines alten und ehrwürdigen Begriffs aus dem Vokabular des Humanismus und der Aufklärung neu: Freiheit! Eigentlich gilt das auch im Fall der mystischen Erfahrung, aber dort wurde der Begriff kaum je befragt weil in einem religiösen Kontext eine Verschmelzung mit Gott (Platon spricht von *Verähnlichung*, die Neuplatoniker sprechen von *Einswerdung*) den Inbegriff menschlicher Glückseligkeit bedeutet und die

Freiheitsfrage obsolet scheint. Anders ist die Sache naturgemäß im politischen Kontext und bei der Betrachtung des wissenschaftlich-technischen Prozesses, einschließlich des gläsern gewordenen Menschen in der digitalen Welt. Da ist diese Frage umso virulenter und an dieser Stelle ist die Legitimitätsfrage an das Œuvre Platons nun doch ungleich aktueller und drängender als bei den relativ mühelos zu destruierenden totalitären Anmaßungen der *Politeia*.

Platon weicht dieser Frage keineswegs aus, vielmehr geht er sie offensiv an. Das Verhältnis von Einzelnem und Prozess ist eines der Themen, mit denen er sich in den *Nomoi* intensiv auseinandersetzt. Das Bild, das hier erscheint, mag aus seiner Sicht ja beglückend sein, aus unserer Sicht (und auch aus der Sicht von Platons aufgeklärten Zeitgenossen) ist es eher erschreckend. Zunächst vergleicht er den Menschen mit einer Marionette – an den Fäden der Götter, treffender gesagt: des Systemprozesses. Platon lässt den anonymen Athener in den *Nomoi* dozieren:

> Denken wir uns jedes lebende Wesen als eine Marionette der Götter, mag sie nun bloß Spielzeug für diese sein oder für einen ernsten Zweck stehen; das wissen wir nicht […] das aber begreifen wir, dass die erwähnten Gefühle, die gleichsam Sehnen oder Schnüre darstellen, an uns ziehen, und […] uns zu entgegengesetzten Handlungen hinreißen […]
> Aber einem einzigen dieser Züge müssen wir folgen – darum geht es mir in meiner Rede – und gegen alle anderen Sehnen anstreben: das ist die goldene und heilige Leitung der Vernunft, die man das gemeinsame Gesetz des Staates nennt. (Nomoi 644d-645a)

Nicht den Fäden des Emotionalen und Körperlichen dürfen wir folgen, sondern der goldenen und heiligen Leitung der Vernunft! Nicht Phanes, sondern Zeus! Nicht Dionysos, sondern Apoll! Dieses Marionettenbeispiel ist neben den vielen Bildern, die die zyklische Bewegung betreffen, äußerst eindrucksvoll. Ob Platon hier eine Stelle in der *Ilias* vor Augen hatte, kann man nicht wissen. Im 8. Gesang demonstriert Zeus selbstbewusst seine Macht, indem er den KollegInnen im Olymp erklärt, dass sie sich alle an ein goldenes Seil hängen könnten und es trotzdem nicht schafften, ihn vom Himmel auf die Erde zu ziehen, vielmehr zöge er alle einschließlich Erde und Meer in den Himmel: *Soviel mächtiger bin ich als alle Götter und Menschen*! Toll! Hat Homer das eigentliche Geheimnis der Olympier (die er selbst einführte) gelüftet: die Aufhebung des Chthonischen ins Solare? Platon hat das jedenfalls entschieden in diese Richtung weiter entwickelt.

Er drückte darin einmal die Mathematisierung des Kosmos aus. Das wird klar, wenn wir *Mathematik* breiter fassen: als *Relation* oder *Vernetzung*. Mathematisierung bedeutet dann eine Struktur, die Mensch, Göttliches und Kosmos harmonisch vernetzt. Das Zauberwort dazu war *Dämon*, das *Dazwischen*. Wir alle sind Teil der gesamten kosmischen Vernetzung was einer Vernetzung mit dem Göttlichen gleichkommt. Es wäre dann ganz unsinnig, noch Trennungen durchzuführen, in dem man etwa Gott und Mensch einen jeweils zugehörigen Ort zuweist. Das wäre genauso falsch wie wenn man einen Mönch im Augenblick seiner mystischen Gottesbegegnung noch individuell identifizieren wollte. Er ist in diesem Zustand mit dem Gott verschmolzen, also selbst schon ein Stück weit göttlich – und in diesem Glück sollte man ihn nicht stören. Auch in der modernen Welt kann man nicht mehr einzelne Teile eines vernetzten Systems (die dabei agierenden Menschen inklusive) isolieren – wir haben es mit Strukturen und Netzen zu tun. Platon hat hier (ausgerechnet!) aus der Motivation einer Eliminierung einer aufgeklärten Moderne ein extrem aktuelles Paradigma vorgelegt.

Dieser beschriebene dynamische Vorgang (Eros als Dämon/Dazwischen) aber ist ein unentwegtes Kreisen, das diese enge Verbindung im Sein hält, sozusagen statisch macht. Wie schon im *Phaidros* und im *Timaios* wird auch in den *Nomoi* die Seele mit der Selbstbewegung gleichgesetzt. *Haben wir eine andere Definition für Seele als «die Bewegung, die sich selbst bewegt?»* (Nomoi 895e) Man könnte es, scheinbar paradox, so ausdrücken: Der (heilende und vermittelnde) Prozess/Eros der zyklischen

Götterfahrt dient dazu, sich selbst als (zerreißender) Prozess/ Eros des Alkibiades zu verabschieden. Also: Stabilität (Zeus) statt ungeregelter Prozess (Eros, Typhon). Prozess wird zum Systemerhalter und erst wenn dieser Prozess Gefahr läuft, stecken zu bleiben, wenn Sand ins Getriebe kommt, beginnen die Probleme, denn dann zerbricht diese harmonische Verschmelzung wieder. Unvernunft ist *eine Krankheit der Seele*, (Timaios 86b) sagt er im *Timaios* und mit der Krankheit der Unvernunft begann Platon sein Werk (Sie erinnern sich an den jungen Charmides). Mit der Krankheit spielte er im *Theaitetos* und in der *Politeia*. Und auch die Götter konnten ihre seelische Havarie erst in der von Zeus (dem Stabilisator) geleiteten kreisförmigen Seelenfahrt bereinigen. Daher folgt die geheilte Seele der goldenen und heiligen Leitung der Vernunft.

Die Faszination dieser Überlegung hat an erster Stelle eine ganze Tradition tiefer Spiritualität ausgelöst, auch im Christentum, vor allem in der Ostkirche. Wenn ein Mönch vor einer Ikone meditiert, erscheint dies von außen betrachtet als langweilige Statik. Zwischen dem Mönch und dem Göttlichen,

Zeus bezwingt Typhon. Um 550 v. Chr.
Staatliche Antikensammlungen und Glyptothek, München

wofür die Ikone bloße Chiffre ist, kommt es jedoch – wie gerade beschrieben – zu einem dynamischen Austausch, zu einem spirituellen Erlebnis, das uns die Mystiker als empirische, reale und aufregende Verschmelzung mit Gott beschreiben. Der syrische Neuplatoniker des 5. Jahrhunderts Dionysios Pseudo-Areopagites nannte dieses Geschehen ganz platonisch eine erotische Bewegung (*kinesis erotike*). Eine Verschmelzung, in der sich der Mensch völlig verändert und selbst göttlich wird! Diese Spiritualität ist – aus philosophischer Perspektive betrachtet – nur rekonstruierbar mit einem platonischen Konzept einer Beinahe-Gleichsetzung von Mensch und Gott in einer harmonischen Bewegung innerhalb einer gemeinsamen Weltseele. Sie ermöglicht die Utopie der Geborgenheit im Ganzen und der Befreiung von der «Last des Einzelseins».

Freiheit ist also das, was uns gerade von unserem Individuum-Sein «befreit». Bis heute werben politische Parteien, die den starken Staat vertreten, der dem einzelnen möglichst alles abnimmt und ihn sein Leben lang hautnah betreut, mit einem solchen Freiheitsverständnis. Das ist zwangsläufig eine teure Konstruktion und ein solcher Staat muss den Menschen über Steuern viel Geld abnehmen, um ihn (mit satten Bürokratien) betreuen zu können, Geld, das der einzelne vielleicht lieber anders und effizienter selbst ausgegeben hätte.

Für Platon sind das aber jetzt keine politischen Optionen, zwischen denen man (wie eben in einer Demokratie mit Parteien verschiedener Farben) wählen kann, sondern er präsentiert das als kosmisches Geschick. Was also bedeutet Freiheit, wenn man der *goldenen und heiligen Leitung* der Systemvernunft folgt (einfach weil es «vernünftig» ist)? Die Antwort kommt prompt:

> Gott und der Zufall und der günstige Augenblick lenken die menschlichen Verhältnisse [...]. (Nomoi 709b)

Das, was in dieser Welt passiert, ist demnach eine Sache des Prozesses, des Zufalls und des günstigen Augenblicks. Was hier überhaupt keine Rolle spielt, ist der individuelle Mensch! Er wird von Platon gar nicht erwähnt. Nicht nur wir reagieren auf solche Zumutungen verstört, auch die Gesprächspartner sind konsterniert und sehen den «Athener» ungläubig an. Ja, räumt dieser ein, es sei ein *schroffer Gedanke*, was er da zumutet und gesteht ein klein wenig Menschlichkeit zu:

> Doch klingt es weniger schroff, wenn man einräumt, dass zu beiden als Drittes das menschliche Können hinzukommen muss. Denn wenn bei einem Sturm die Kunst des Steuermannes mit dem günstigen Augenblick zusammenwirkt, möchte ich das für weit vorteilhafter ansehen, als wenn dies nicht der Fall ist. (Nomoi 709b,c)

Diese Zeilen gebären eine Freiheitsdefinition, die sich durch den gesamten Platonismus, aber auch Rationalismus und Idealismus sowie Materialismus hindurchzieht und die man mit der Formel beschreibt: Einsicht in die Notwendigkeit.

Wir sehen, wie klein dieser Spielraum des im abendländischen (und sophistischen) Humanismus so stolz gewordenen Menschen in der Philosophie Platons bemessen wird. Ihm geht es in Wahrheit wie einem Skipper, der mit seiner Yacht in einen heftigen Sturm geraten ist. Viel kann man da nicht mehr tun: versuchen, das Boot zu stabilisieren und nicht querschlagen zu lassen. Dennoch: Ein erfahrener Seemann an Bord ist jedenfalls von Vorteil. Der Mensch hat – da passt wiederum die Kosmosbeschreibung mit der Polisbeschreibung fugenlos zusammen – im Grunde keine Möglichkeit mehr, sich gegen diese Systemvernunft (um ein modernes Wort zu benützen) zu stellen.

... UND DIE ANKUNFT DER NEUEN WELT

Die Faszination Platons bleibt die Konstruktion eines göttlichen Kosmos, wo Mensch und Gott miteinander in intensive Wechselwirkung treten. Das Vorbild einer solchen Konzeption liegt in Ägypten (daher das launige Spiel um Ägypten und Ur-

Athen im *Timaios*), allerdings hat Platon – wie es für die griechische Kultur bezeichnend wurde –, diesen Gedanken auf ein hohes philosophisches Reflexionsniveau gehoben. Er ist daher ein aufgeklärter Entmythologisierer ebenso wie ein konservativer Intellektueller, dessen oberstes Ziel die Sicherung des Göttlichen und die Eliminierung alles dessen war, was dieses Göttliche bedrohte und das er in der Welt der Moderne (repräsentiert durch die Sophisten) ausfindig gemacht zu haben glaubte.

Am Ende des *Timaios* steht voller Wucht ein Satz, der sich wie ein Vermächtnis des Versuchs liest, Staatsordnung, Kosmosordnung, Mensch und Gott in eins zu bringen:

> So wollen wir nun sagen, dass unsere Untersuchung über das All ihr Ziel erreicht hat. Denn unsere Welt [...] ist ein wahrnehmbarer Gott, der größte und beste, schönste und vollkommenste geworden und dieser unser einzigartiger Himmel. (Timaios 92c)

Wie muss Platon gerungen haben, wenn ihm Worte wie diese, Metaphern aus der sinnlichen Welt, einfallen: Gott ist *wahrnehmbar* geworden! Darin drückt sich das Ziel der gesamten Bemühung aus. Die Welt hat ihre Berechtigung und ihr Heil nur als göttliche. Sie ist keine Welt der Zerrissenheit mehr, keine Welt der Übel und Missstimmungen, des körperlichen Leids und der Unkontrollierbarkeit des Emotionalen. Sie ist eine göttliche Welt der Harmonie und Berechenbarkeit und als solche ist sie wahrnehmbar. Sie ist die in einer großen zyklischen Selbstbewegung entstandene neue Welt, die die alte ersetzt hat. Das ist das Erbe, das Platon dem Abendland hinterließ. Es enthält nicht nur die betörende Geschichte einer tiefen Spiritualität, die sich aus der Gleichsetzung des Menschlichen und Göttlichen ergibt: die Aussicht auf Gottwerdung im geglückten Augenblick einer mystischen Entrückung, die Erfahrung eines wahrnehmbaren Gottes.

Es enthält auch die von den Pythagoreern und den Kommentatoren der Mysterienkulte durchgeführte Abstraktion des Zahlenhaften aus den Fruchtbarkeitszyklen der Natur. Der

Demiurg des *Timaios* ordnet diese Welt nach einem vorgegebenen Muster neu, er erzeugt ein vollkommenes Bild einer unvollkommenen Welt: *dass diese Welt von etwas ein Abbild sei.* (Timaios 29b)

Mit Platon haben wir nicht mehr eine (freie) Wahl zwischen den Angeboten politischer Parteien, die den starken Staat oder das starke Individuum wollen. Platons Ansatz geht weit darüber hinaus. In seiner Beschreibung eines anonymen Prozesses könnten wir eine prophetische Vision der Globalisierung oder des ökonomisch-technischen Prozesses sehen, der selbst solche unterschiedliche politische Parteien mehr oder weniger auf eine Linie zwingt, ihnen keine beliebigen Gestaltungsoptionen überlässt (sondern eine solche wie eben einem Steuermann im Sturm). Das wiederum frustriert die Wähler und führt zu Politikverdrossenheit und zum Aufstieg von radikalen Parteien links und rechts im politischen Spektrum.

Dabei ist die Prozessfigur Platons ihrerseits ja keineswegs frei von utopischem Potenzial (hier wirkt die Intention der Ideenlehre nach). Das platonische Erbe wird heute in der Leidenschaft des wissenschaftlichen und technischen Fortschritts, im Feuer des technischen Eros, eingelöst. Technik und Wissenschaft bauen an einem *Bild* der Welt, an ihrer Verdoppelung. Ihr innerer Antrieb ist die Vervollkommnung dieser Welt, das Überwinden aller Brüche und Unvollkommenheiten, ihr innerer Antrieb ist die Erlösung der Welt in einem vollkommenen virtuellen Abbild ihrer selbst. Genau an dieser Stelle ist der Umgang mit dem platonischen Erbe so diffizil. Es ist kein Kunststück, mit den totalitären Aspekten der *Politeia* kurzen Prozess zu machen, aber die Schlussfolgerungen des späten Denkens Platons für die heutige Welt sind wesentlich subtiler, aktueller, betreffender und zudem in ihrer Ambivalenz schwierig zu bewerten. Wohlgemerkt: Es soll nicht behauptet werden, dass Platon Wissenschaft und Technik im modernen Sinn entworfen hat, aber er hat jene Struktur vorgedacht – noch als göttliche Mystik verstanden –, die im Gang der Neuzeit (d.h. in säkularer Subjektivierung und in einem linearen Geschichtsverständnis) unseren Rausch des Fortschritts ausgelöst hat. Genau an diesem Platon lassen sich aber auch die Schattenseiten dieser Struktur studieren.

Das Bild der Marionette zeigt nämlich, wo diese Verkettung zum Verhängnis wird. Zuerst in der Frage nach dem Göttlichen. Scharfsichtig hat Aristoteles genau hier eingehakt: Was ist das für ein Gott, der – so die scharfe philosophische Konsequenz – sich in seiner Gottheit erst darstellen kann, wenn er in die Relation mit dem Menschlichen tritt? Was ist das für ein Gott, der zu seiner Rechtfertigung auf das (übergöttliche) Geschick und auf die (untergöttliche) Welt angewiesen ist? Und was ist das für ein Menschenbild, das die personale In-sich-Ständigkeit und Einmaligkeit ausschließlich negativ bewertet? Der Mensch wird hier geradezu zum Gott, aber es ist eben kein allmächtiger Gott, sondern ein seinerseits abhängiger. Damit wird er zum Konkurrenten dieses Gottes. Das ist der Grund, weshalb Aristoteles mutmaßte, dass ausgerechnet Platon das Anliegen, das Göttliche wieder zum unabdingbaren Maßstab zu machen, verspielt hat. Aristoteles entflechtet diese Vernetzung, wirft das Mathematische hinaus und stattet Gott mit echter Transzendenz und uneinholbarer Würde aus. (Sein Problem wird dann sein, wie dieser Gott noch zum Menschen gelangen kann.)

Übersetzt in die neuzeitliche Struktur, demonstriert uns Platon die Unausweichlichkeit und die scheinbare Selbstgesetzlichkeit des Fortschritts und ruft damit die Kritik des Aristoteles hervor. Es geht um den Aufruf, diese Vernetzung zu destruieren und den Menschen mit Souveränität auszustatten, auf die bereits die Sophisten gepocht haben. Sie, die so stark dem Engagement für den Menschen aus dem Geist des Humanismus verpflichtet waren! Damit schließt sich ein Kreis und bei all den faszinierenden Motiven, bei Heil und Unheil der Leidenschaft des Feuers des Eros, bleibt vermutlich eines unentscheidbar: Wer hat nun Recht?

Chronologie der Schriften Platons

Die Chronologie der Schriften ist umstritten, die Abweichungen zwischen den einzelnen ForscherInnen sind allerdings geringfügig. Man kann im Wesentlichen von folgender Einteilung ausgehen.

Frühe Phase:
Charmides, Laches, Apologie, Hippias I*, Hippias II*, Euthyphron, Lysis, Kriton, Politeia I (Buch I), Protagoras, Ion 2*, Gorgias, Menon, Euthydemos, Kratylos, Menexenos*, Symposion

Mittlere Phase:
Phaidon, Politeia (ab II), Phaidros, Theaitetos, Parmenides

Späte Phase:
Kritias, Sophistes, Politikos, Philebos, Timaios, 7. Brief*, Nomoi

* Autorschaft Platons umstritten

Falls Sie nachschlagen wollen:
Im Jahre 1578 publizierte der Drucker Henri Estienne, der sich – wie es damals üblich war – latinisiert Henricus Stephanus nannte, in drei Bänden die Werke Platons. Diese Ausgabe war bis ins 19. Jahrhundert Standard und nach seiner Seitennummerierung (*Stephanus-Paginierung*) wird Platon bis heute – also auch in diesem Buch – zitiert.

Abbildungsnachweis

Alle Fotografien stammen vom Autor. Für Abdruckgenehmigungen bedanke ich mich bei den Museen.

www.ingramcontent.com/pod-product-compliance
Lightning Source LLC
Chambersburg PA
CBHW031724230426
43669CB00007B/228